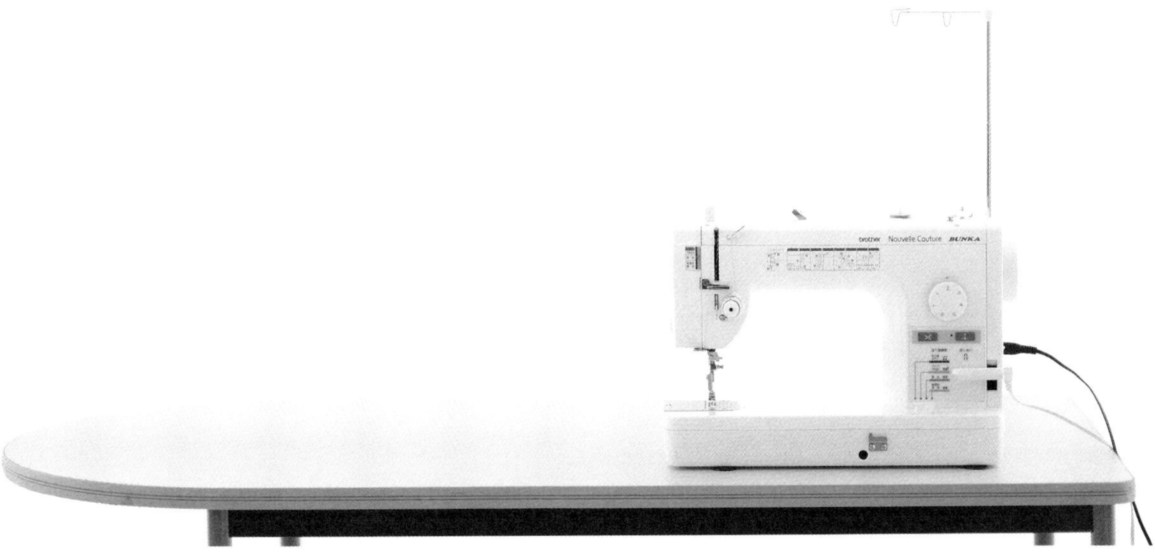
brother Nouvelle Couture BUNKA

きれいに縫うための基礎の基礎

水野佳子

きれいに縫うには？　一つめは、何度も縫い直して布を傷めないこと。二つめは、たくさん縫って手で感覚を覚えること。この本では、ホームソーイングに必要な基本的な縫い方を細かく順を追って、すべて写真で解説しています。適当に縫って何度もほどいて縫い直すことをやめて、工程を一つ一つ把握しながら縫い進めてみましょう。基礎を知ったら、次からは手が覚えた感覚でよりスムーズにきれいに縫えると思います。焦らずに、マイペースで楽しみながら縫ってもらえたらうれしいです。

文化出版局

CONTENTS

■は布の表面

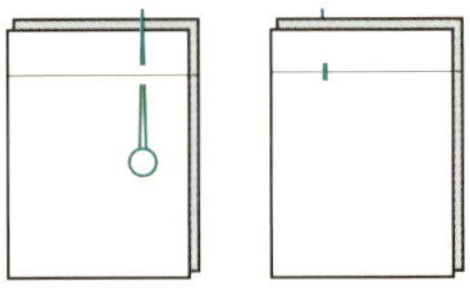

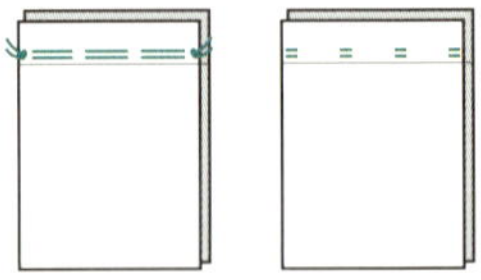

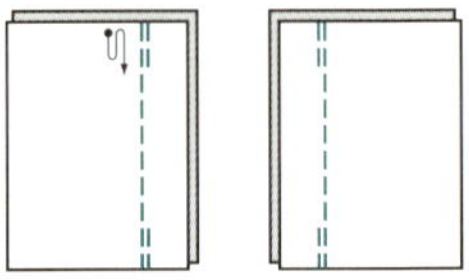

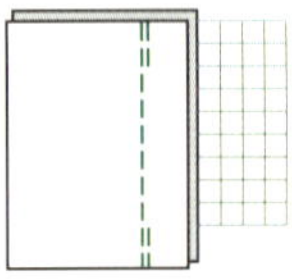

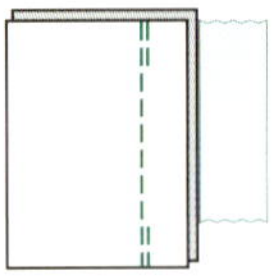

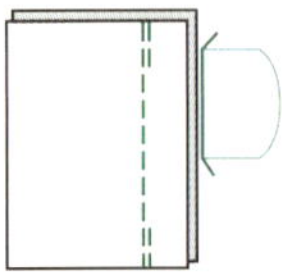

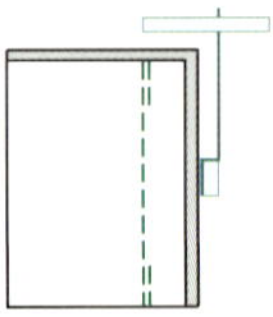

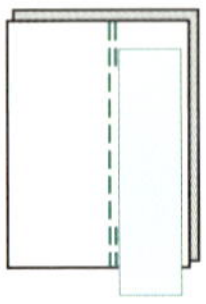

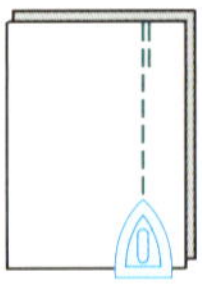

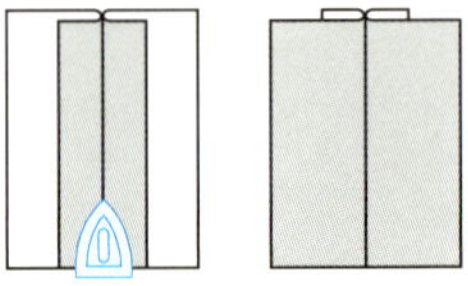

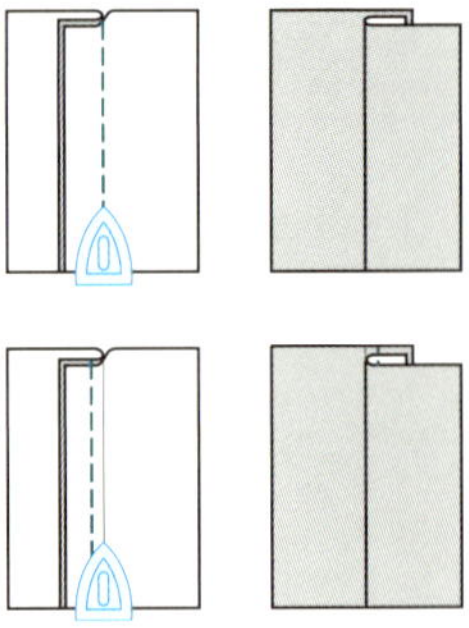

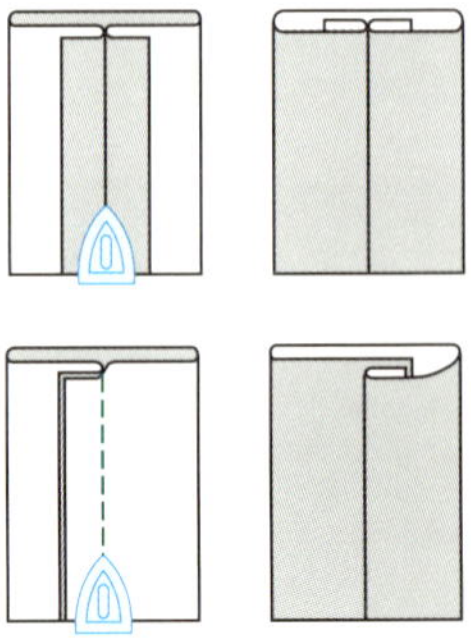

縫い返す

●縫い返す…42

毛抜き合せ

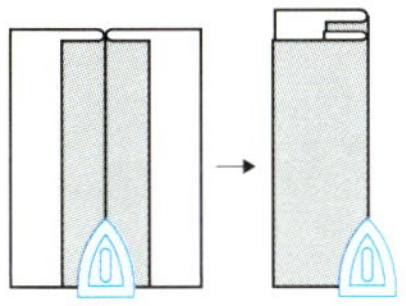

控える

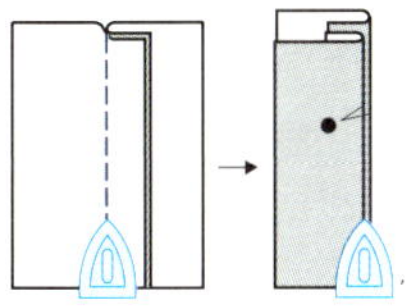

●角…43

凸角を縫い返す

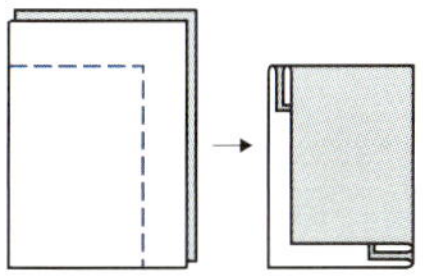

とがった凸角を縫い返す

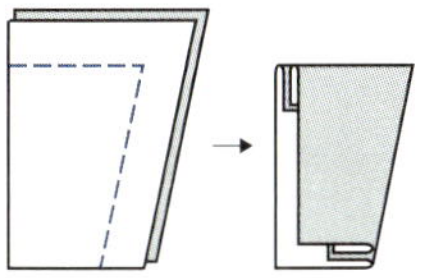

凹角を縫い返す

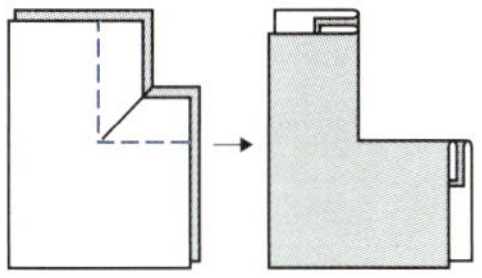

●角の切替え線…50

凸角と凹角を縫い合わせる

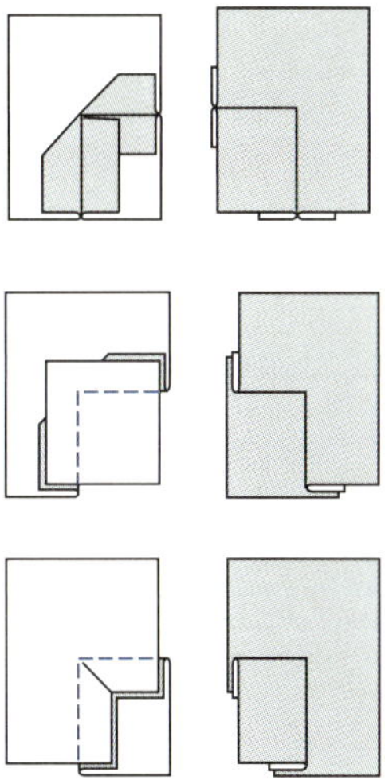

●角と直線…54

角と直線を縫い合わせる

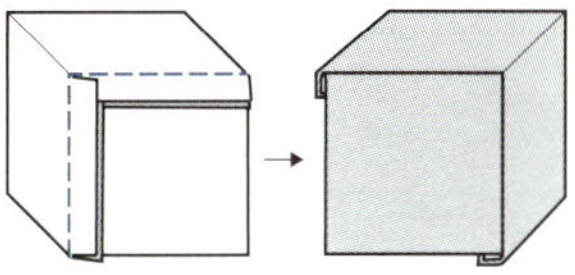

●曲線…56

凸曲線を縫い返す

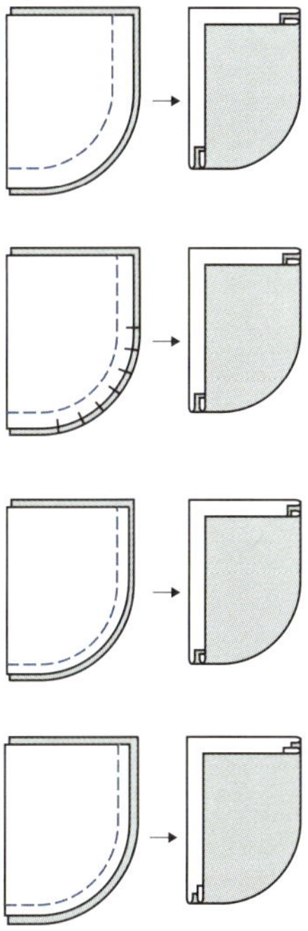

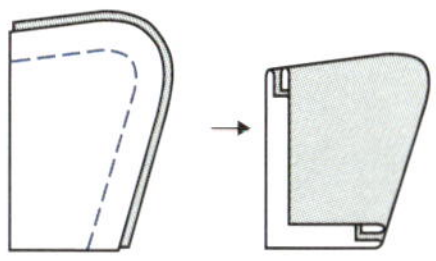

凹曲線を縫い返す

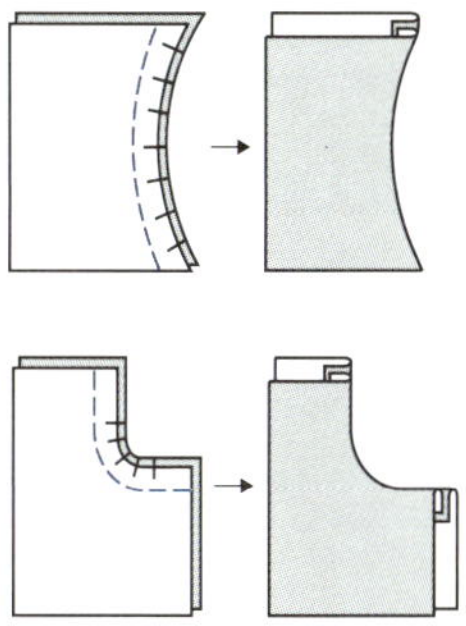

●曲線の切替え線…66

凸曲線と凹曲線を縫い合わせる

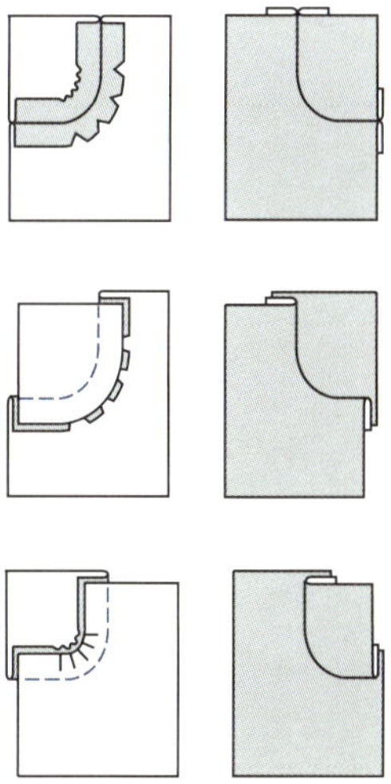

●曲線と直線…70

筒の底を縫い返す

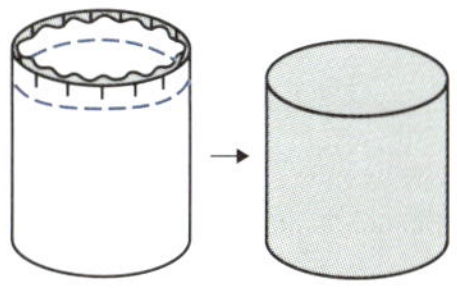

縫い代、
折り代の始末

●ジグザグミシン…74

布の内側にかける

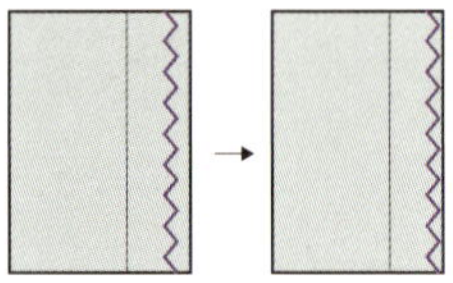

布の裁ち端にかける

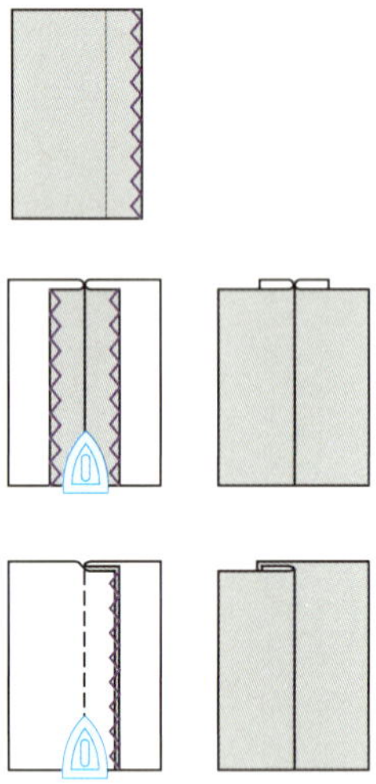

●ロックミシン…76

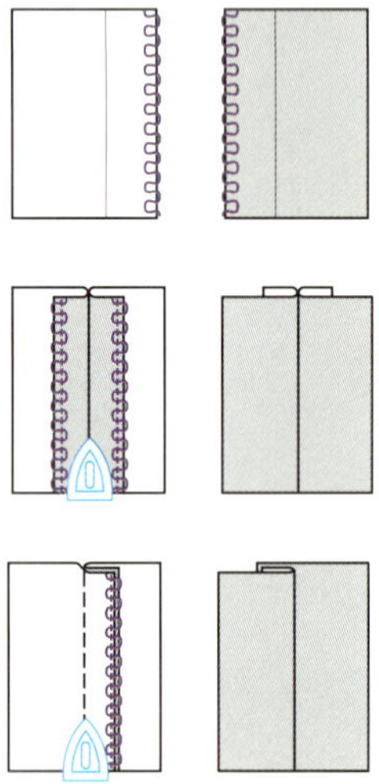

●捨てミシン…78

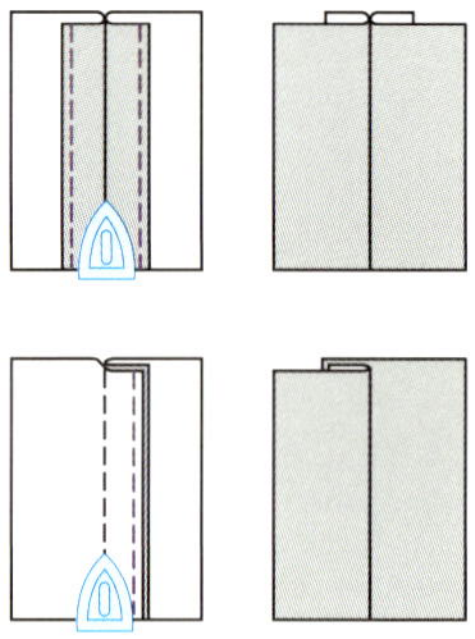

●端ミシン…79

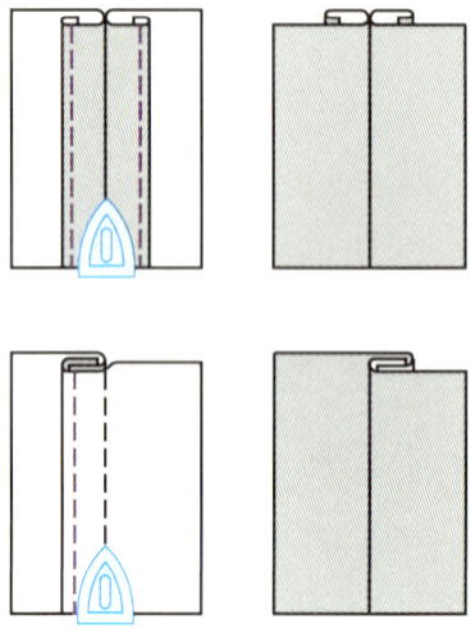

●伏縫い…81

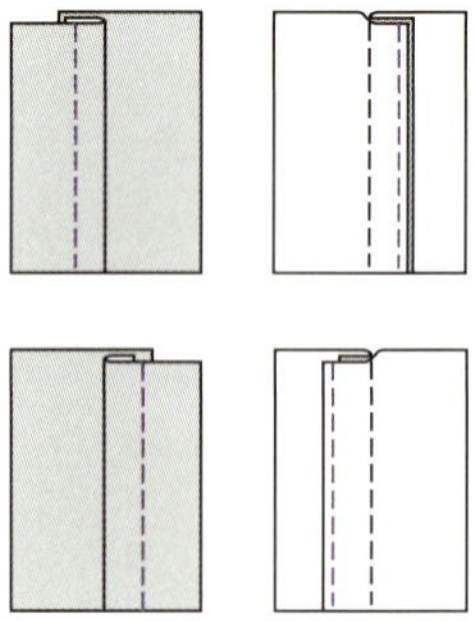

●折伏せ縫い…82

折伏せ縫い

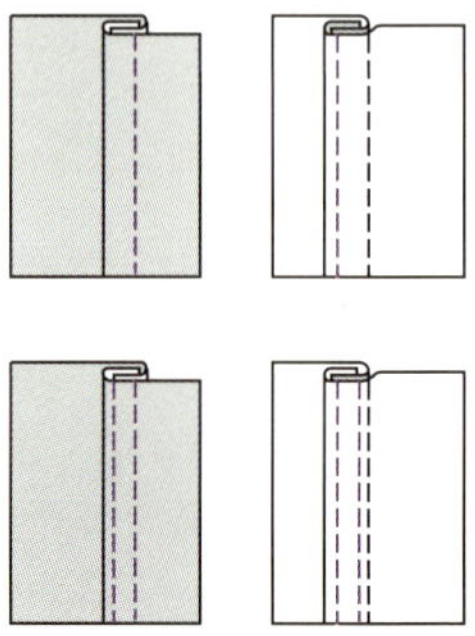

割伏せ縫い

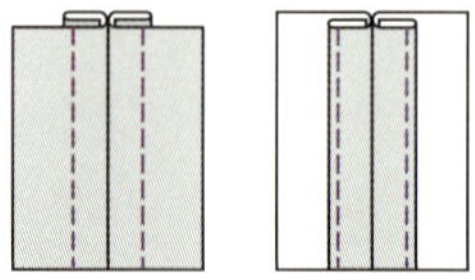

●袋縫い…84

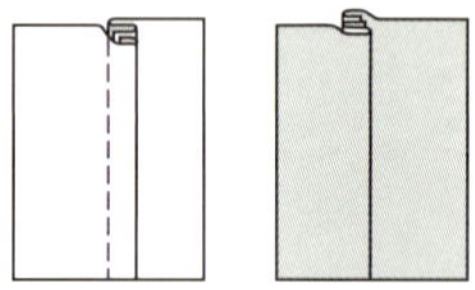

●二つ折り…85

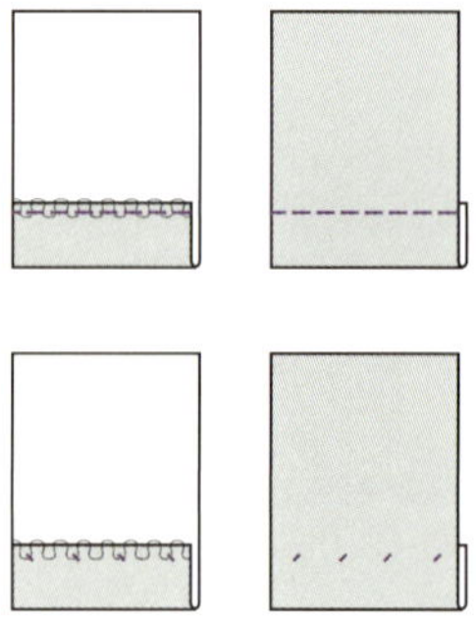

●三つ折り…87

完全三つ折り

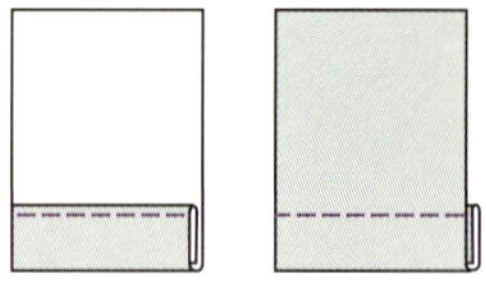

広幅の三つ折り

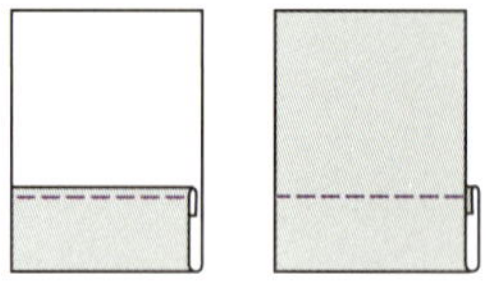

縁の始末

バイアステープの両側を
折ってつける

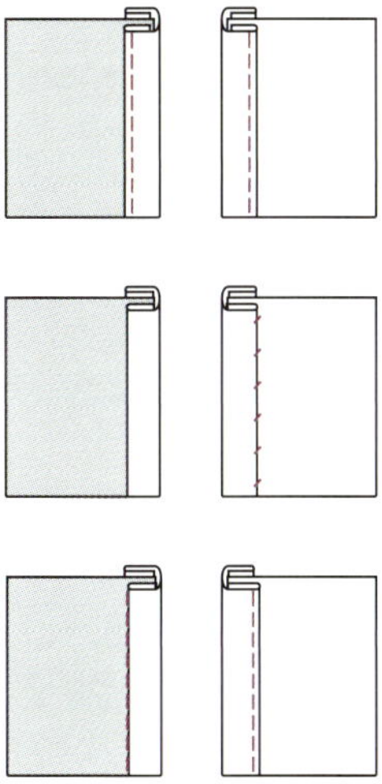

バイアステープの裏側を
折らないでつける

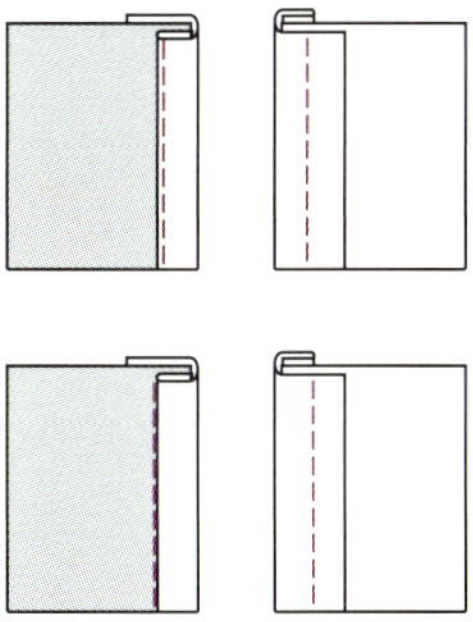

凸曲線

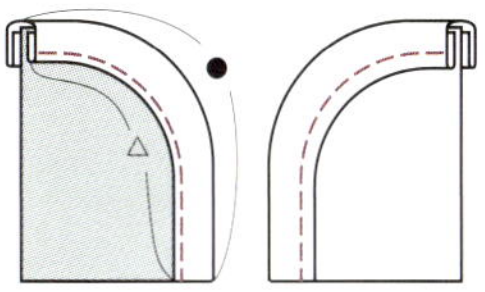

凹曲線

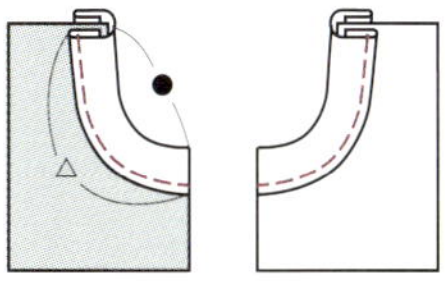

両折りバイアステープの作り方

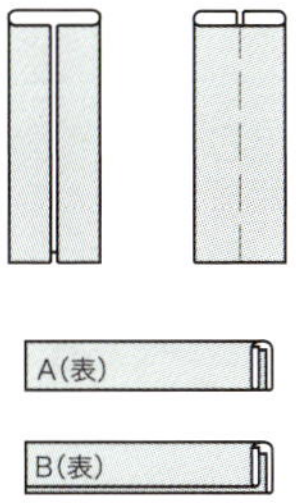

テープメーカーで作る

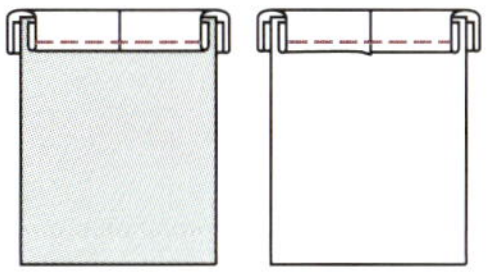

三つ巻き

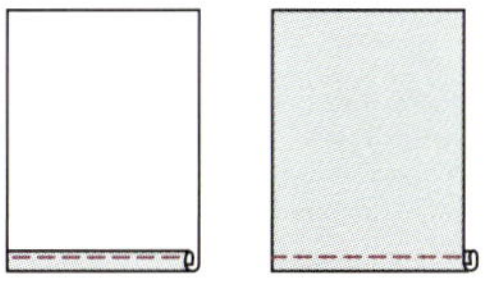

三つ巻きのはぎ合せ

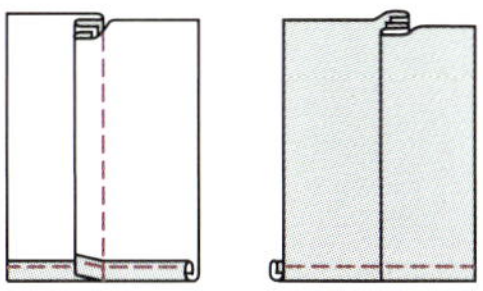

二つ折り

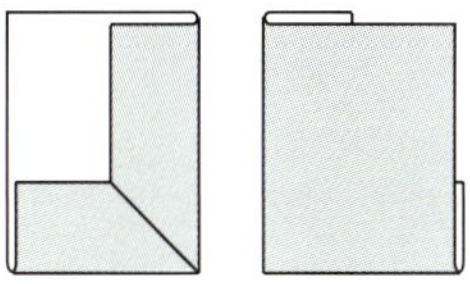

三つ折り

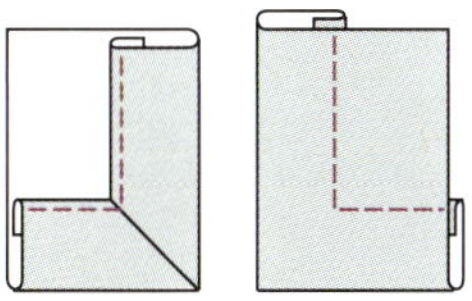

部分縫い

別裁ち見返し

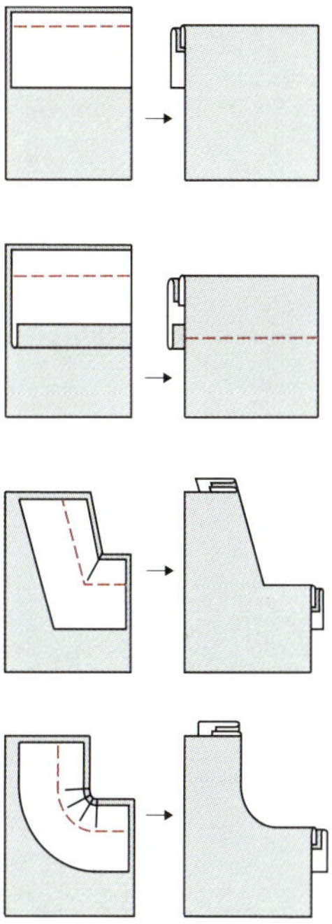

テープを使う

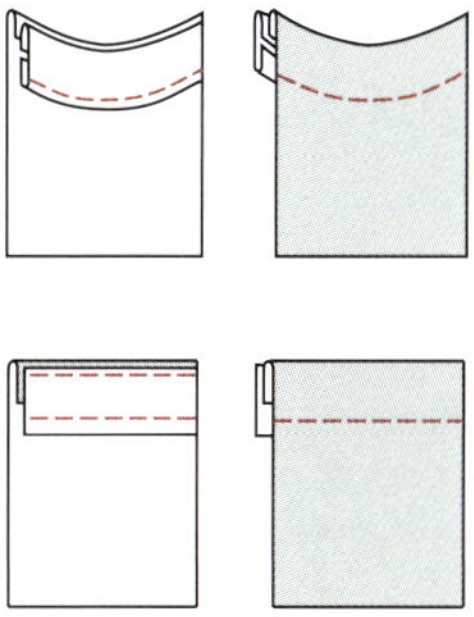

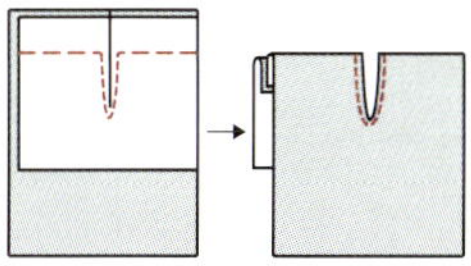

●ダーツ…110

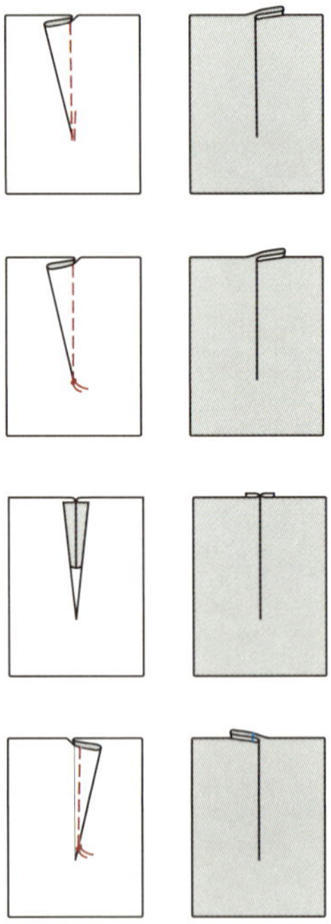

●ギャザー…112

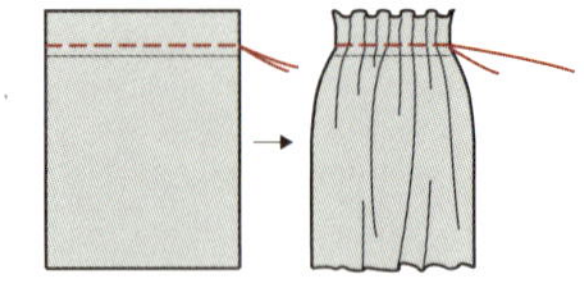

●ファスナーつけ…114

コンシールファスナーつけ

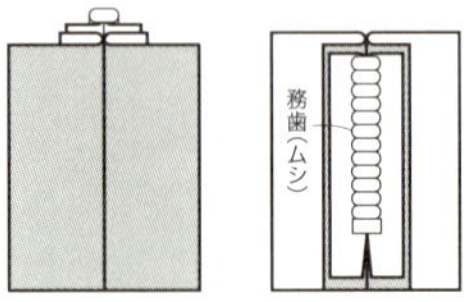

オープンファスナーつけ

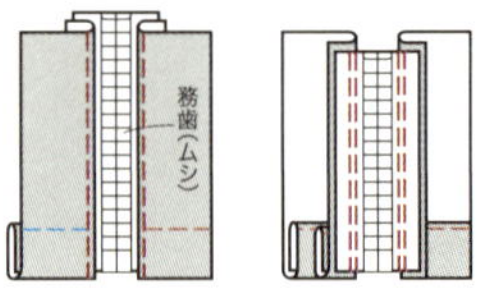

ファスナーつけ

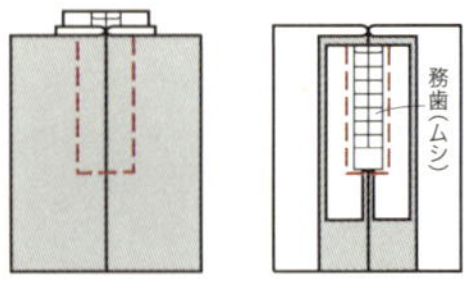

●ベルトつけ…121

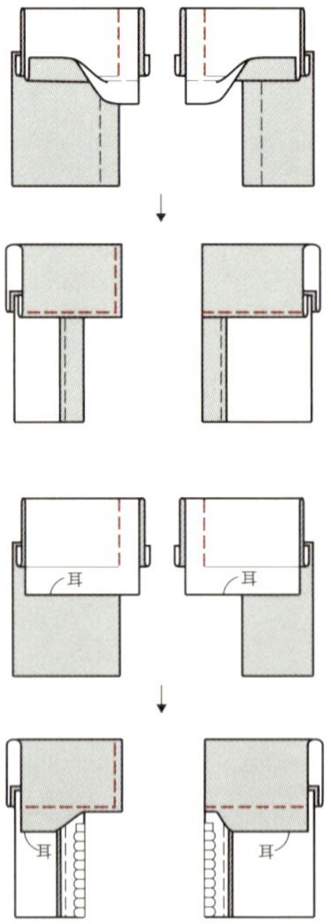

●ひも通し口…124

布の縁に作るひも通し口

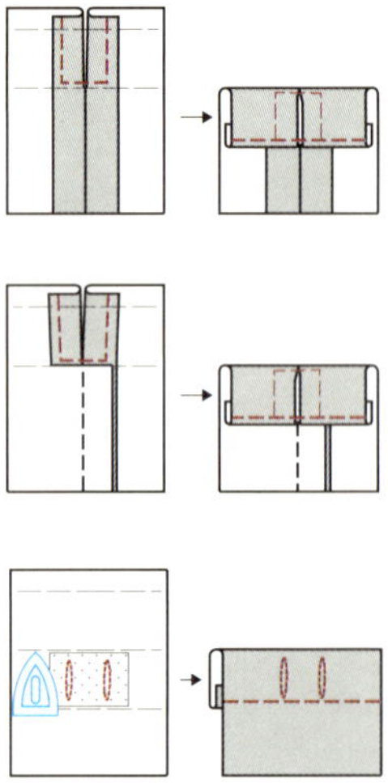

布の内側に作るひも通し口

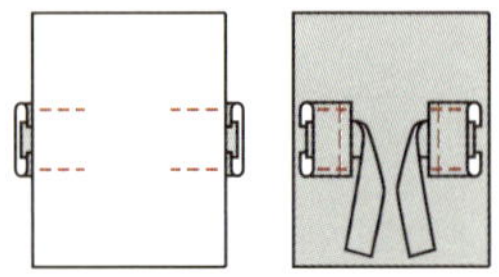

●ひも…126

1枚布で作る幅の狭いひも

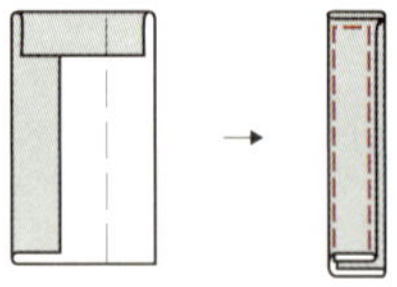

2枚布で作る幅の広いひも

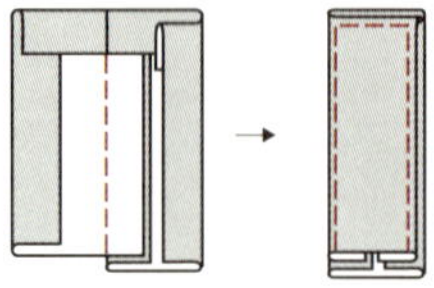

アイロンかけ

布のしわを伸ばす、縫い目を落ち着かせる、
同じアイロンでも目的によってかけ方が異なります。
ただ布の上を滑らせるのではなく、
どこをどのような状態にしたいかを考えながら、
必要な部分にアイロンを当てること。
試しがけはもちろん、中間プレスといわれる作業途中のアイロンが
きれいな仕上りの決め手になります。
意外と重要なアイロンのかけ方を覚えましょう。

道具

アイロンとアイロン台の他にあると便利なもの。

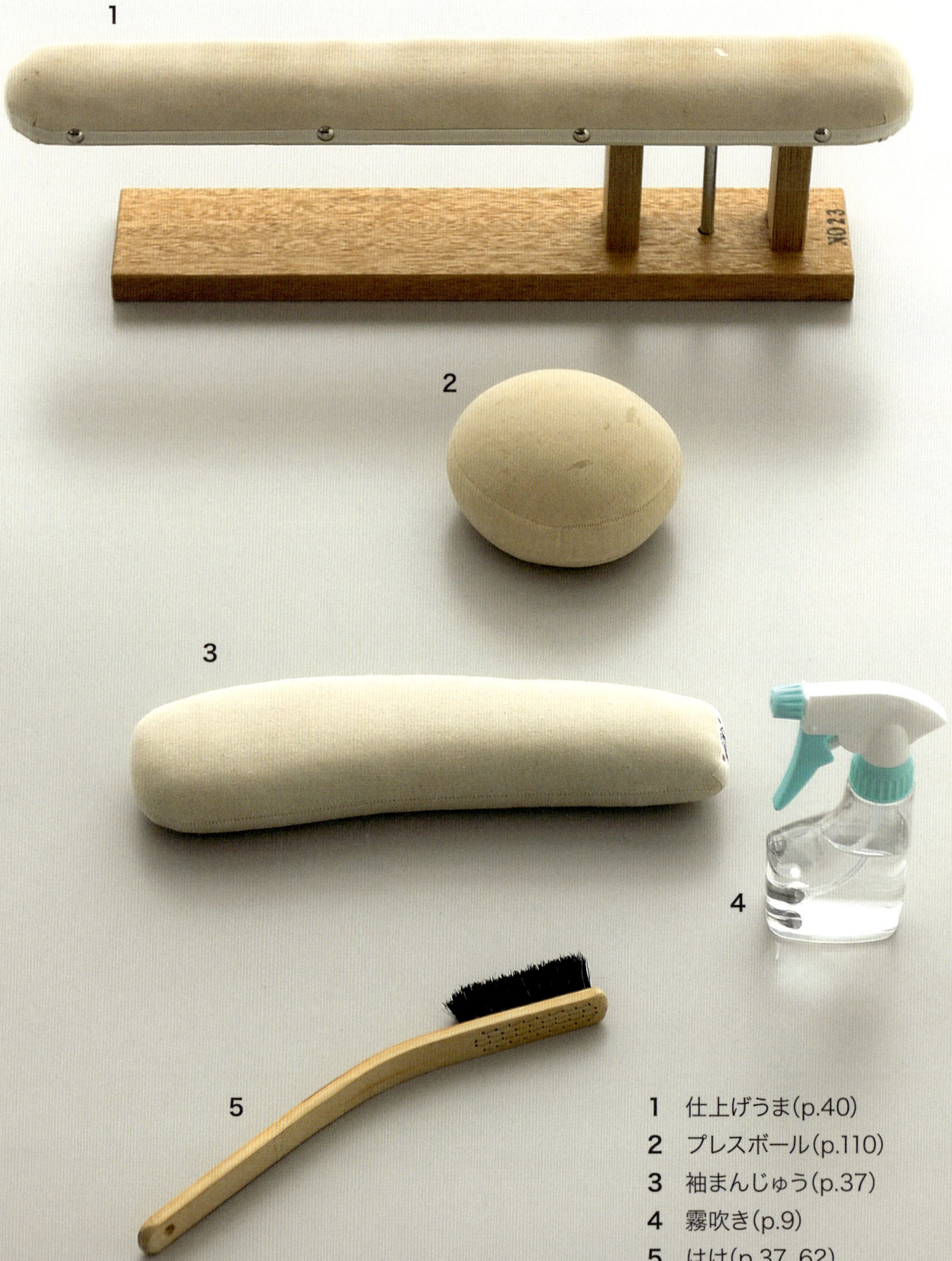

1　仕上げうま(p.40)
2　プレスボール(p.110)
3　袖まんじゅう(p.37)
4　霧吹き(p.9)
5　はけ(p.37、62)

基本のかけ方

アイロンのかけ方は大きくわけて二つ。用途に合わせてアイロンの運び方や移動のさせ方が変わる。

アイロンの温度

Point: 実際に使う布地で必ず試しがけをする。

布地に応じたアイロンの適温があるので下の「家庭用アイロン表示の設定温度」を参考に温度を設定し、実際に使う布地で必ず試しがけをする。スチームで縮む素材もあるので注意する。

家庭用アイロン表示の設定温度

高	綿、麻など	180〜210℃
中	毛、絹、ナイロン、ポリエステル、レーヨンなど	140〜180℃
低	アクリル、ポリウレタンなど	85〜120℃

家庭用アイロンで接着芯を張る場合の目安

厚地素材	150〜160℃
普通(中肉)地素材	140〜150℃
薄地、特殊(極薄地や熱に弱い)素材	130℃ぐらい

地直し

縦横の織り糸が水平垂直になっていないことがある。その場合は地直しをする。布地によってそのままドライアイロン、またはスチームアイロンをかける、布地を事前に水通ししたものをアイロンで整えるなどの方法がある。

Point: アイロンは地の目に対して水平垂直に移動させる。

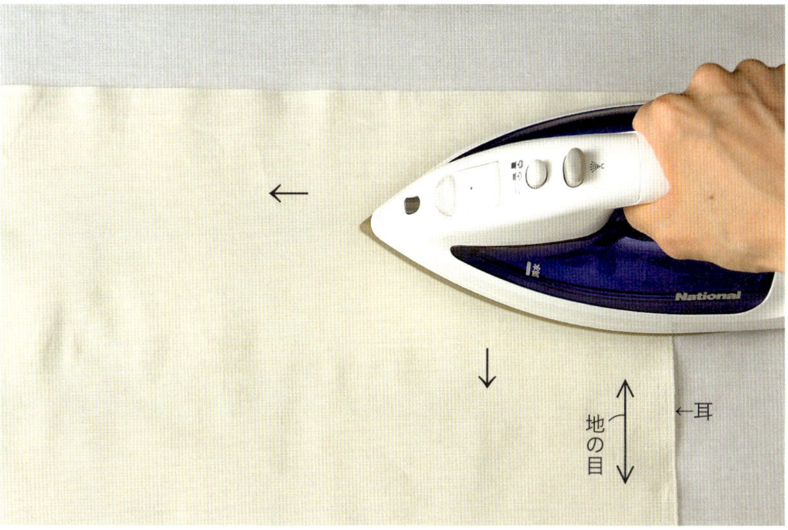

布をアイロン台の上に裏を上にしてのせ、手で地の目を整える。アイロン面に均等に力がかかるようにやや力を入れ、地の目に対して水平垂直に移動させながらアイロンをかける。

◆霧吹き

霧のように細かい水を吹きかけ、広範囲を均等に湿らせる道具。アイロンのスチームの跡が残るような布地の地直しは、霧吹きを使ってドライアイロンをかけるといい。

地直し、しわを伸ばすかけ方

布地を平らな状態に整えるときのアイロンは、地の目に注意して滑らせてかける。

Point: アイロンを布につけたまま、アイロンを移動させる。

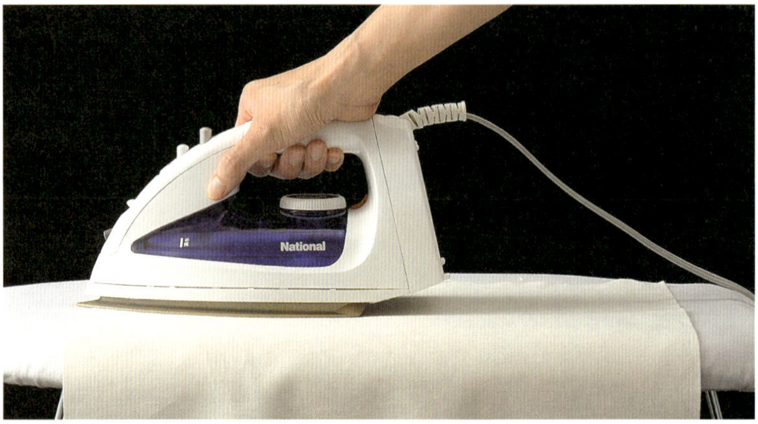

行程中のかけ方

縫い目を押さえる、芯張り、縫い代を割る、縫い代を片返しにするなどの作業途中のアイロンは置くようにかける。

Point: アイロンを移動させるときは布から離す。

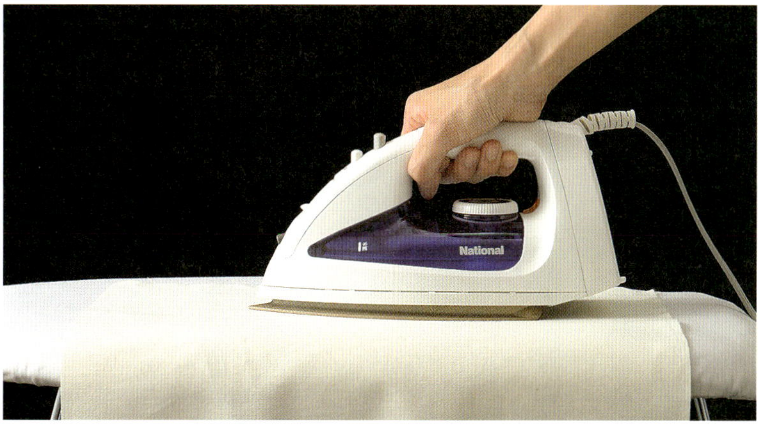

接着芯の張り方

接着芯の種類、布地によって縮む場合や、接着できない場合もあるので、
p.9の「家庭用アイロンで接着芯を張る場合の目安」を参考に、残布で必ず試し張りをしてみる。

◎基本の張り方

Point:
ドライアイロンで軽く押さえて仮どめし、
芯を張った直後の布は動かさない。

1 接着芯は接着剤がついた面を布の裏と合わせる。

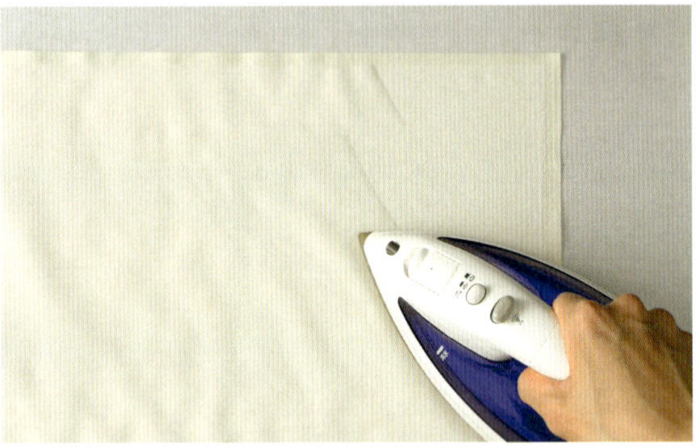

2 ドライアイロンで軽く押さえて仮どめする。このときアイロンは滑らせないように(p.11を参照)。

3 再度全体をアイロンで今度はしっかり押さえる。熱がこもった状態の布地を動かすと布が伸びたりくせがついてしまうので、アイロンの熱がとれるまで動かさない。

◎接着芯の種類

基布の片面に接着剤がついた芯地。いろいろなタイプがあるので、用途に合わせて使い分ける。

織り地

平織りの基布で表地となじみがよく、伸びを止める。動きを妨げず形くずれしない。

編み地

編み地の基布で伸縮性がある。表地の動きに従い風合いが柔らかく、横方向に張りがある。

不織布

繊維を絡み合わせた布が基布で軽く、しわにならない。形くずれを防ぎ、洗濯しても収縮しない。

接着テープの張り方

接着テープの種類や張る位置によって張り方は異なる。

◎基本の張り方

Point:
接着テープを引っ張らないように
手を添えながら少しずつ張る。

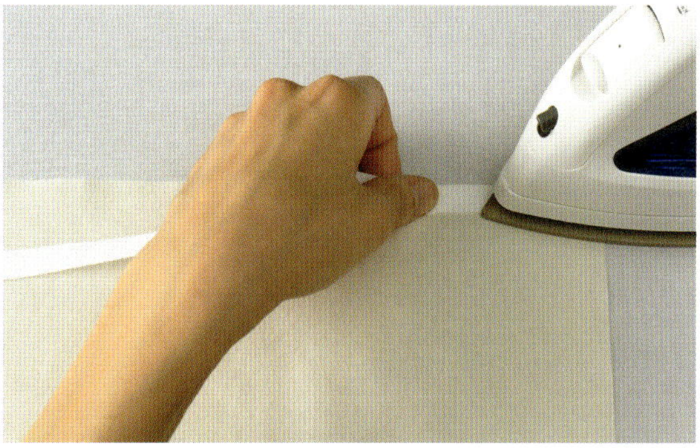

1

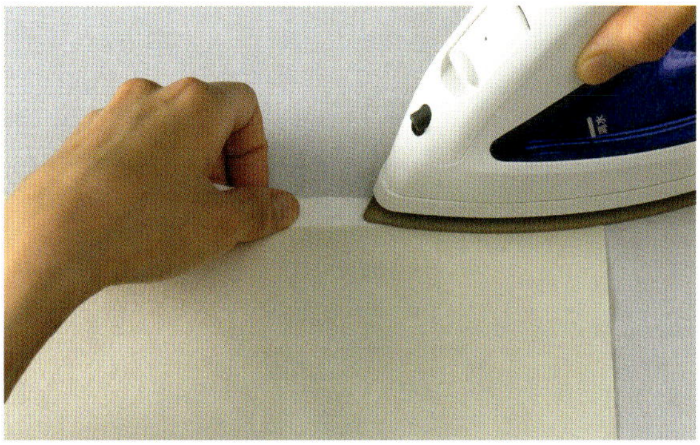

2

3

◎張る位置

Point: 縫い線に接着テープがかかるように張る。

薄地の場合

表からテープが透けて見えるときは、でき上り線にかけて縫い代側に張る。

でき上り線をしっかりさせたい場合

でき上り線に少しかけて内側に張る。

◎カーブの張り方

凹カーブの場合

1　つけ位置の寸法が長くなる内側を、つれないように仮どめする。

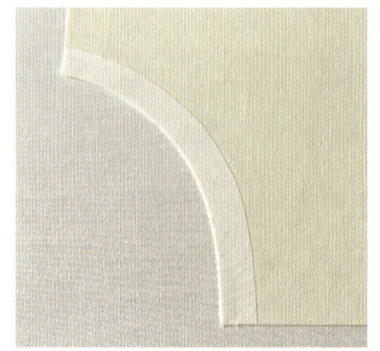

2　浮いた接着テープをアイロンでつぶすようになじませて張る。

凸カーブの場合

1　つけ位置の寸法が長くなる外側を、仮どめする。

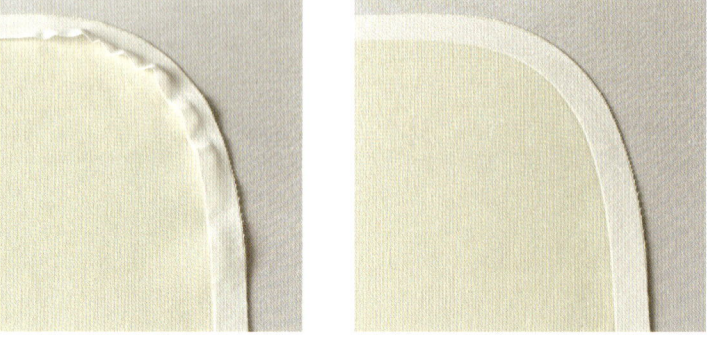

2　浮いた接着テープをアイロンでつぶすようになじませて張る。

◎片面接着テープの種類

基布に接着剤が塗布されたものをテープ状にカットしたもの。
伸止めとして衣服の前端や肩、袖ぐり、衿ぐりなどに用いる。接着芯をカットして使用してもいい。

ストレートテープ

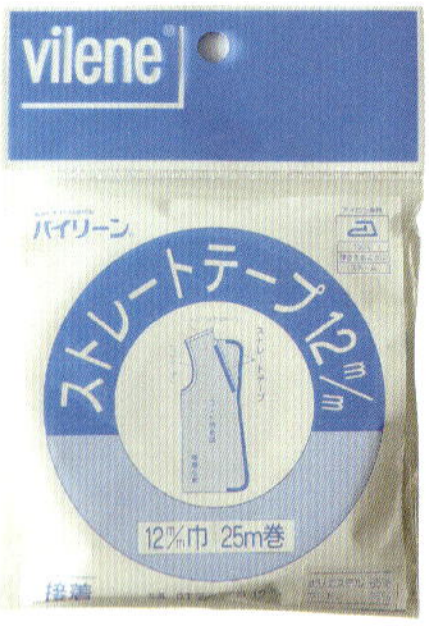

伸縮が少なく、伸止めの効果が大きい。曲線にはややなじみにくい。ポケット口の伸止めなどにも。

ハーフバイアステープ

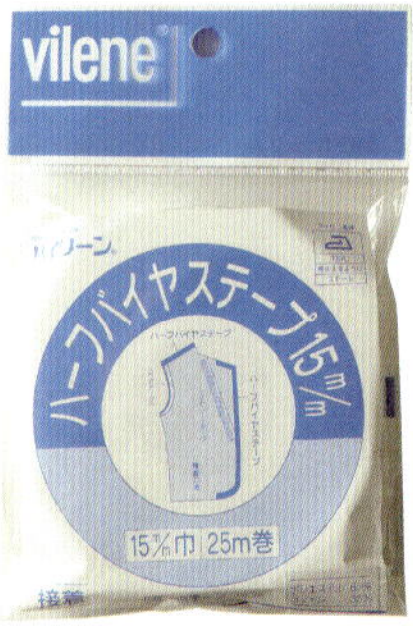

適度に伸び、ある程度の伸止めや、でき上り線（縁）をしっかりさせたいときに。

ストレッチテープ

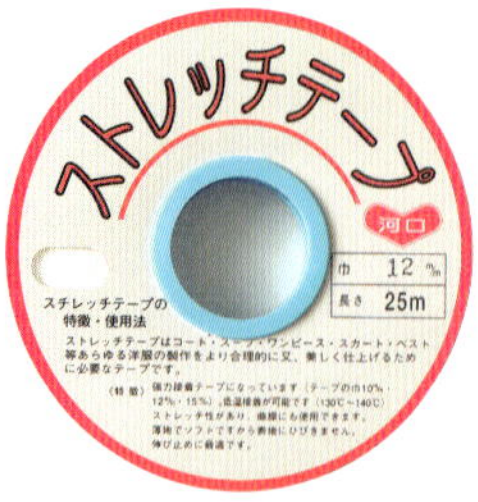

アイロンで接着した後もストレッチ性がある。布の伸縮性になじませたいけれど縫い伸ばしたくないニット地の伸止めに。

ミシンかけ

実際の布で縫い始める前に、
その端ぎれを使ってまずは試し縫いをしてみましょう。
後々ほどかなくても済むように、試し縫いをしながら糸調子を合わせ、
そしてミシンに慣れること。ミシンとの相性をよくしておくのも、
いちばん初めの大切な作業です。

道具

いつもミシンの側に置いておくと便利なもの。

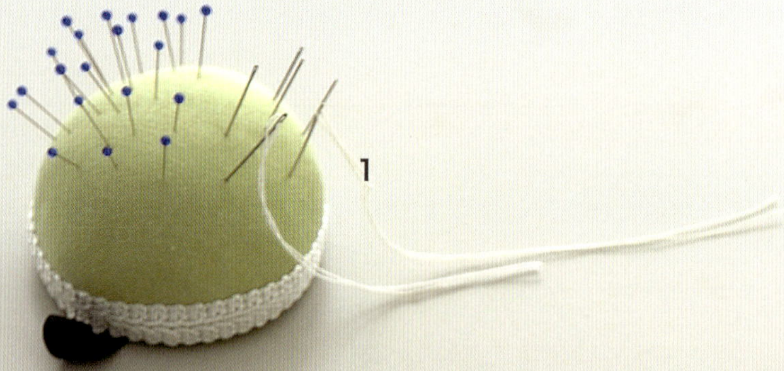

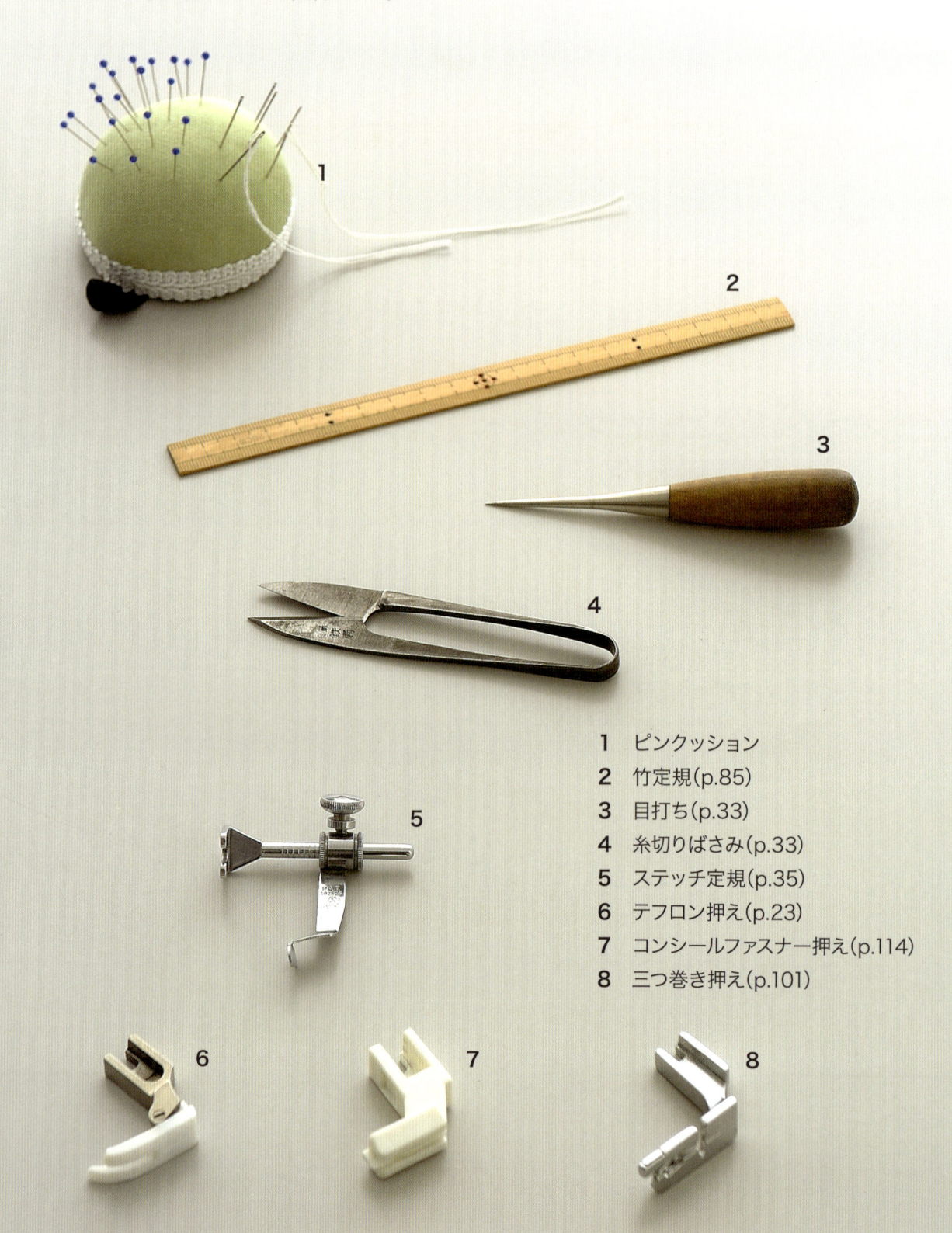

1　ピンクッション
2　竹定規(p.85)
3　目打ち(p.33)
4　糸切りばさみ(p.33)
5　ステッチ定規(p.35)
6　テフロン押え(p.23)
7　コンシールファスナー押え(p.114)
8　三つ巻き押え(p.101)

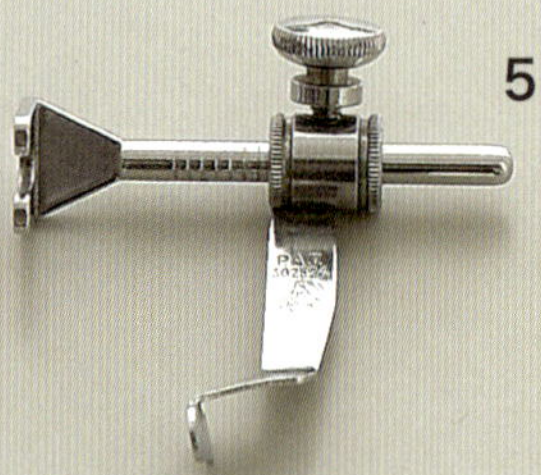

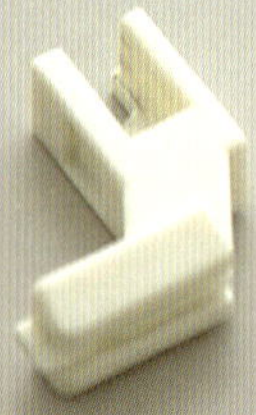

基本のかけ方

縫い進める前に、必ず試し縫いをして上糸と下糸の糸調子を正しく合わせます。

◎試し縫いをする

Point: 実際に縫う布と糸で、実際に縫う状態で、実際に縫う速度で。

縫い進める過程で糸の太さや布の重なりが変わる場合は、再度試し縫いをしてみましょう。

1 糸はからまないように押え金の下を通り、後方へ流しておく。

2 縫い線がふらつかないよう手を添えながら進める。

3 2枚の縫合せの場合は、布がずれないように縫い線上を2枚一緒に押さえて縫い進める。

4 布を引くときは、必ず針がいちばん上まで上がった状態を確認してから押え金を上げる。縫い目がつれずに糸が引き出せる。

◎糸調子

上糸と下糸が均一できれいな縫い目を覚えましょう。

○

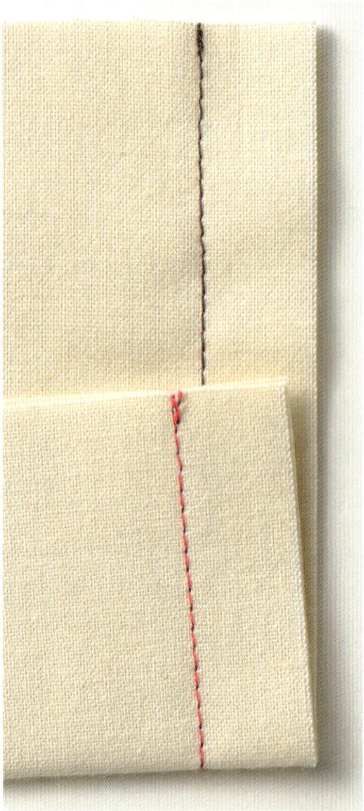

正しい糸調子。上糸と下糸が2枚の布の中央でからみ合う。

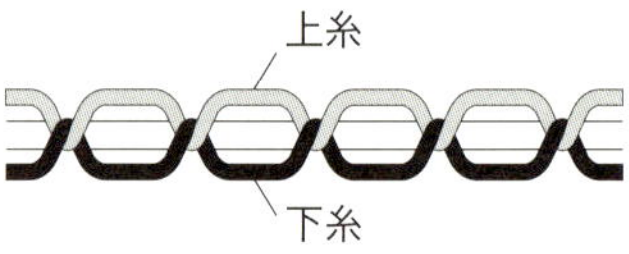

×

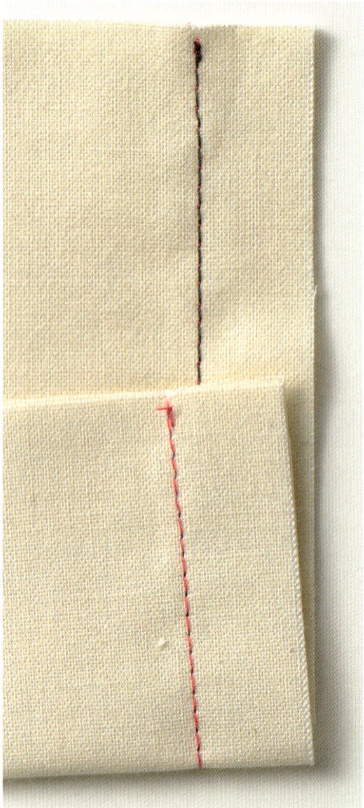

上糸が強い。下糸の状態を確認してから上糸調子を弱くする。

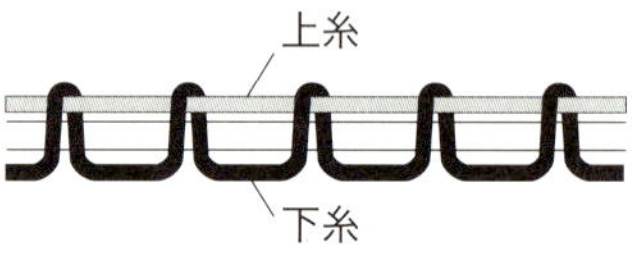

×

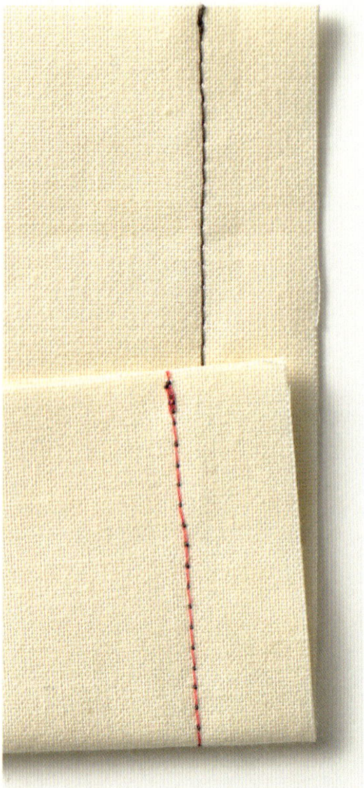

上糸が弱い。下糸の状態を確認してから上糸調子を強くする。

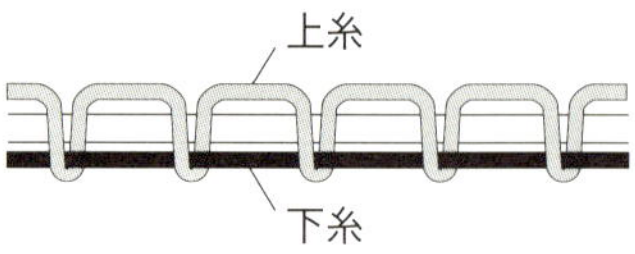

◎下糸

下糸をきちんと巻いていないと糸調子が悪くなる場合もある。

布と糸と針

薄地

糸　ファイン①
シャッペスパン 90番②
シャッペスパン 60番③
針　ミシン針の7番④、9番⑤

①　②　③　④　⑤

【チュール】

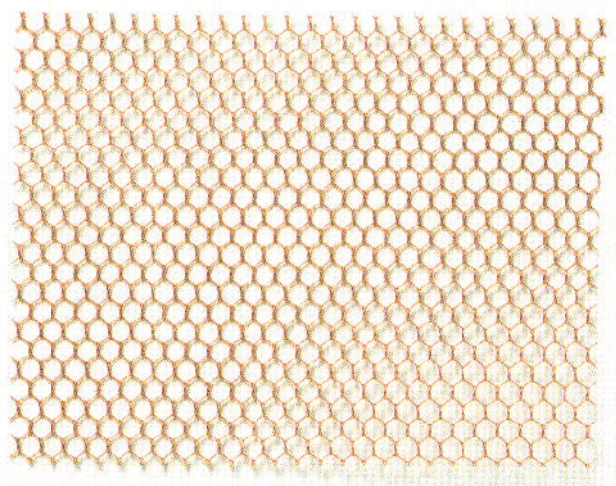

六角形の網目構造を持つ薄いメッシュレースの一種。名称はパリ近郊の地、チュールに由来。

【オーガンディ】

薄く軽く透けて見える平織物。張りのある風合いと光沢感が特徴。

【ローン】

薄地平織の高級綿布。麻の風合いを持たせて仕上げた、元来はフランスのローンで産出されたリネンのこと。

【ジョーゼット】

比較的密度の粗い平織物。柔らかく張りがない。ドレープ性としゃり感が特徴。

【ガーゼ】

甘よりの糸を粗く平織りにし、漂白してソフトに仕上げたもの。木綿の柔らかい布。

【サテン】

糸を表面に浮かせた朱子織物。なめらかな触感とソフトな光沢感、ドレープ性が特徴。

【裏地】

衣服の裏側に使用する布地。キュプラ、アセテート、ポリエステルなどの化学繊維が多い。

普通地

【フランス綾】

たて糸の浮きで、はっきりとした畝になった斜文織り。柔らかな風合いで、幅の広い畝が見える。

【ダブルガーゼ】

二重織りの表と裏を別々の組織で織った軽く柔らかいガーゼ。洗濯をすると柔らかい風合いが増す。

【楊柳クレープ】

たて糸が普通の綿糸、よこ糸が強撚糸の縦方向にしぼが入った平織物。夏季衣料に多い。

【縮緬（ちりめん）】

しぼを立てた織物の総称で、クレープにあたる。どっしりとした量感があり光沢が美しい。

【シーティング】

太番手の綿平織物で、服の仮縫い用素材、芯地として使われる。写真は無地染めのもの。

【綿ブロード】

布面に繊細な横畝を表わした、地合いの密な綿平織物。手触りが柔らかく光沢がある。

【リネン（麻布）】

亜麻繊維を原料とした麻織物。強い耐久性と、通気性と涼感があるため夏衣料に適する。

糸　シャッペスパン60番
針　ミシン針の9番①、11番②

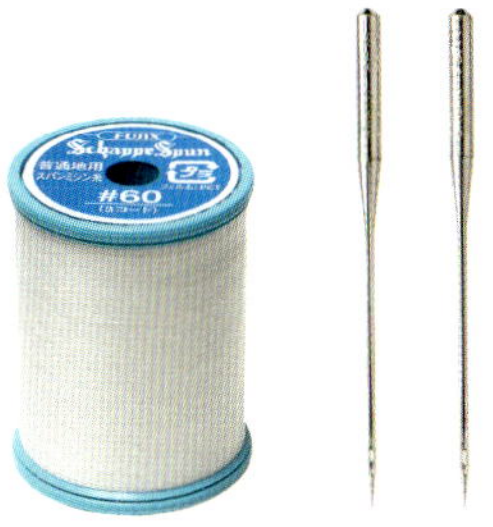

①　②

【グログラン】

密に織られた横畝の織物で、畝幅は1mm程度。高密度のたて糸が太いよこ糸を覆っている。

【ワッフル（ハニコーム）】

表面に、お菓子のワッフルのような凹凸のます目がある織物のこと。はち巣織りともいう。

【コードレーン】

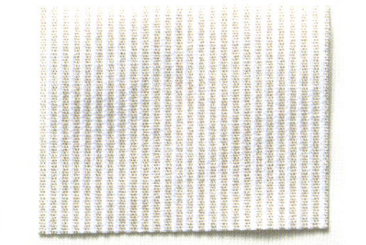

平織り地に細い畝の表われた畝織物。レーヨン糸を用いた畝織物を特に指す場合もある。

【ポプリン】

たて糸の方向に細い畝のある平織物。元来は綿であるが、現在は多くの繊維で織られている。

【バーバリー】

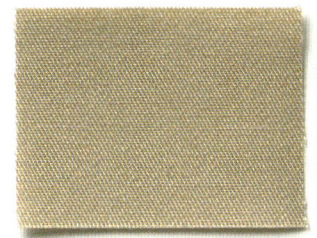

ロンドンのバーバリー社の登録商標名。綿ギャバジンの一種で特殊な防水加工したもの。

【シャークスキン】

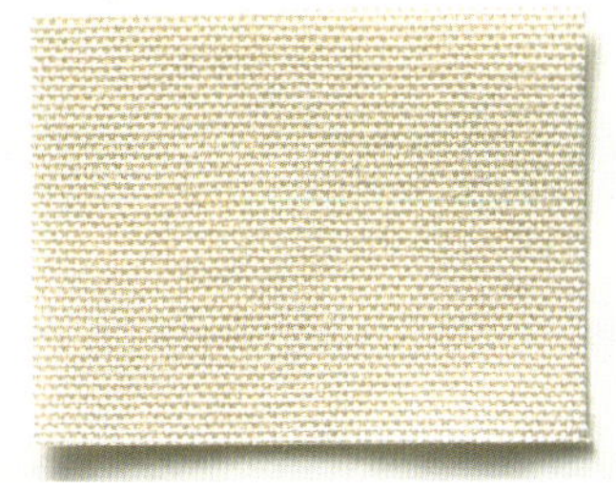

主に化学繊維で作られる、なめらかでシャープな綾織りあるいは斜子（ななこ）織り。

【タオル地】

パイル織り。表面にループを織り込んだ織物、組織のこと。ループのことをパイルという。

厚地

糸　シャッペスパン60番①
　　シャッペスパン30番②
針　ミシン針の9番③、11番④、14番⑤

①　②　③　④　⑤

【デニム】

綾織りの厚手綿織物。縦に染め糸、横に漂白糸を用い、表には色糸、裏には白糸が多く表われる。

【帆布】

厚手の平織り綿布。薄手のものはキャンバスともいわれる。太い糸で密に織られていて丈夫。

【コーデュロイ】

けばが縦方向に畝になった織物。綿製が一般的だがレーヨン製もある。コール天ともいう。

【モッサ】

こけ(moss)のような手触りの紡毛織物で、日本で造語した和製英語。コート地などに使われる。

【ヘリンボーン】

綾織りの一種。にしんの骨（ヘリンボーン）の形に織り目が似ていることからついた名称。

【フラノ】

紡毛糸を用いた平織りまたは綾織りで、やや厚地のしっかりした表面にけばのある織物。

【ツイード】

太い羊毛を用いた平織りまたは綾織りで、ざっくりとした素朴な味わいのある紡毛織物。

特殊素材

皮革には

糸　キングレザー30番①

　　皮革工芸袋物用②

針　皮革専用ミシン針（シュミッツ針）の14番③

● p.22の厚地用でも縫えるものもある。

①　②　③

◆テフロン押え

表面が滑りにくい素材に使うミシンの押え。

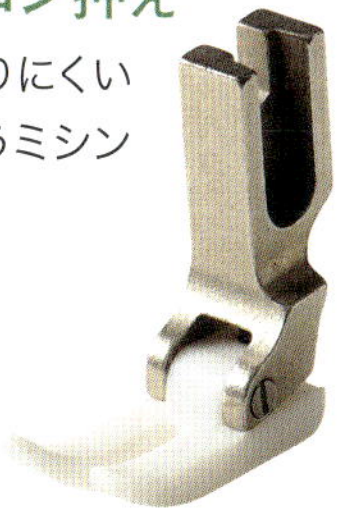

【表革】

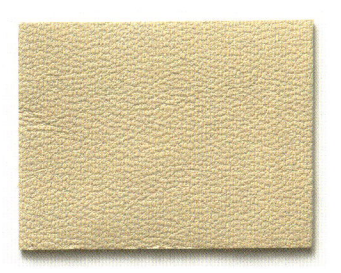

牛や羊の表皮の表面を塗料などでコーティング仕上げをした革の総称。写真はラム。

【裏革】

革の裏面を起毛したもの。スエード、バックスキンなどがある。写真はピッグスエード。

【ヌバック】

牛の表皮の表面をごく軽くペーパーで摩耗して起毛仕上げしたもの。スエードに似ている。

【合成皮革】

織物や不織布を基布として、表面に合成樹脂を塗布し天然皮革に似せて仕上げたもの。

【人工皮革】

天然皮革の組織構造を人工的に作り出した素材で、通気性がある。エクセーヌは商標。

【エナメル】

布の表面に塗料、ニス、ラッカーなどを塗り、光沢を出したもの。本来は革に施した加工。

【ブロードラミネート】

表面をビニールコーティング（ラミネート加工）したインテリアファブリック。

ニット素材

①　②　③

糸（ニット専用）　レオナ66 50番①
レジロン50番②
針　ニット専用ミシン針の11番③

【スムース】	【リブ（フライス）】	【スウェット】

両面編み、裏表とも同じ編み目が見える。なめらかで厚みのある質感と適度な伸縮性が特徴。	ゴム編み。リブとはあばら骨の意で、畝のこと。横方向への伸縮率が高い。	裏毛編み。写真は表が平編み、裏がパイル状の編み地の、裏毛パイル。

ステッチをかける場合

糸　ジーンズステッチ20番①②
シャッペスパン30番③
針　ミシン針の14番④
デニム（ステッチ用）針の16番⑤

①　②　③　④　⑤

上糸と下糸に
ステッチ糸を使用した縫い目

上糸に30番、下糸に
ステッチ糸を使用した縫い目

ステッチ糸などの太い糸は、針穴などの摩擦で糸調子がとりにくく、特に上下にステッチ糸を使うのは難しい。その場合は下糸だけにステッチ糸（20番）を使い、上糸は少し細い糸（30番）を使うと糸調子がきれいに合う。このように下糸にステッチ糸を巻いて縫うときは、その縫い目を見せたい面（表）を下にして、ミシンをかける。

縫合せの基本

布と布を合わせ、ミシンで縫い、アイロンをかける。
単純な作業ですが、
すべてに通ずる基本的な作業です。
ミシン、アイロン道具の活用法も参考にしながら、
縫い進める上での基本を把握することから始めましょう。

まち針を打つ

Point:「縫い位置がずれないようにとめる」ということを意識して打つ。

基本の打ち方

縫い合わせるときに布がずれないよう、まち針でとめる。

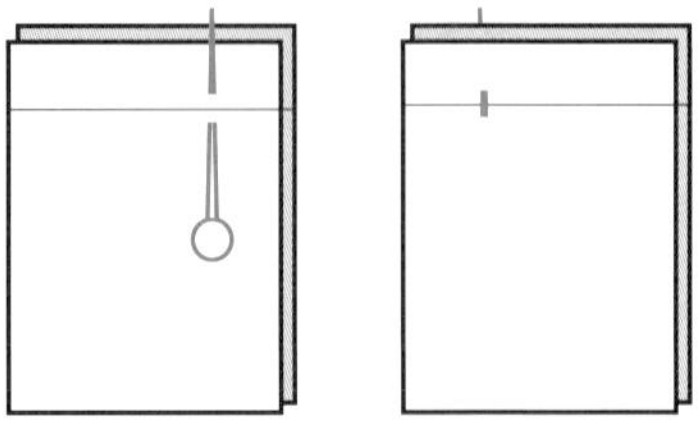

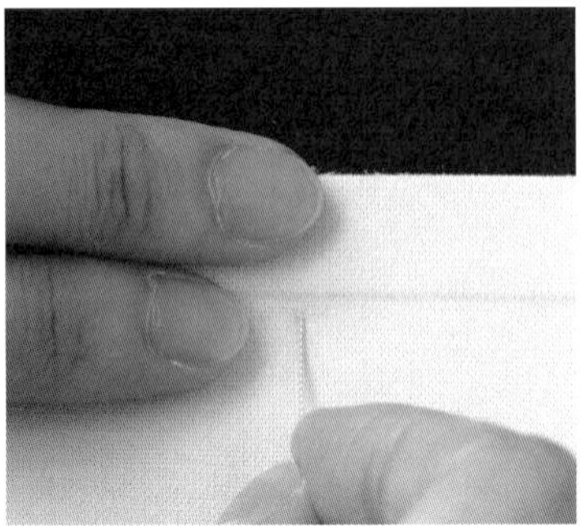

1 2枚の印を合わせ、縫い線上にまち針を打つ。

2 小さく布をすくう。

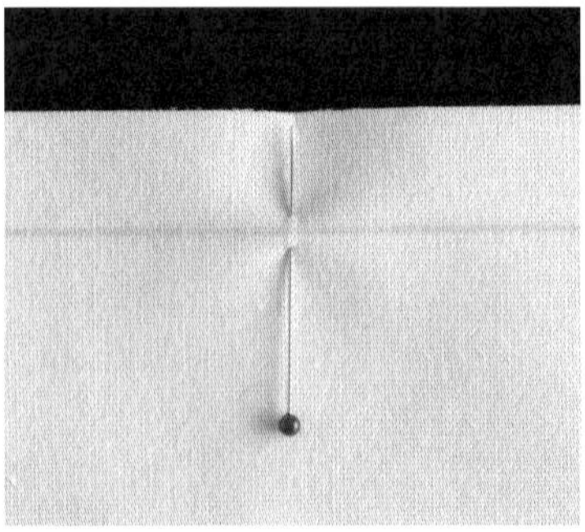

◎針跡が残る場合

皮革、合成皮革など針跡が残る素材の場合は
縫い線の外側(縫い代側)にまち針を打つ。

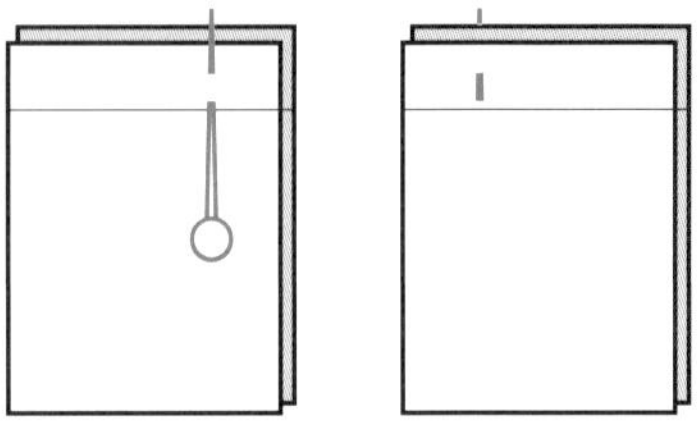

合成皮革などは針跡が残る。

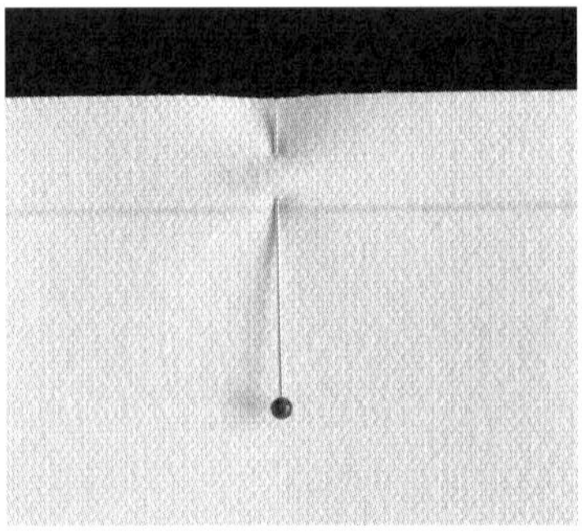

縫い線に近い縫い代側に打つ。

◎布地が厚い場合

上下の布を無理に同じ分量ですくうと縫い線がゆがんだりずれたりするので下の布は小さく浅くすくう。

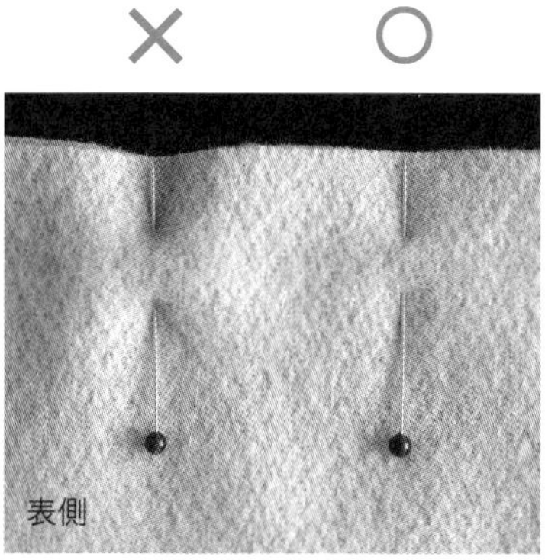

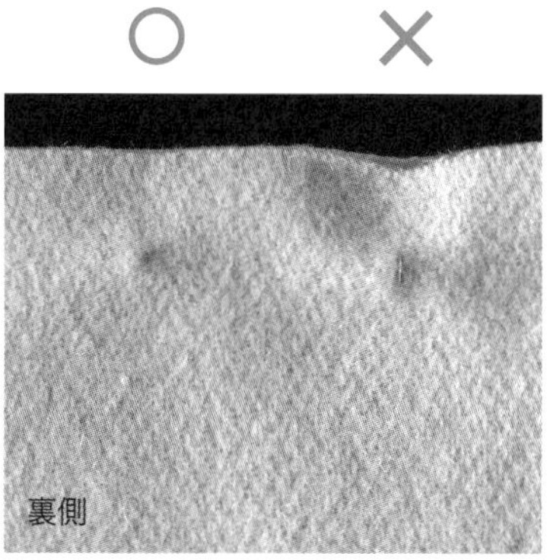

◎まち針を打つ順序

1 縫始めと縫終りに打つ。

2 1の中間、または合い印に打つ。

3 縫う間隔が長い場合は、さらに中間に打つ。

しつけをかける

Point: 縫い線上にしつけをかけると、後でほどきにくくなるので、少し縫い代側にかける。

しつけのかけ方

まち針だけでは不安な場合、糸(しろも)で縫いとめる。

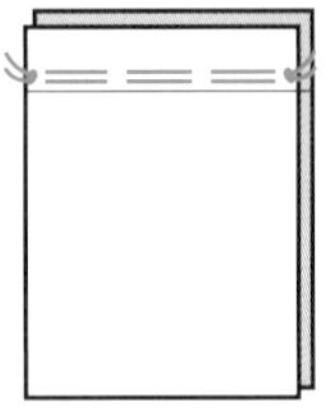

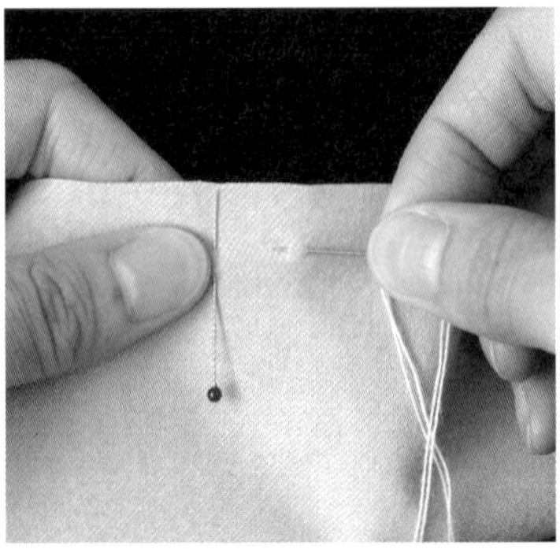

1 縫い線に近い縫い代側を縫う。布は小さくすくうほうがずれにくい。

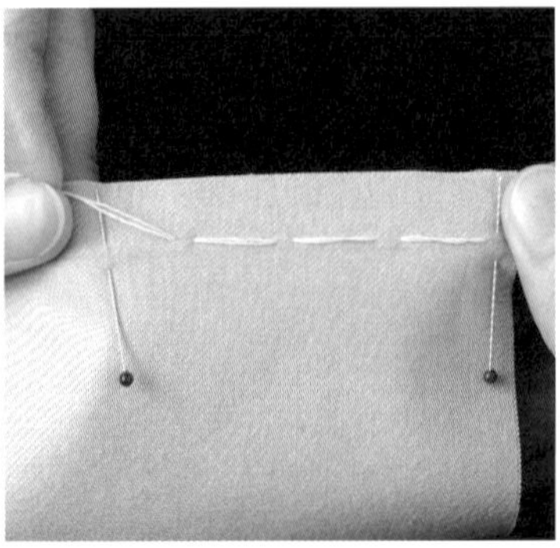

2 間隔をあけて糸を引きすぎないよう注意しながら縫いとめていく。

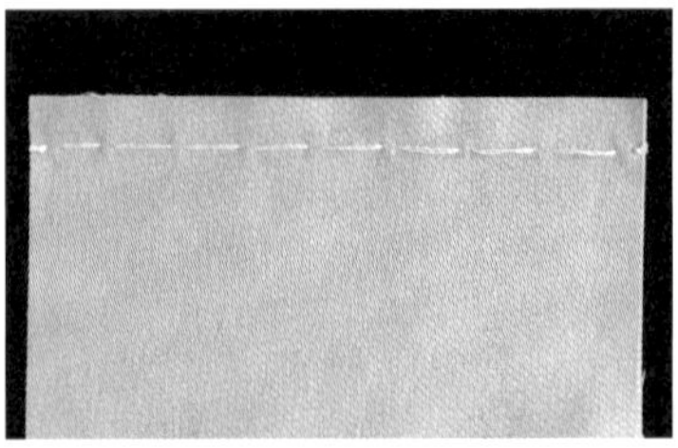

3 でき上り。

◎2本どり

厚地やしっかりとめたいときは
2本どりでかけると落着きがいい。

a 針に1本の糸を通し輪にして縫う。

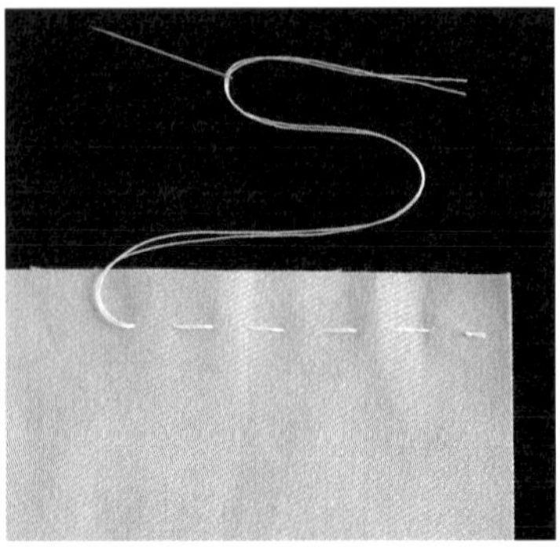

b 針に2本の糸を通して縫う。

◎1本どり

薄地は1本どりで丁寧に
縫いとめると布を傷めない。

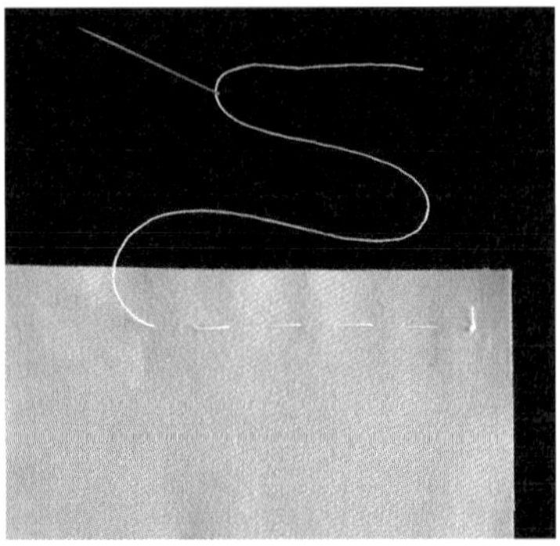

針に1本の糸を通して縫う。

◆しろも

白い木綿のしつけ糸。
輪で束ねられているので、1か所を切り
1本ずつ引き抜いて使う。

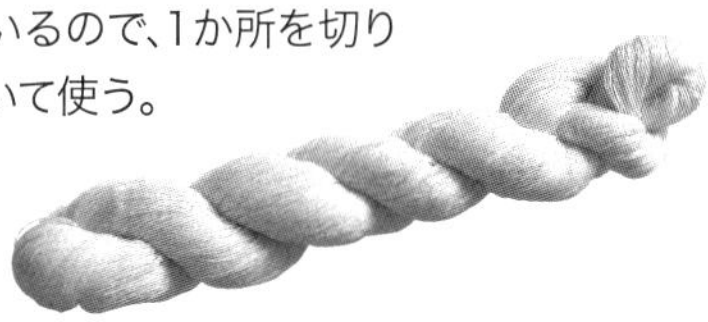

◎玉結び a

縫始めの糸が抜けないように、指にかけた糸を縫《よ》るようにして、結び玉を作る。

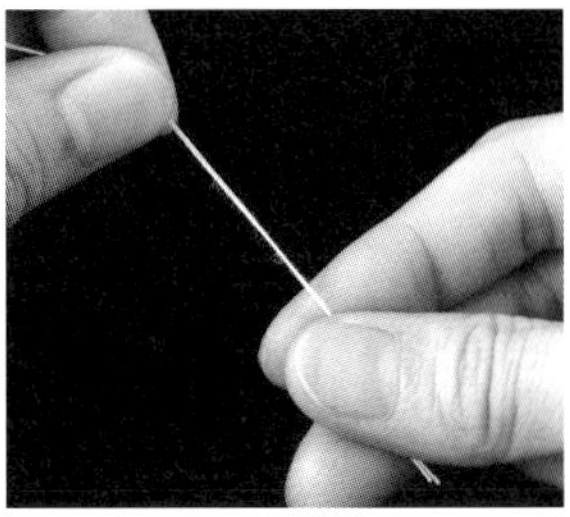
1

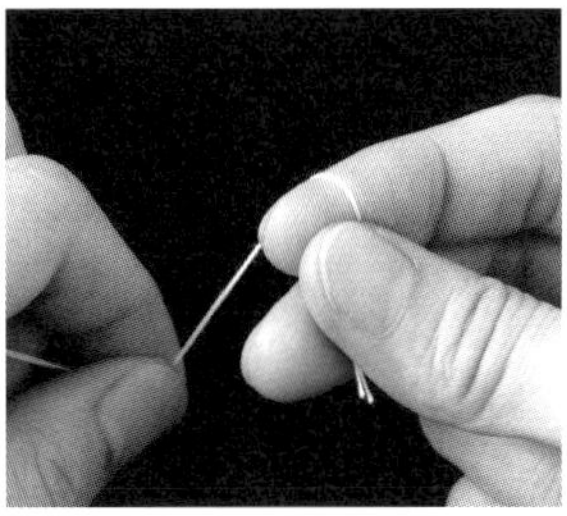
2

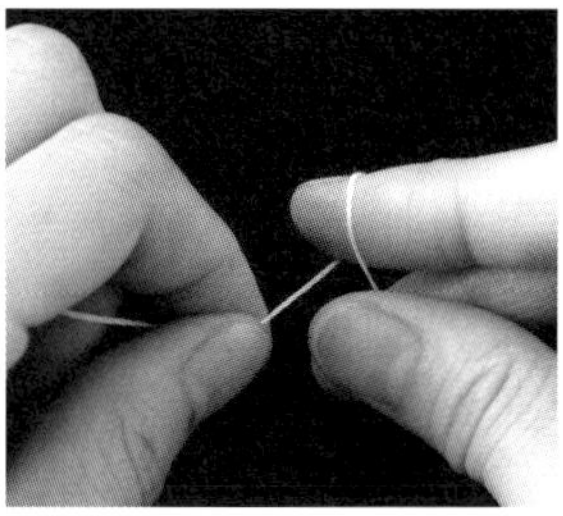
3

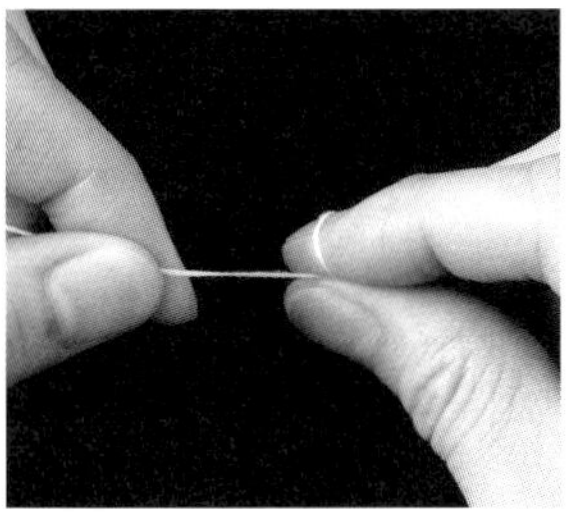
4

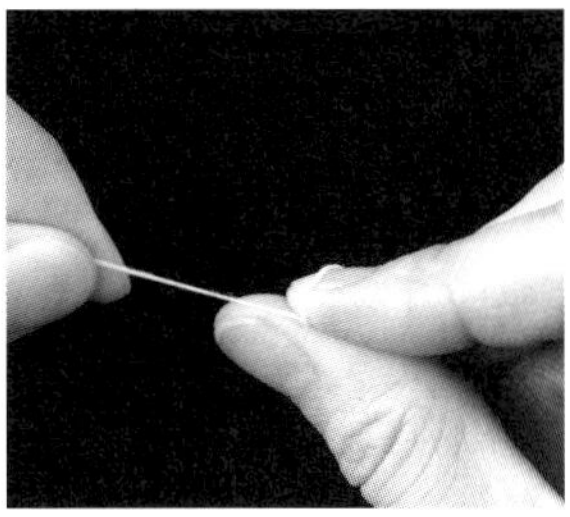
5

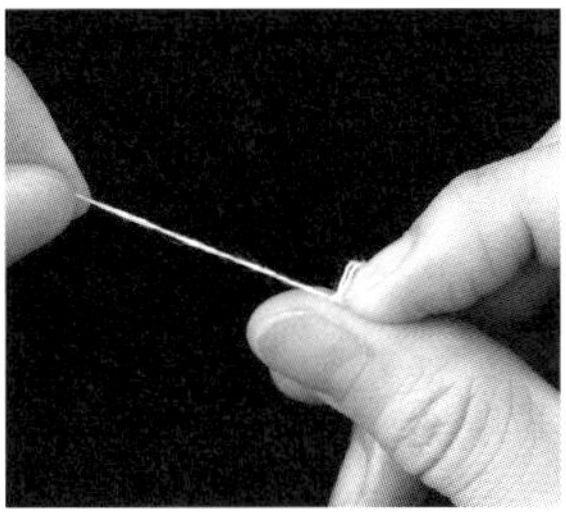
6

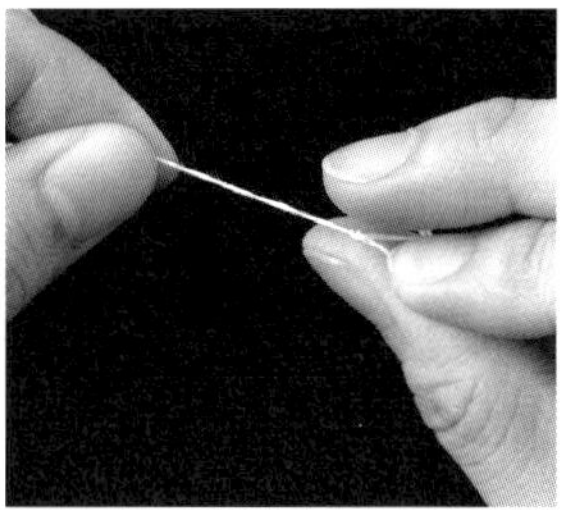
7

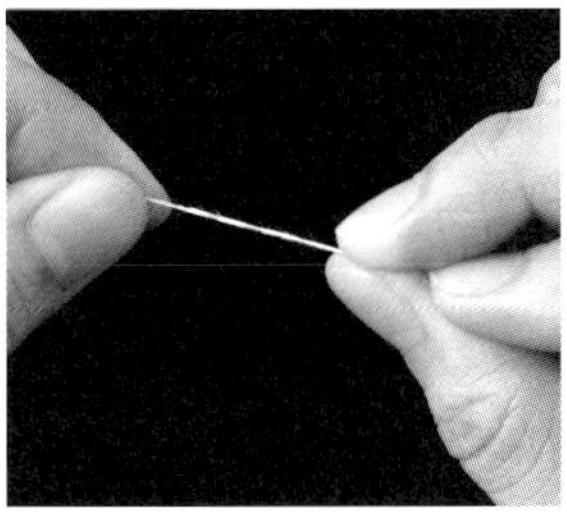
8

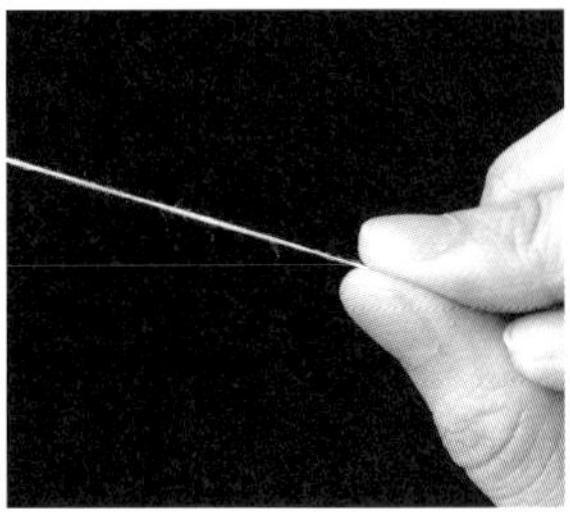
9

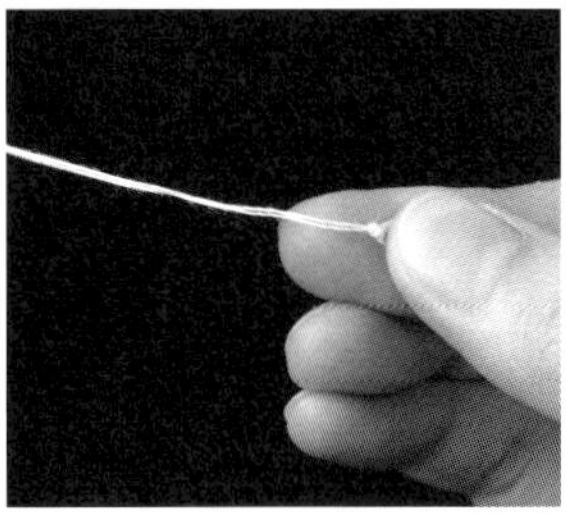
10

◎玉結び b

針に糸を2〜3回からげ、
結び玉を作る。

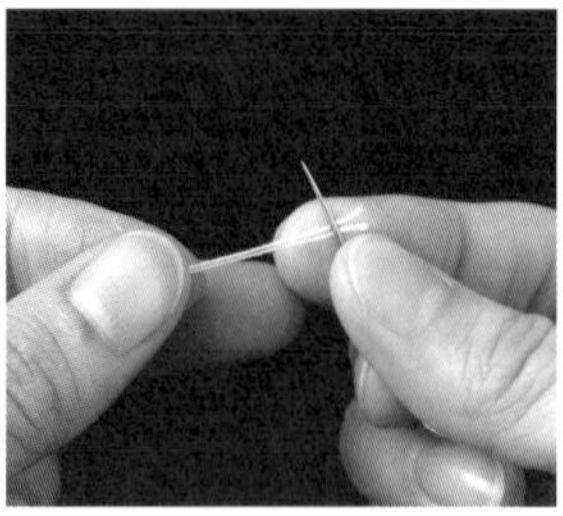

1

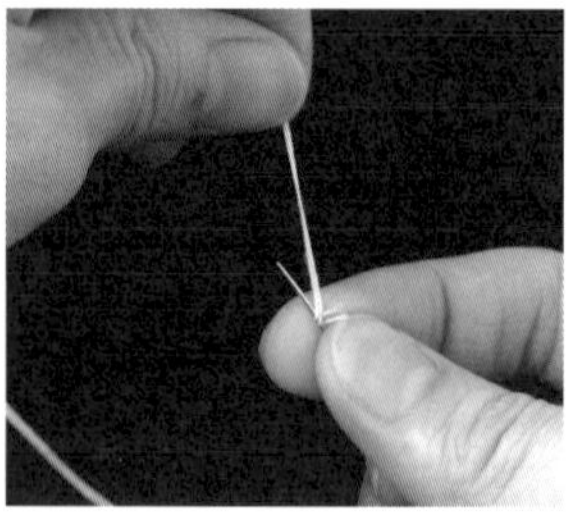

2 糸をからげる。

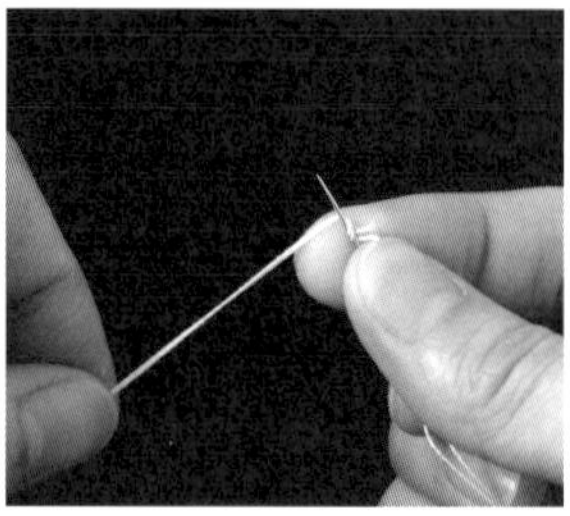

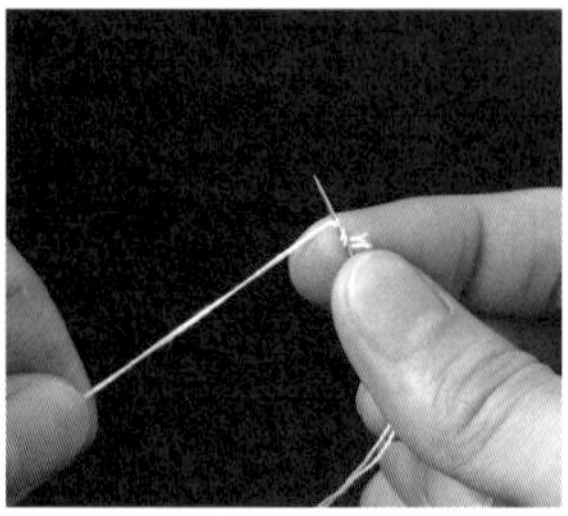

3 2〜3回からげる。

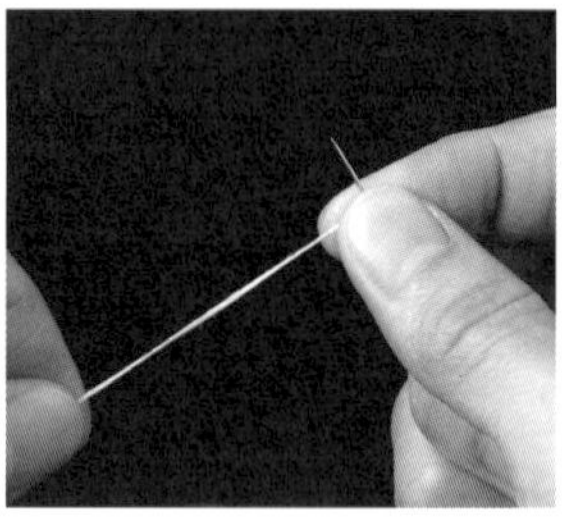

4

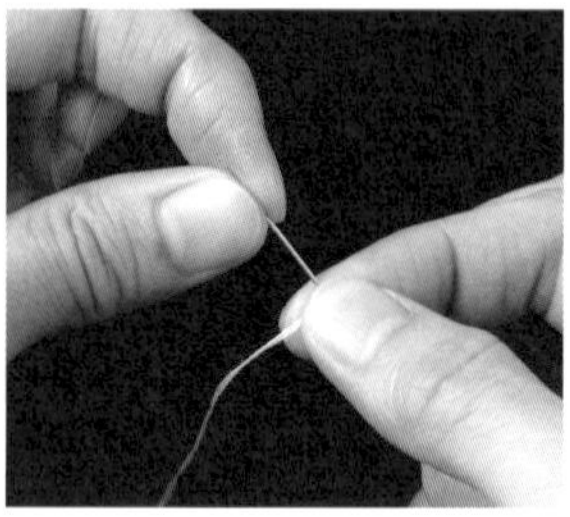

5

6

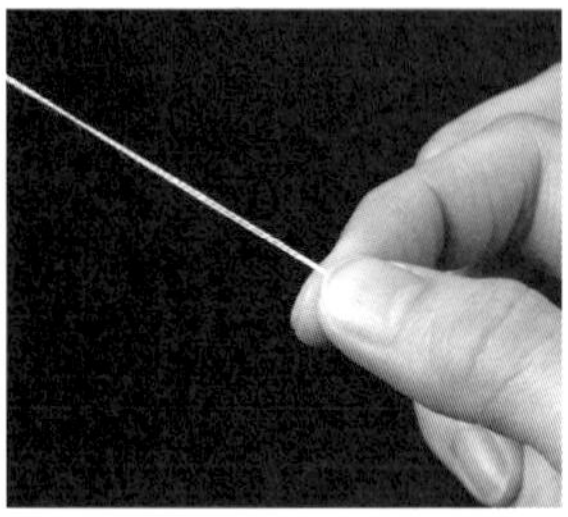

7

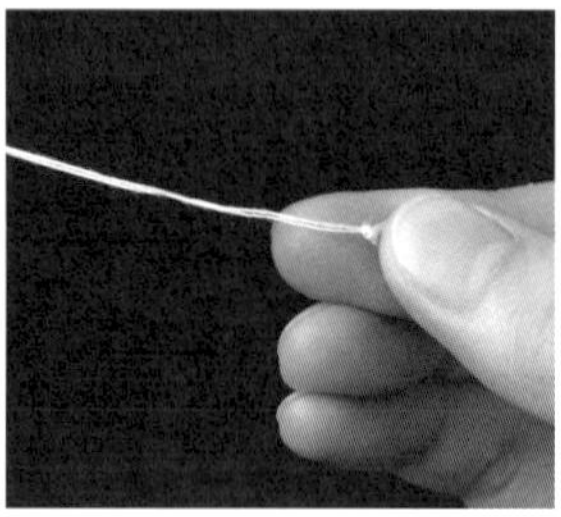

8

◎玉止め

縫終りがほどけてこないように、針に糸を2〜3回からげ、結び玉でとめる。

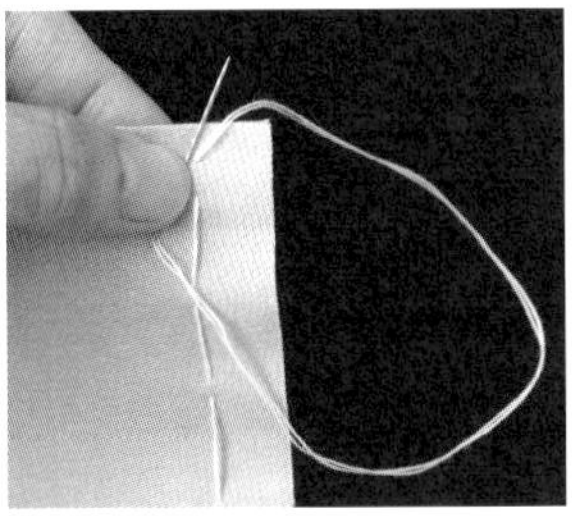

1

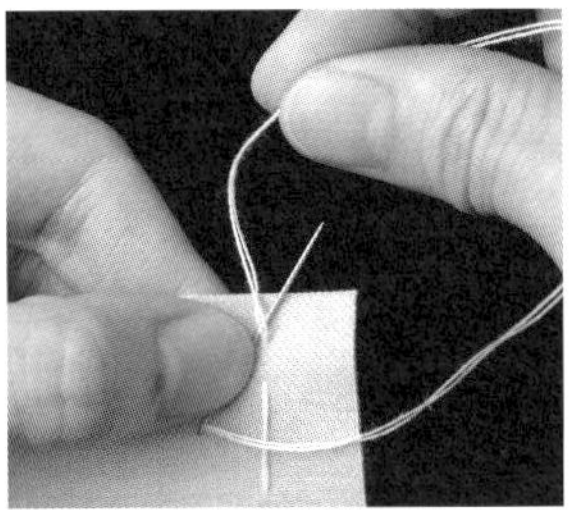

2 糸をからげる。

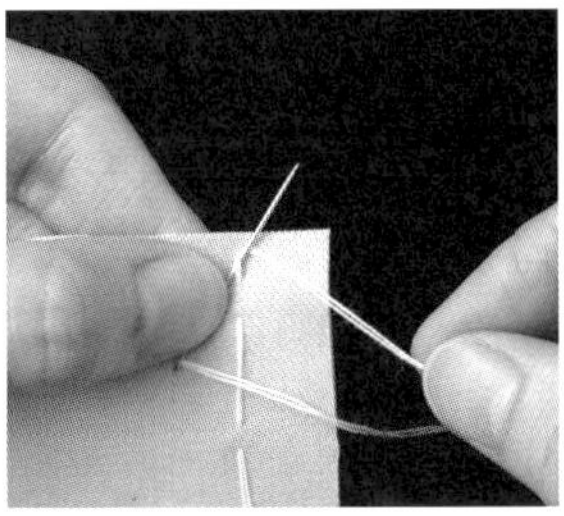

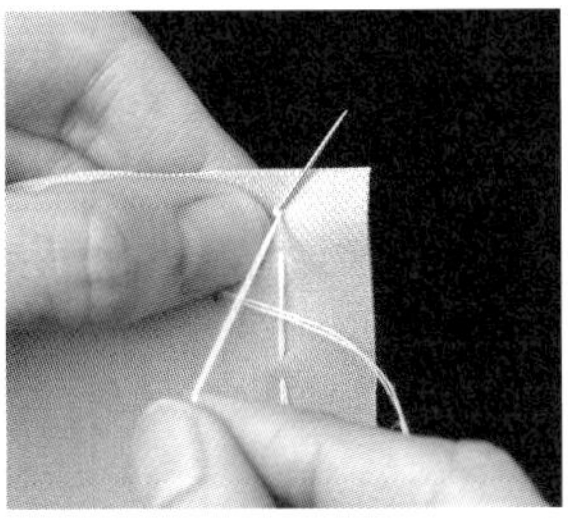

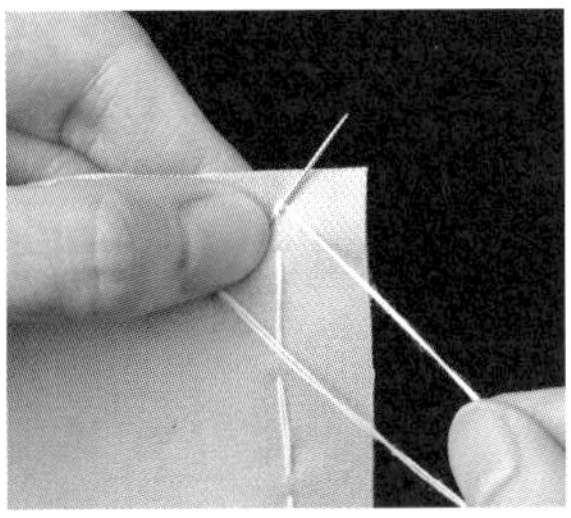

3 2〜3回からげる。

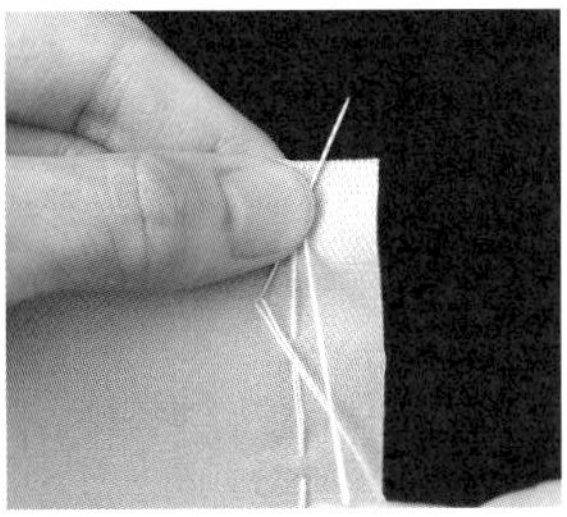

4

5

6

7

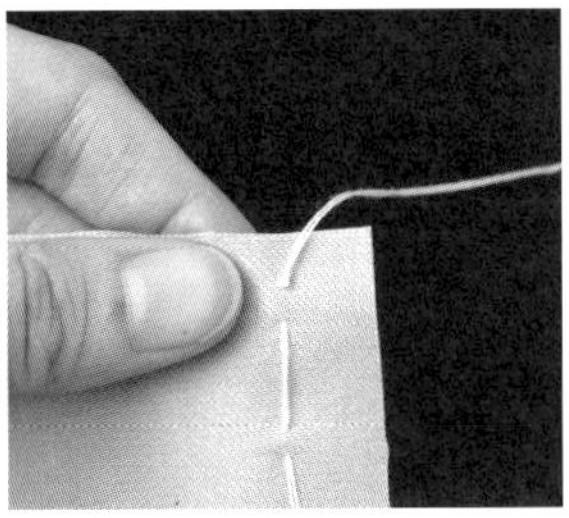

8

ミシンで縫う

Point: 縫始めと縫終りは返し縫いをする。

返し縫い

縫い目がほどけてこないように、3重にして縫いとめる。

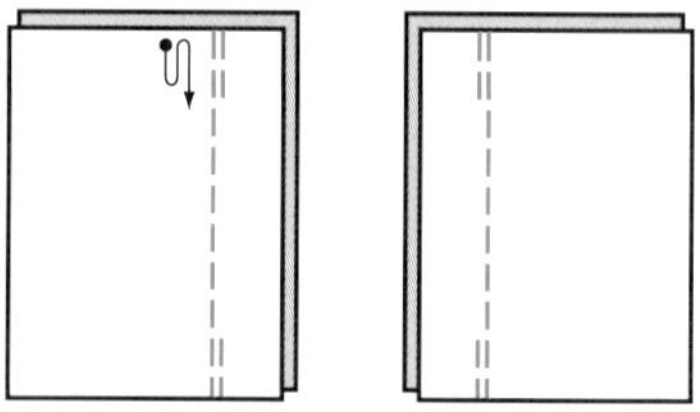

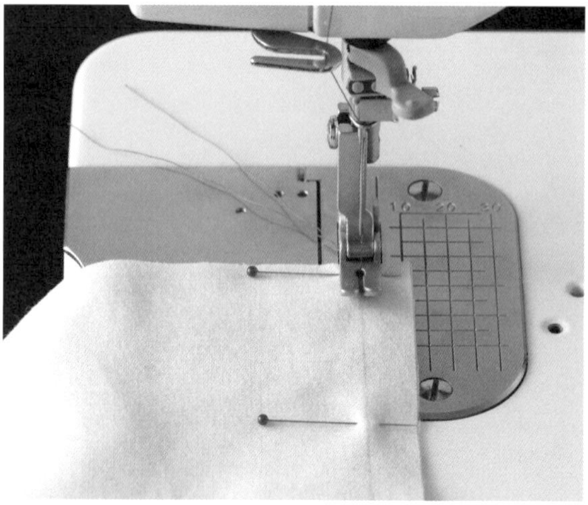

1 上糸と下糸はからまないように押え金の下を通り、後ろ側へ流しておく。

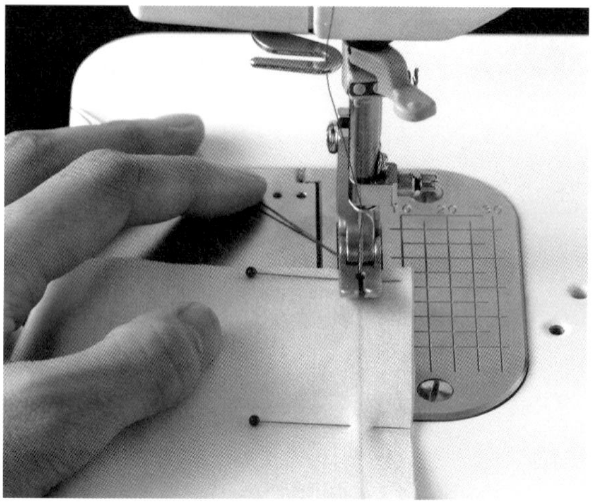

2 上糸と下糸を軽く押さえ、縫始めに針を落とし、押え金を下ろす。

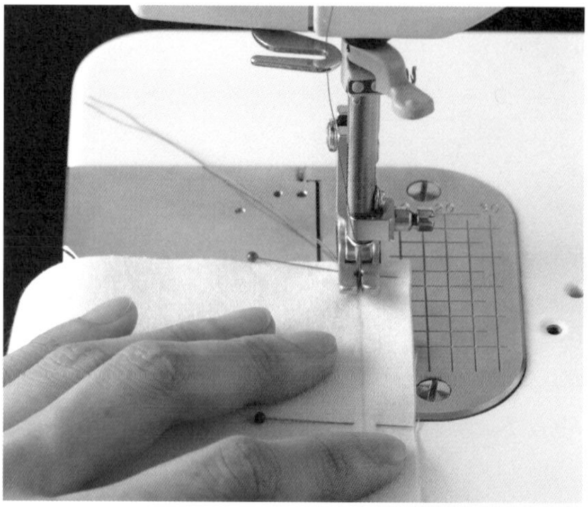

3 2、3針進めて止める。

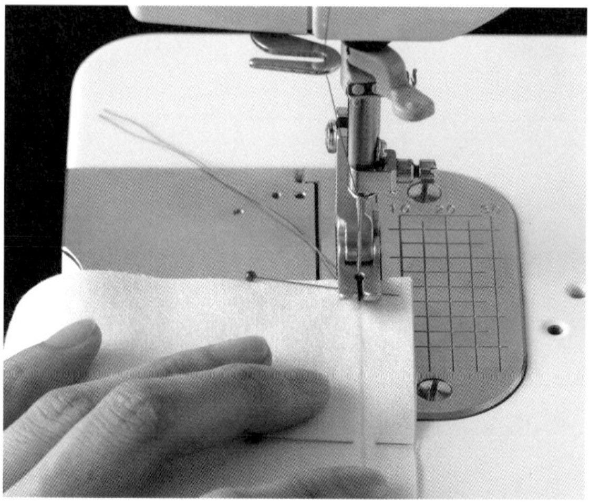

4 縫始めまで同じ針目の上を戻る(返し縫い)。

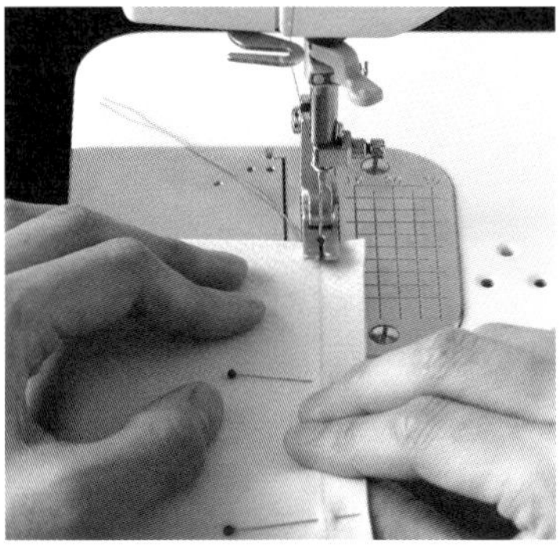

5 縫い線がぶれないように手を添え、縫い進めていく。

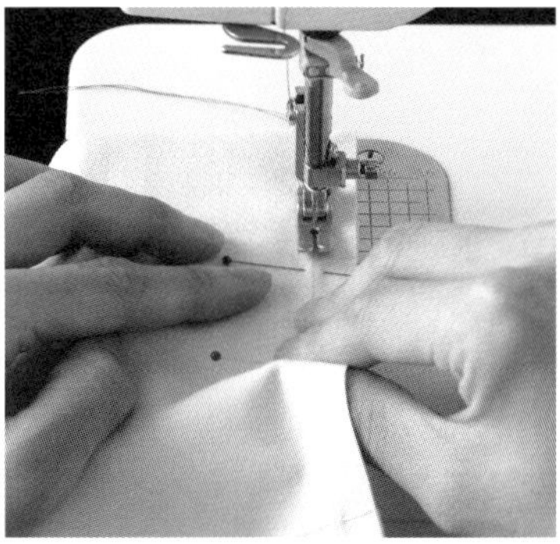

このとき押え金は上から押さえ、下側の送り歯で布が送られるので、下側を軽く引きぎみに持ってかけると縫いずれを防げる。

6 縫終りでも返し縫いをする。縫終りに針を落として止める。

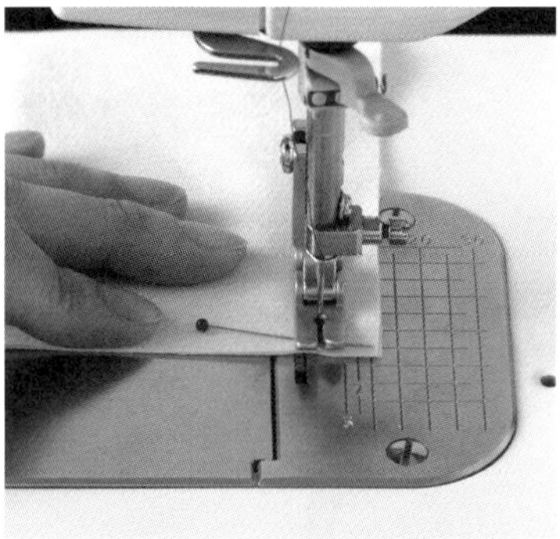

7 2、3針縫い目の上を戻る。

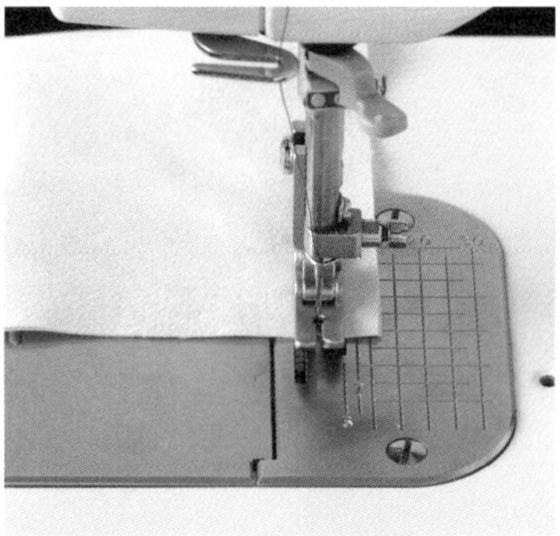

8 再び縫終りの位置までを縫う。

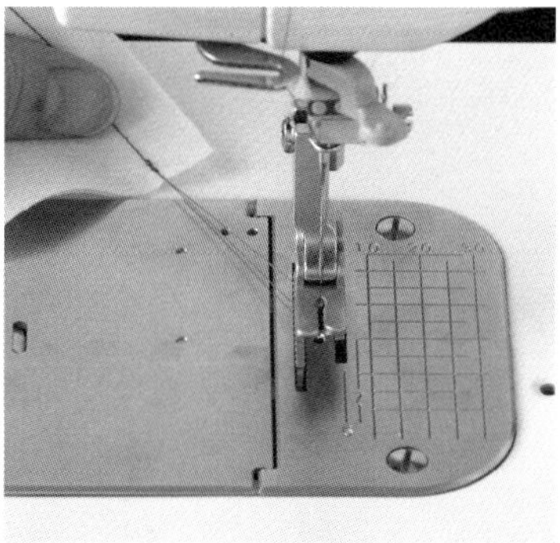

9 針をいちばん上まで上げたことを確認し、押え金を上げる。布を後方に引いて糸を切る。

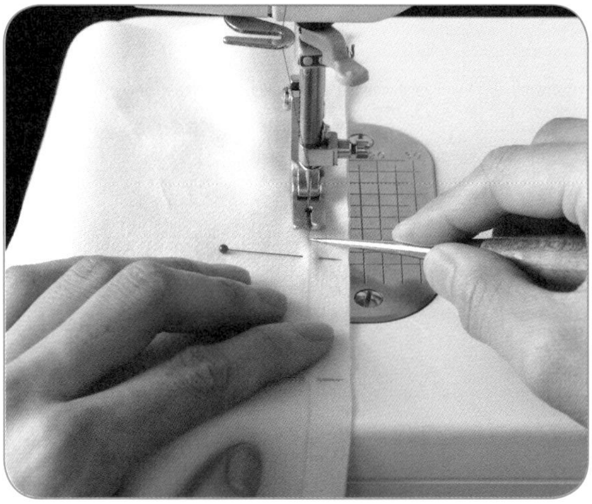

目打ちで縫い位置を押さえ、布を送りながら縫うと、縫い線のふらつきを防げる。

◆目打ち

先のとがった金属製の用具。
ミシンの縫い目や、しつけをほどいたり、
縫い返した布を整えるときなど
いろいろな用途に使える。

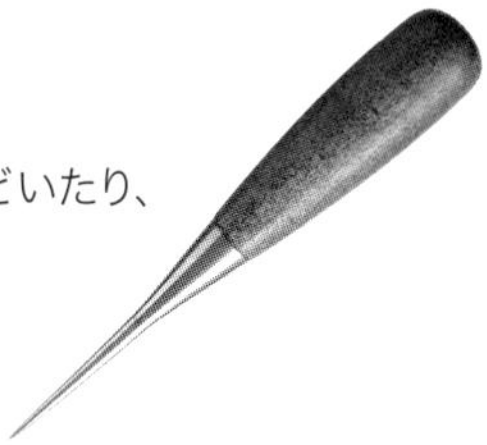

◆糸切りばさみ

手の中に収まるにぎりばさみ。
主に糸を切るときに使う。
小さくかさばらないので、
手もとに置いておくと便利。

縫い幅を決めて縫う

Point: 縫いたい幅のガイドを作り、布端をガイドに合わせて平行に縫い進める。

ミシン上のガイド

ミシンの針板上に針穴からの距離が刻まれているときは、
縫いたい幅の線に布端を合わせて縫う。

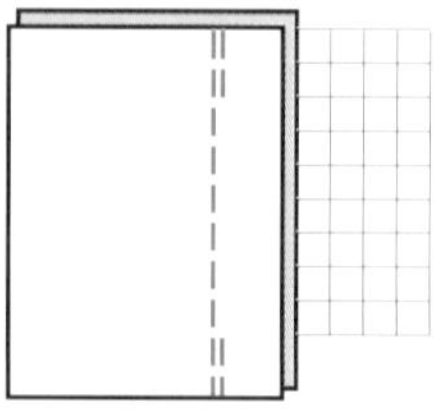

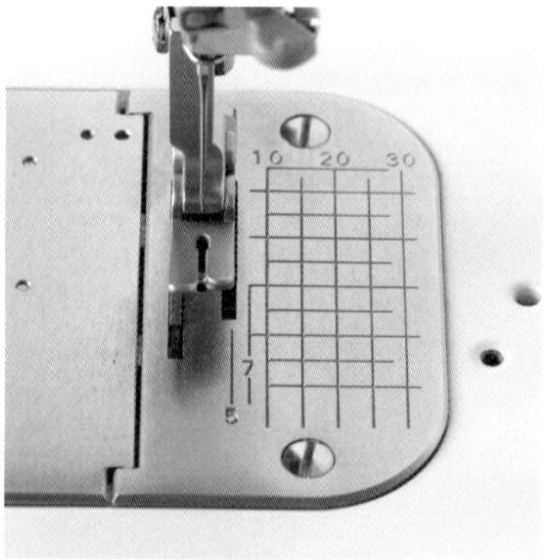

テープをはる

ミシンの針板上にない寸法のときや、針板上の寸法を見やすく
したいときはテープをはってガイドを作る。

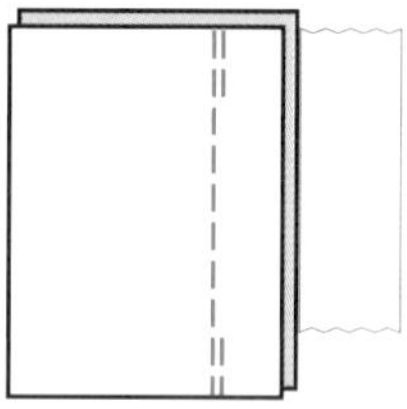

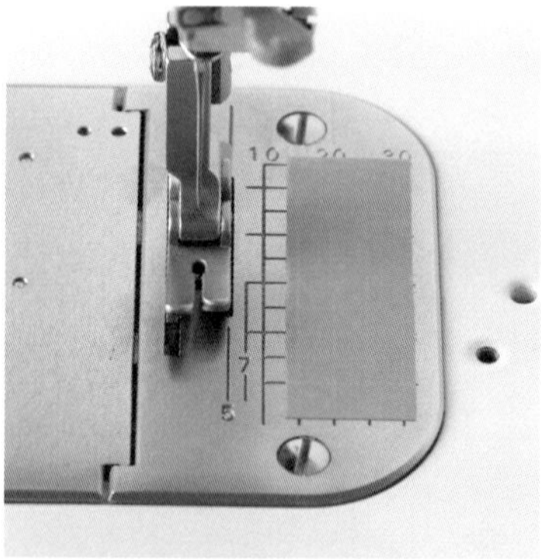

マグネット定規

布端を定規に当てながら縫うので、布のふらつきを抑えられる。

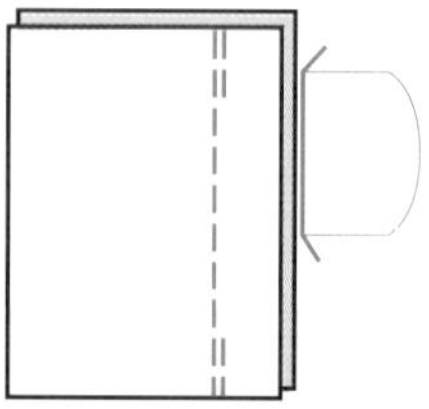

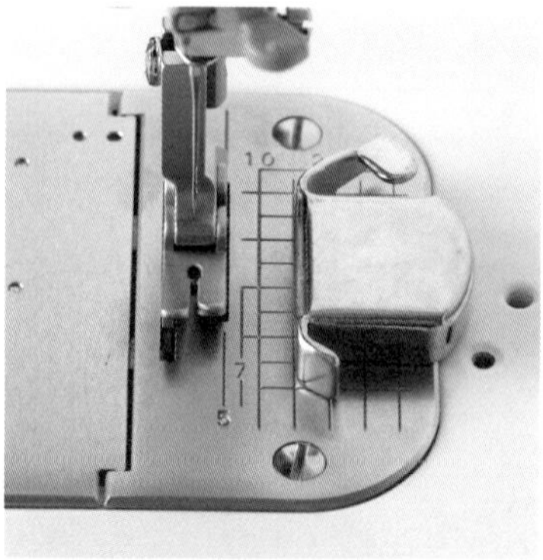

磁石なのでミシンの針板に固定できる。
ガイドが大きく、
直線線のミシンかけに適する。

ステッチ定規

布の端だけでなく、内側にステッチをかけるときにも便利。

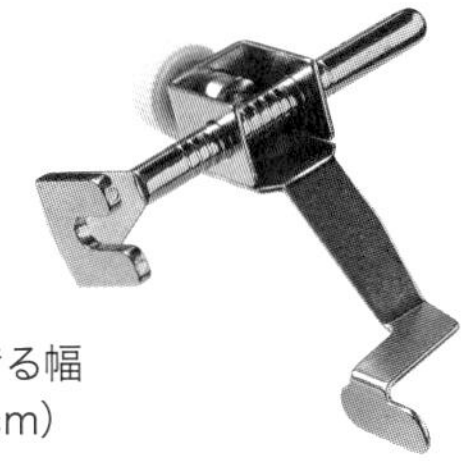

設定できる幅
（～2.5cm）

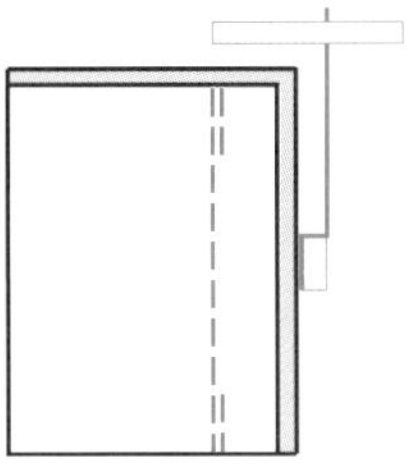

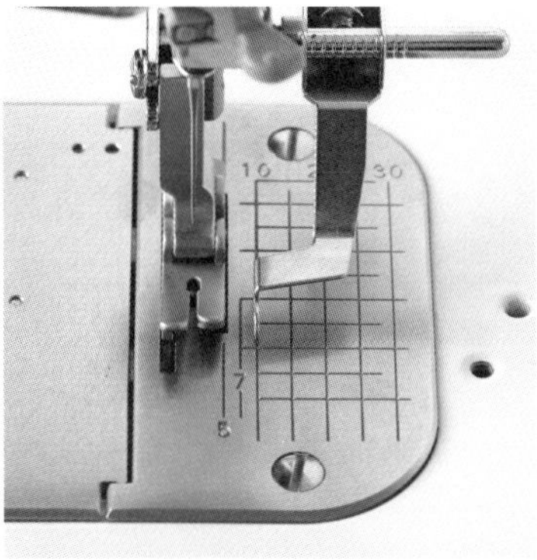

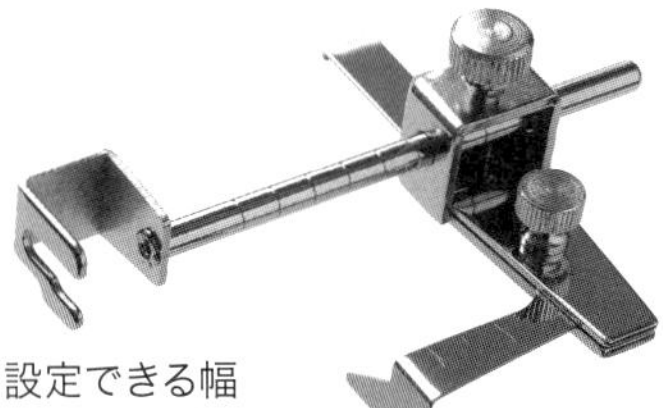

設定できる幅
（～4.0cm）

ミシンの針棒に取りつけて使う。
縫いたい幅にガイドをスライドさせて
固定する。ガイドが小さいので
曲線にも対応できる。

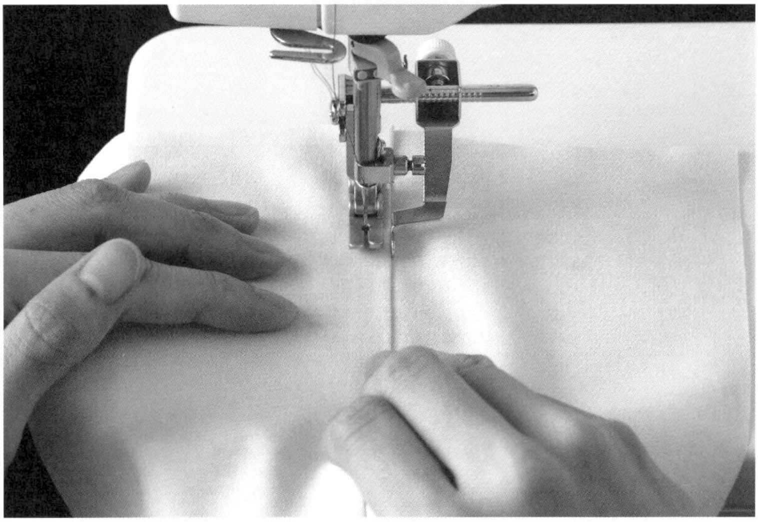

布の内側のステッチなどにも活用できる。

紙定規

広幅のステッチをかけるときに手軽で便利。布がずれるのも防げる。

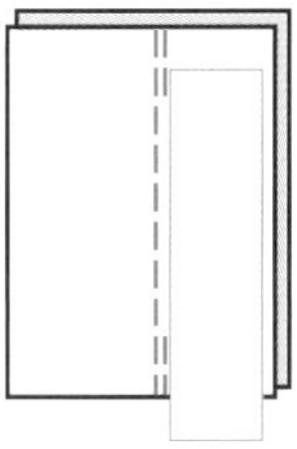

はがき程度の厚紙でステッチ幅の短冊に切って定規を作る。

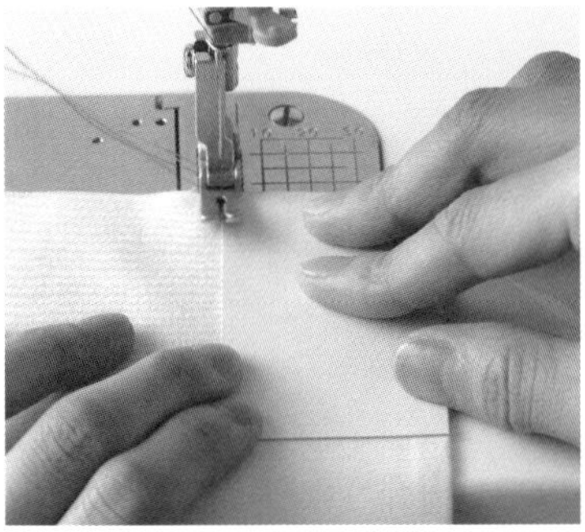

1　布端に紙定規の端を合わせ、もう一方の際に針が落ちるようにセットする。

2　紙定規にそってミシンをかけ、定規を置き直しながら縫い進める。

縫い代を割る、片返しにする

Point: ミシンをかけた後は、縫い目をアイロンで落ち着かせてから次の作業に移る。

縫い目を落ち着かせる

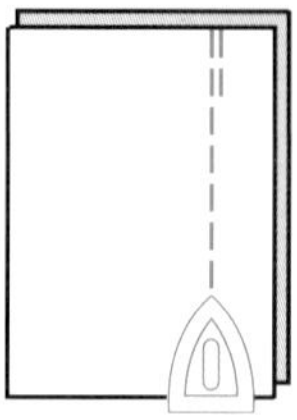

縫い代を割る、片返しにする前に必ずアイロンをかけ、
ミシン目の浮きを落ち着かせる。きれいに仕上げるための大切な工程。

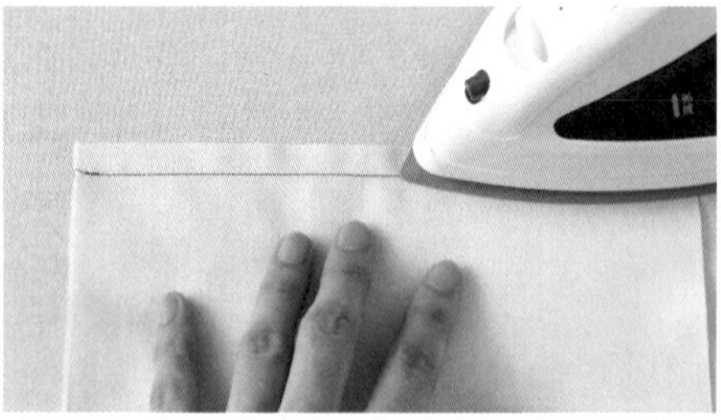

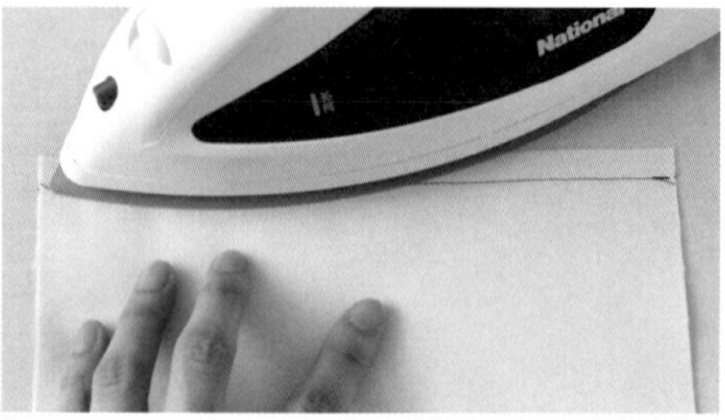

縫い代を割る

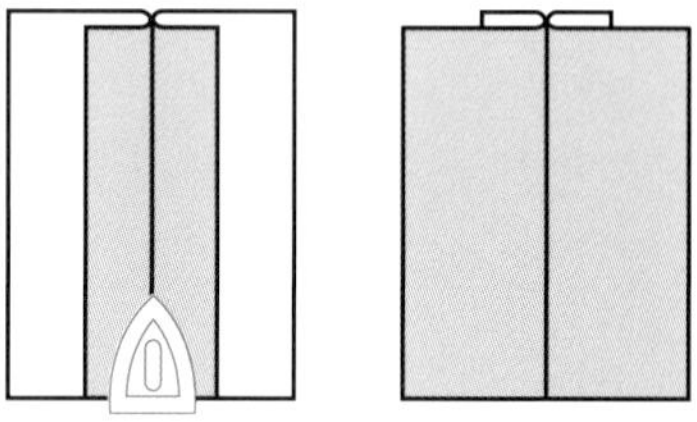

アイロンで縫い代を押さえて割るのではなく、
縫い目を押さえるようにして縫い代を割る。

1 縫い目がまっすぐになるように布を開いて置く。

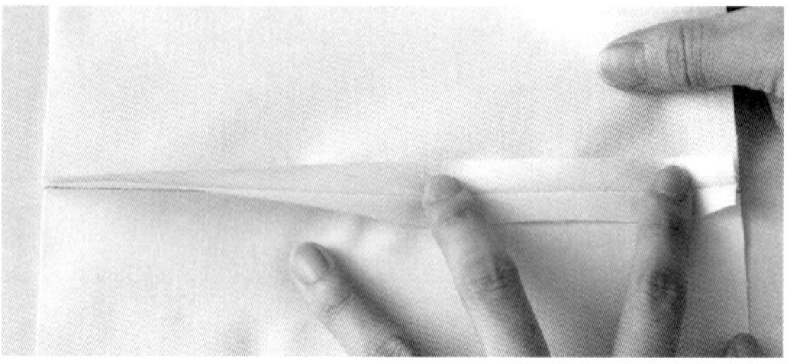

2 指の腹で縫い目をたどりながら縫い代を割る。

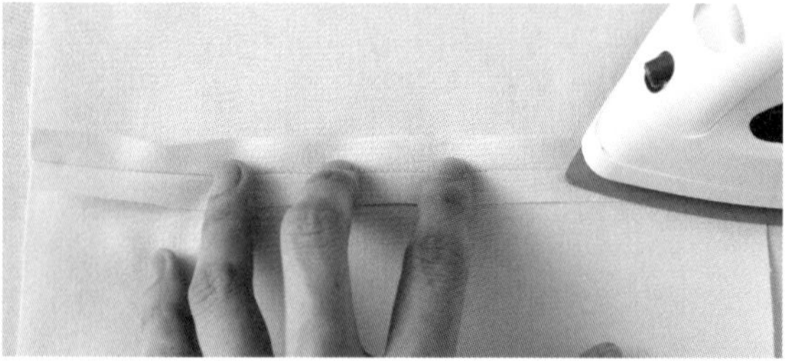

3 縫い目を押さえるようにアイロンをかける。袖まんじゅうを使うとアイロンがかけやすい(p.37を参照)。

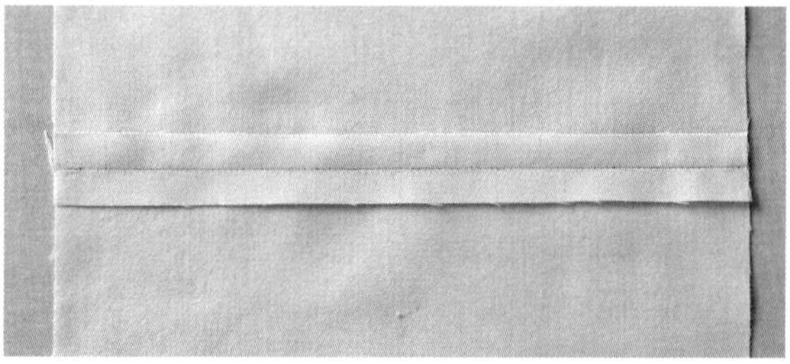

4 でき上り。

◎厚地、ウール地などの縫い代を割る場合

アイロンのスチームだけでは割れない場合は置き水をする。

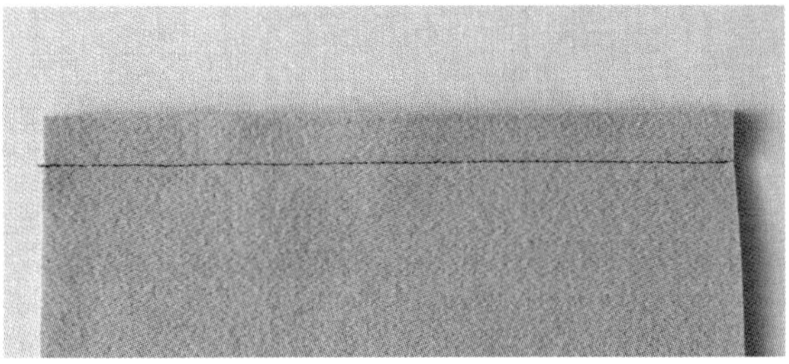

1　縫い目を落ち着かせる。

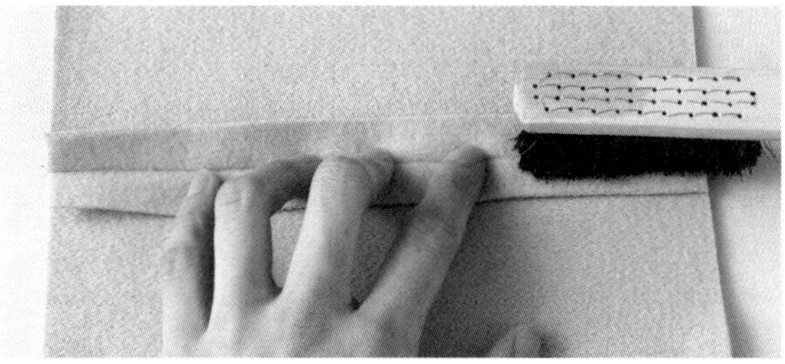

2　縫い代を開き、はけなどで縫い目に水を置く。洋裁用のはけがないときは、歯ブラシで代用を。

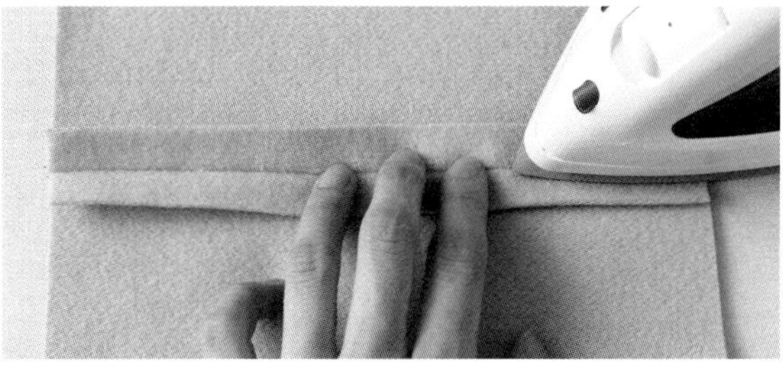

3　アイロンの先で押さえるようにして、ドライアイロンで水分が飛ぶまでしっかりかける。

アイロンのそばに手を添えているときは、布からアイロンを浮かせないこと。
浮かせると蒸気が手もとに吹き出してやけどすることがあるので注意しましょう。

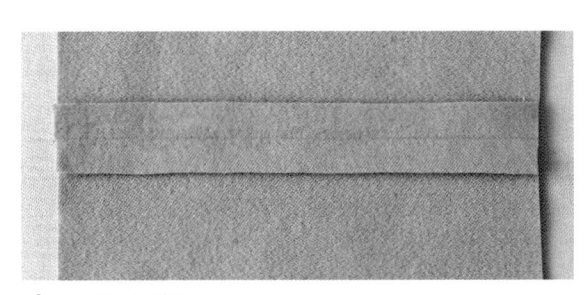

4　でき上り（裏）。

表

◆袖まんじゅう

小さな丸みの部分や、袖の仕上げなどに使うアイロン台。
縫い代を割るときに使うと余計なところにアイロンがかからないので、縫い代のあたりが表に出るのを防げる。
しつけなどの針仕事の台としても活用できる。

縫い代を片返しにする

縫い目を一度アイロンで折ってから、縫い代を片側に倒す。

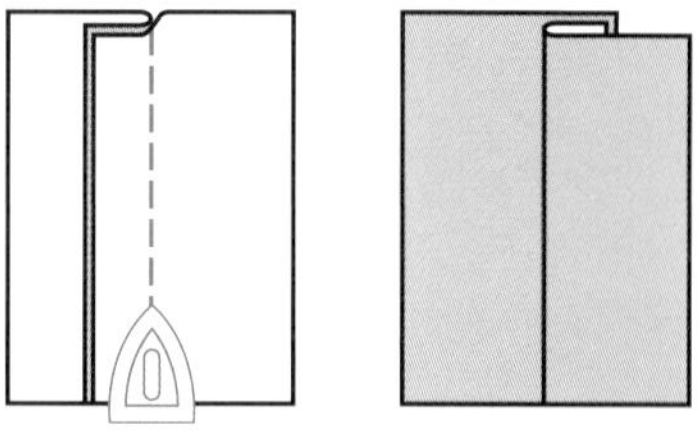

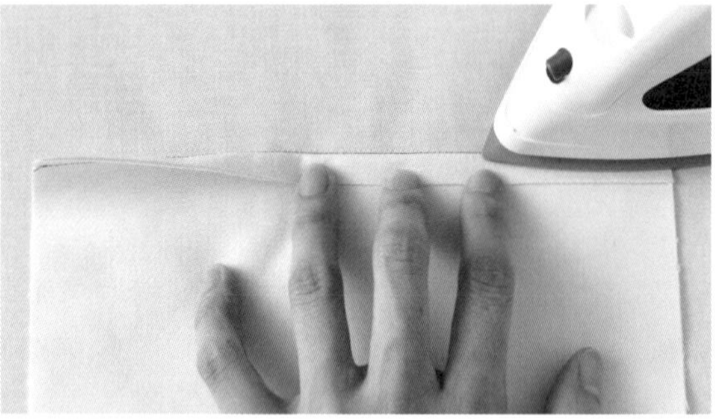

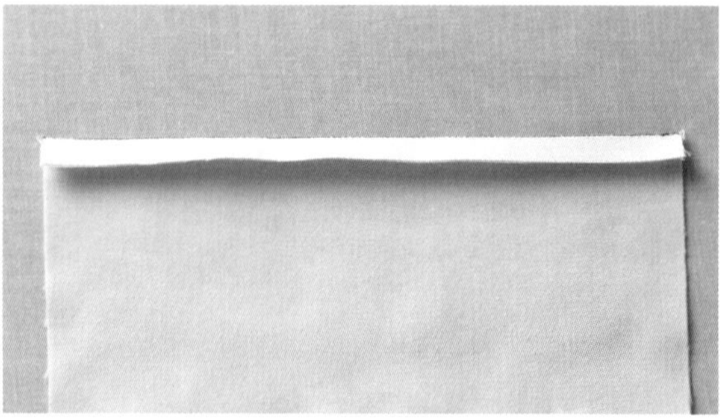

1　縫い代を2枚一緒に縫い目で折る。特に薄地の場合、このアイロンをかけると縫い線がきれいに出る。アイロンは押さえるように、縫い目を伸ばさないように注意する。

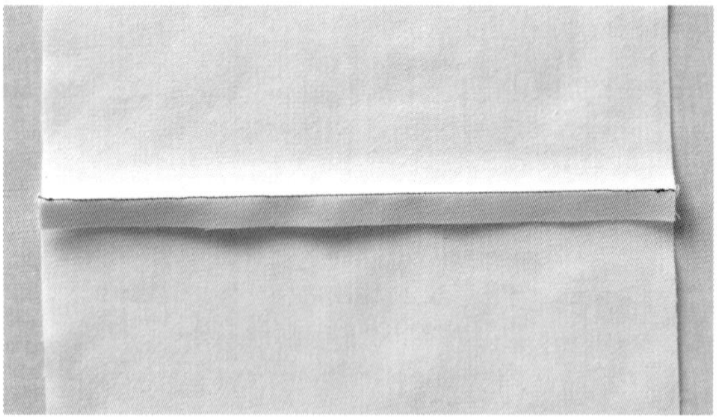

2　縫い代を片方に倒したまま布を広げる。

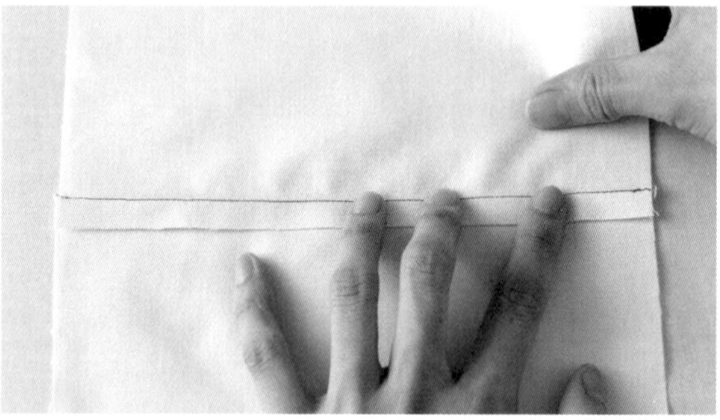

3　指で縫い目を押さえるようにして開く。

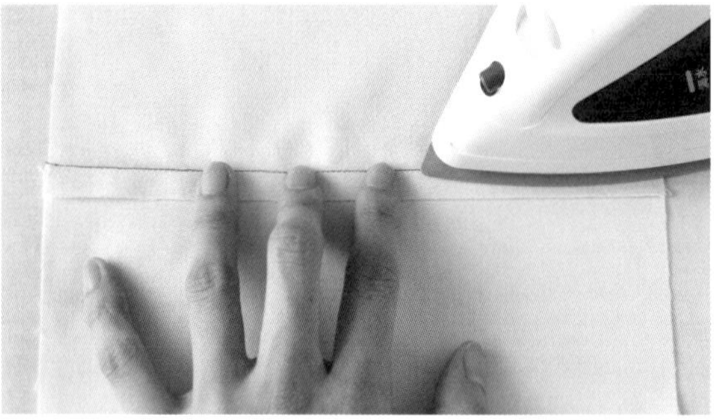

4　アイロンのエッジを使い、縫い目を押さえるようにアイロンをかける。袖まんじゅうを使うとアイロンがかけやすい(p.37を参照)。

5　でき上り。

◎きせをかける場合

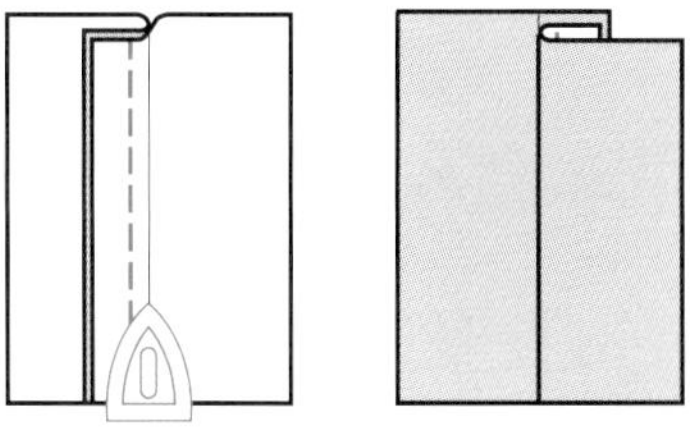

でき上り線より少し縫い代側を縫い、でき上り線で片返しにする。

1 でき上り線から0.3～0.5cm縫い代側を縫う。

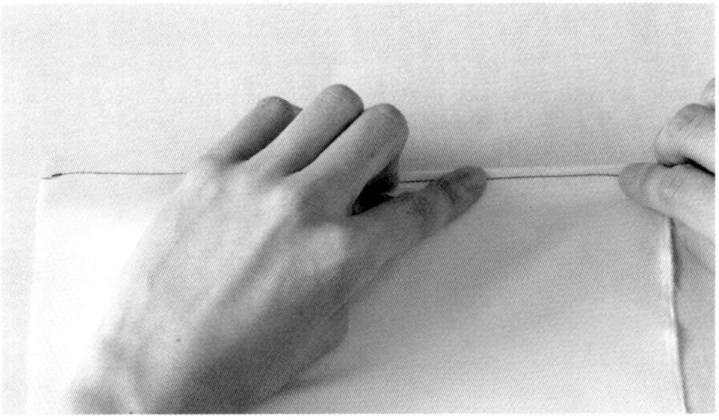

2 でき上り線で2枚一緒に折る。

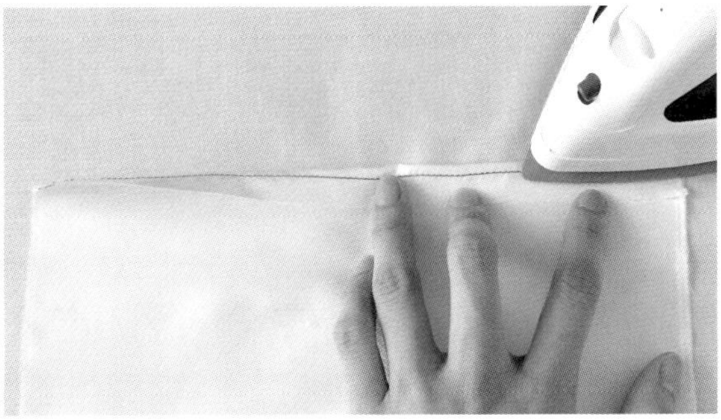

3 折り山をアイロンで押さえる。

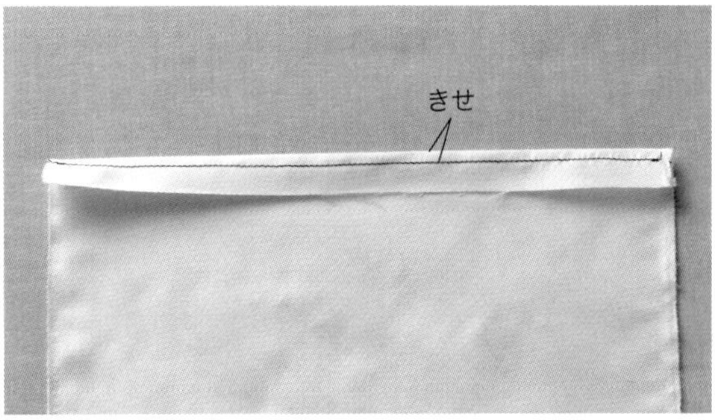

4 縫い目からでき上り線の折り山までの部分をきせという。

5 きせ分を残したまま縫い代を片方に倒し、布を開く。

【きせ】

裏地をつける場合、
表地の動きに対応できるように
裏地にゆとりを入れる。
これを「きせをかける」という。

筒の縫い代を割る、片返しにする

輪になった部分をつぶさないようにアイロンをかける。

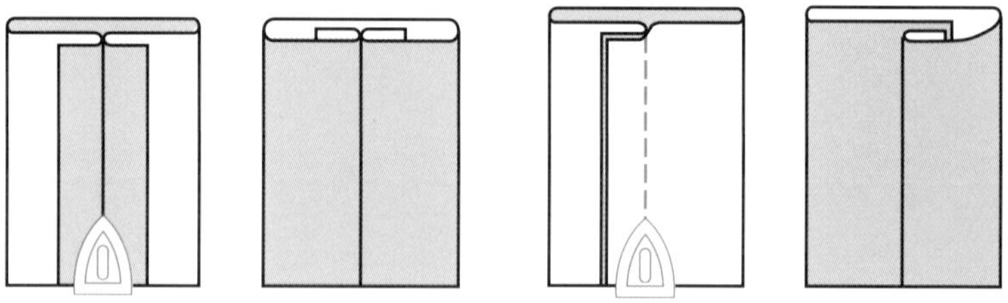

1 縫い目を落ち着かせる(p.36を参照)。

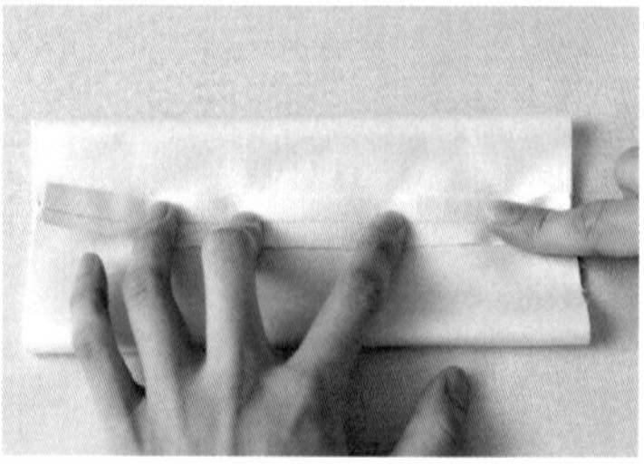

2 縫い目を移動して縫い代を割る、または片返しにする。

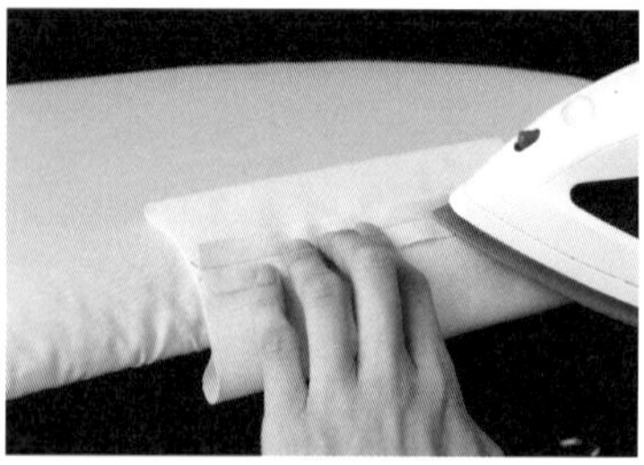

3 アイロン台の縁にのせると余計な部分にアイロンが当たらず、輪になった部分をつぶさずにすむ。

◎袖まんじゅう・仕上げうまを使用する

ある程度の周囲寸法がある場合（袖まんじゅうや仕上げうまが通る寸法）。

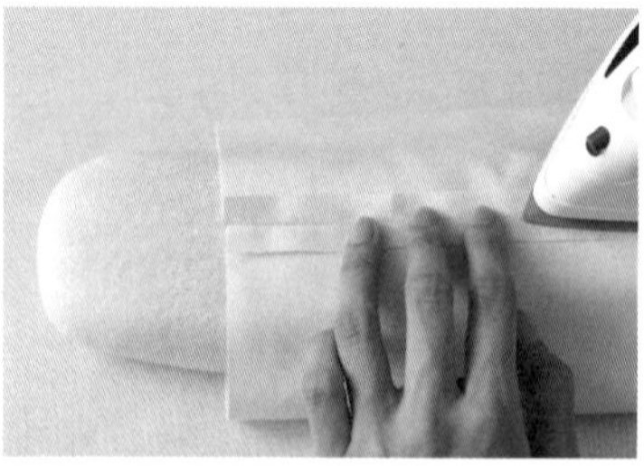

筒に袖まんじゅうを通して、縫い代を割る。片返しも同様に。

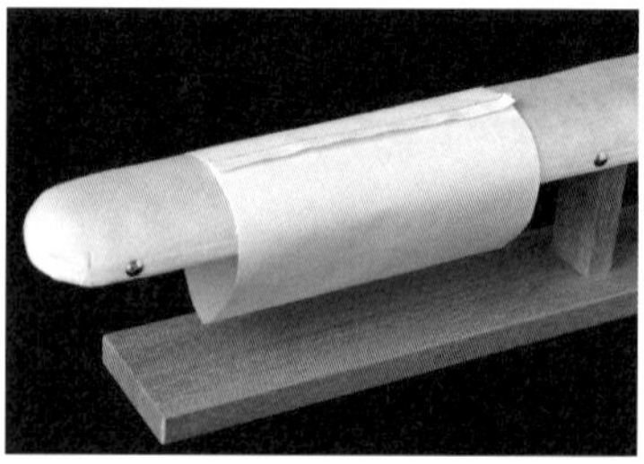

袖まんじゅうと同様に仕上げうまを使用する。

◆アイロン台

アイロン台はアイロンをかけるときに使う台。
脚がついている家庭用のアイロン台は、
コンパクトで使い勝手がいい。

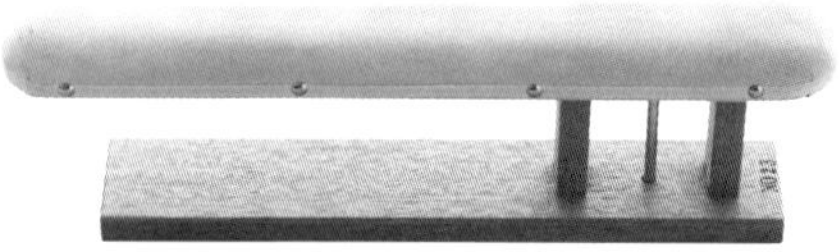

◆仕上げうま

仕上げうまは木製の脚つき台に
芯と布をはったアイロン台。
主にジャケットの仕立てに使われる。

縫い返す

外見を美しくしたいのならば内面から……。

縫い返す前の内側の縫い代整理を丁寧にすると、自然に外側も整います。

見えない部分に手を抜かないこと。

縫い代整理はもちろん、糸の始末や作業する周りの整理整頓も大切です。

縫い返す

Point: 縫い返した後の縫い線の見え方で名称とその方法が変わる。

毛抜き合せ

毛抜きの歯のようにぴったり合っている状態のこと。

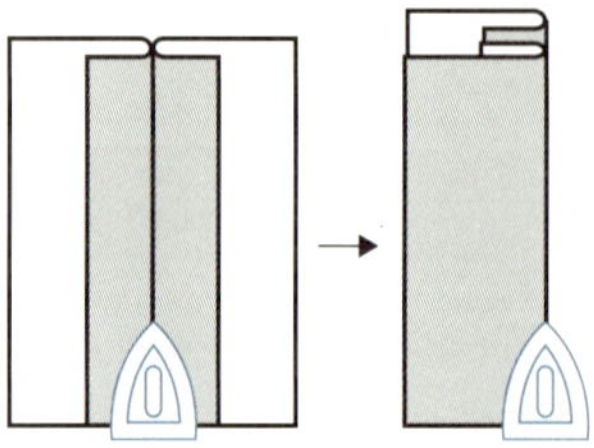

1 縫い代を割る（p.36を参照）。曲線や割れない場合は、縫い目で片返しにする。

2 外表に合わせ、縫い線を毛抜きの状態にアイロンで押さえる。

表側と裏側、どちらも控えられずに毛抜きのように突合せになっている。

控える

縫い線を裏側に少しずらし（●）、
ずらした表側には縫い線が見えない状態にする。

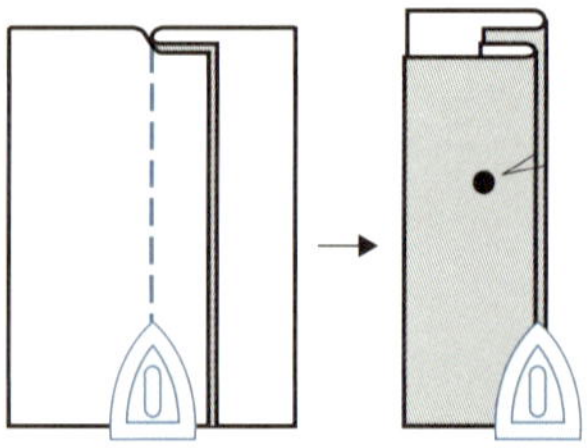

1 縫い代を片返しにする（p.38を参照）。

2 外表に合わせ、表側から縫い線が見えないように裏側に0.1〜0.2cmずらして（控え）アイロンで押さえる。

3 でき上り。

角

Point: 角の形をきれいに縫うには、ミシンの針を落とした状態で方向を変える。

凸角を縫い返す

Point: 角の縫い代をアイロンでしっかり折って収める。

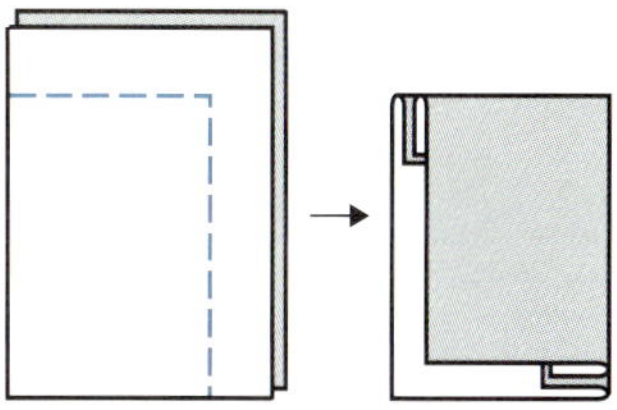

角を縫う

1 角まで縫い進める。

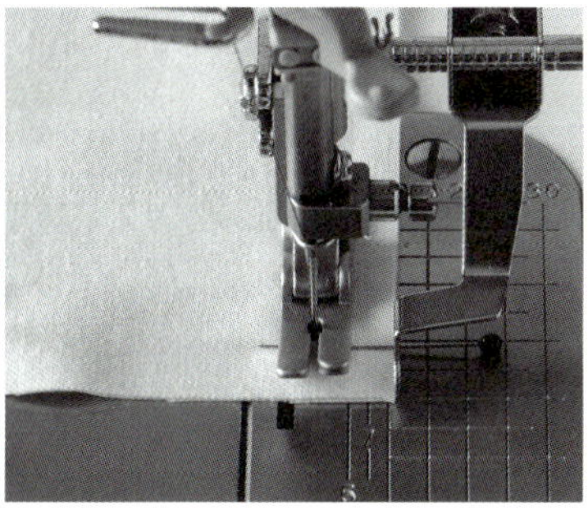

2 角で針を落とした状態で止める。

3 針を落としたまま押え金を上げる。

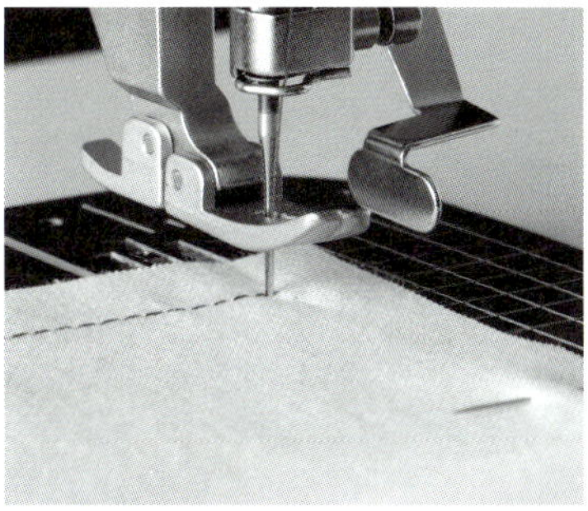

4 布を回して、方向を変える。

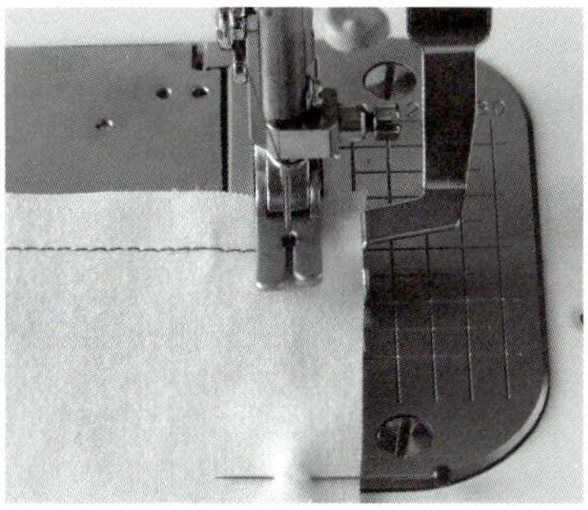

5 押え金を下ろす。

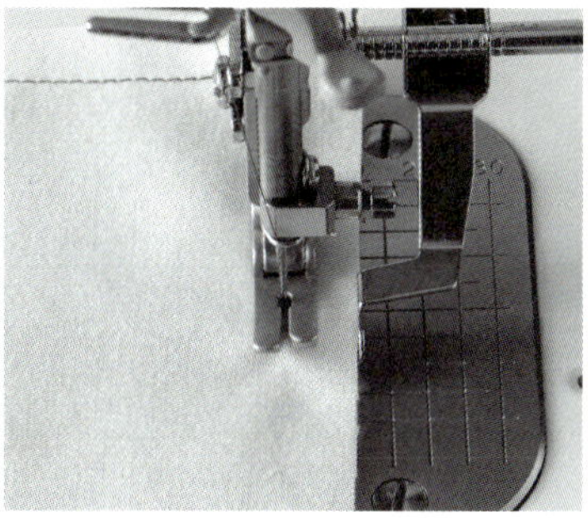

6 縫い進める。

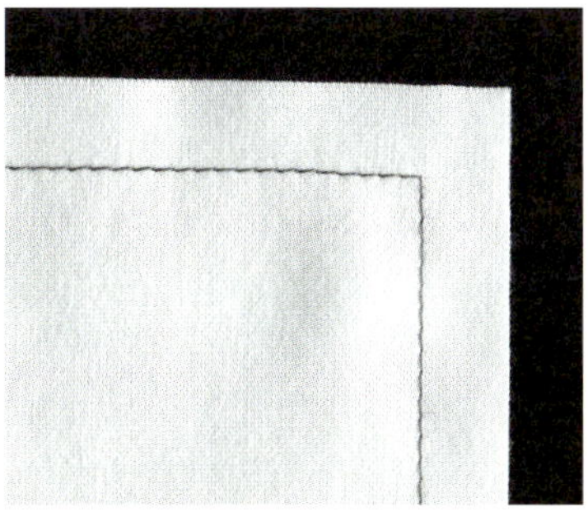

7 角縫いのでき上り。

印つけなしで縫い代幅を決めて縫う場合

角の位置だけチョークで点を打って印をつけておくとわかりやすく角がずれない。

◆ノック式チョークペンシル

芯の長さが調節でき、
生地に応じて芯の色を替えられる
チョークペンシル。

角を返す

1 縫い代を2枚一緒に縫い目で折る。

2 もう一辺も同様に縫い目で折り、角の部分の縫い代をたたむ。

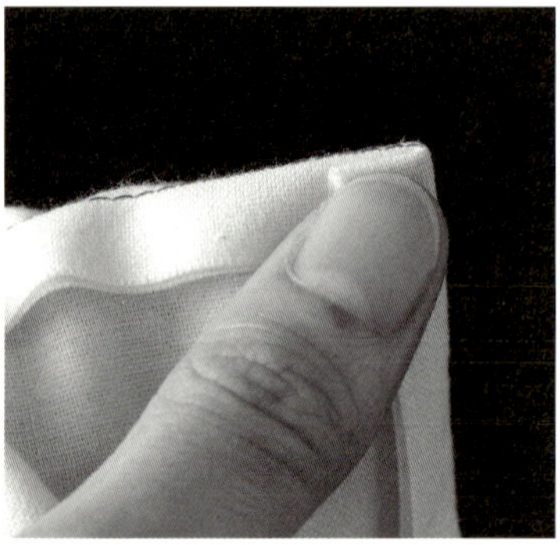

3 中に手を入れて角の縫い代を人さし指と親指ではさみ、押さえる。

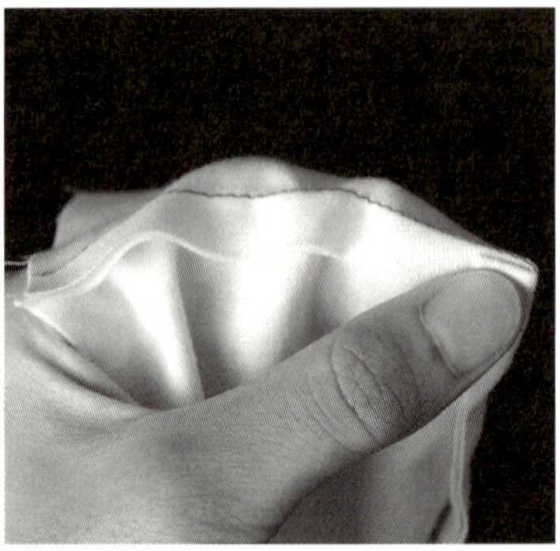

4 縫い代を指で押さえたまま角を押し出すような感じで、表に返す。

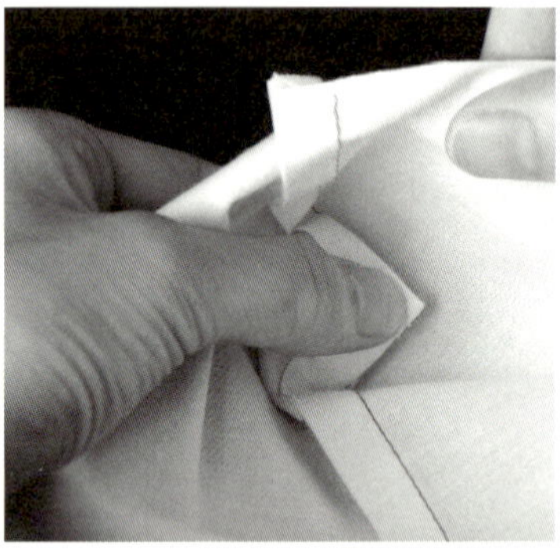

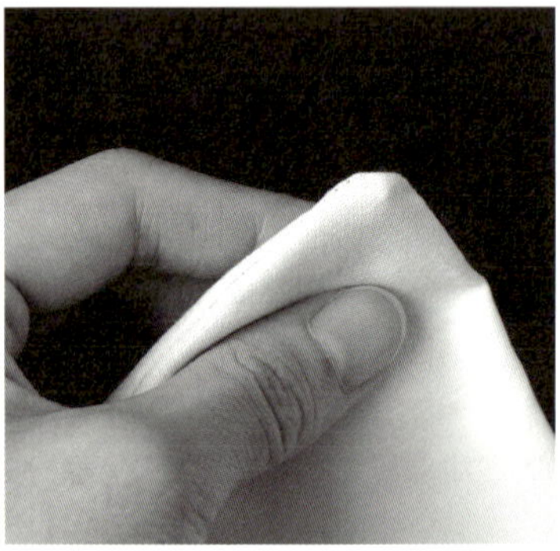

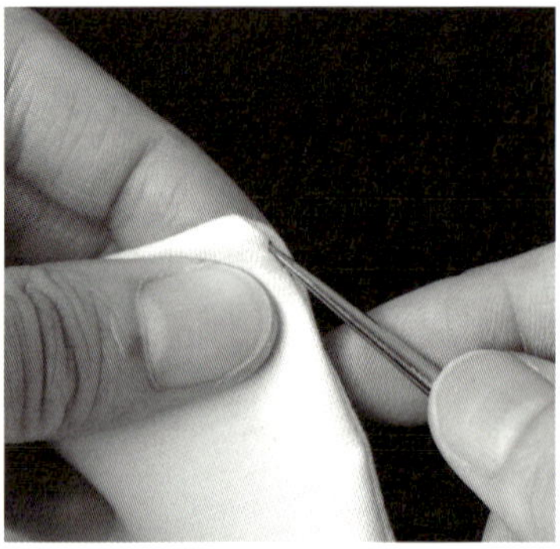

5 目打ちを使って少しずつ角を引き出し整える。

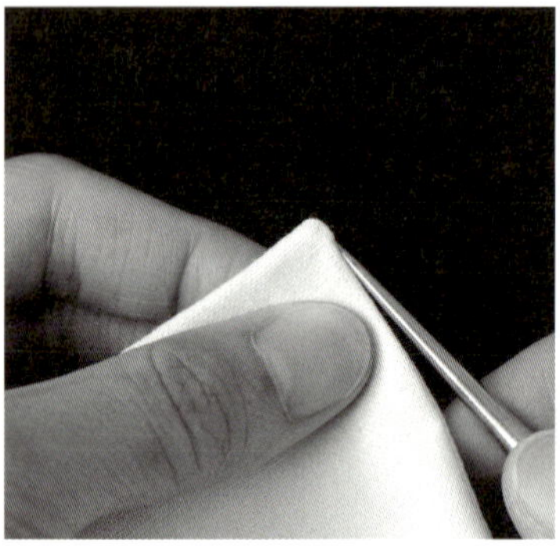

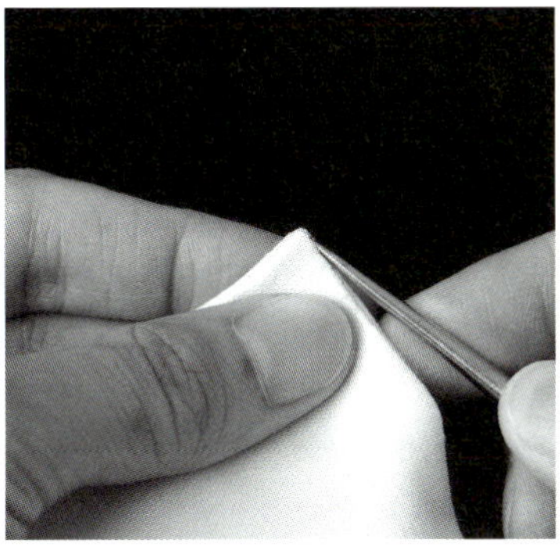

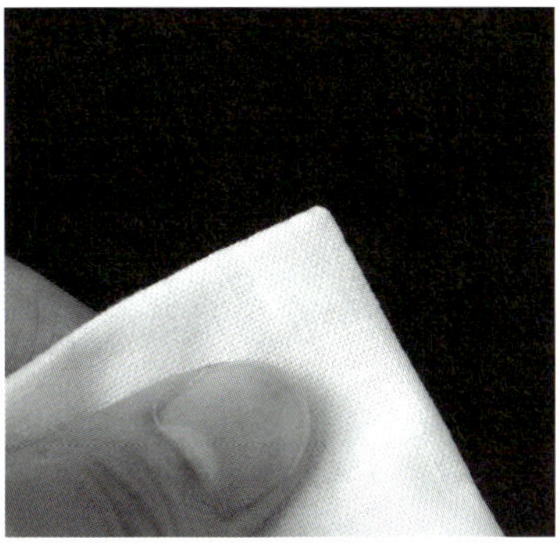

6　でき上り。

◎角の縫い代がかさばる場合

折り重なった縫い代が布の厚みや織り方でかさばる場合は、角の縫い代をカットする。

1　縫い目で折った後、重なってかさばる縫い代をカットする。カットは角の縫い目から0.2〜0.3cmまで。

2　でき上り。

縫い目の際までカットするとほつれることがあるので注意する。

角の仕上げアイロンに厚紙を使う

はがき程度の厚紙を、表に返した角の中に入れてアイロンをかけると
縫い代のあたりが出ずにきれいにできる。

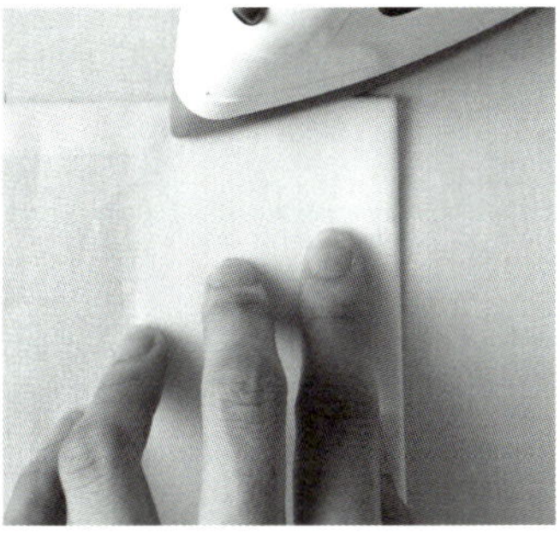

とがった凸角を縫い返す

Point: 折った角の縫い代をさらにしっかり折って収める。

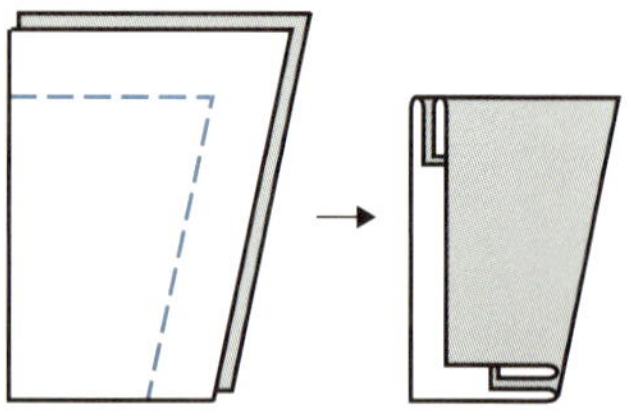

1 角を縫い合わせる(p.43を参照)。

2 縫い代を2枚一緒に縫い目で折る。

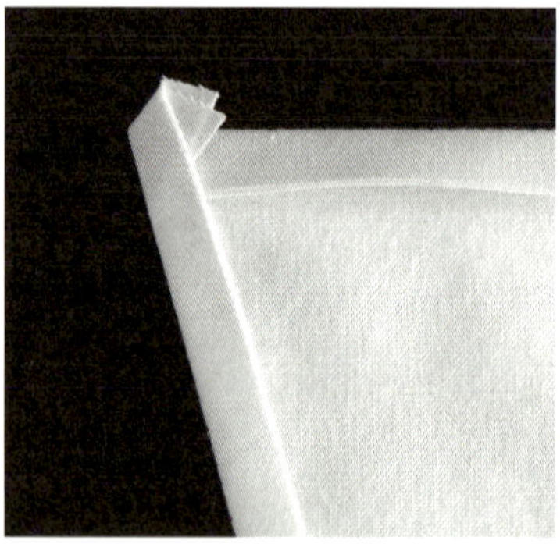

3 もう一辺も同様に縫い目で折る。

4 角の縫い代をさらに折りたたみ、でき上り内に収める。

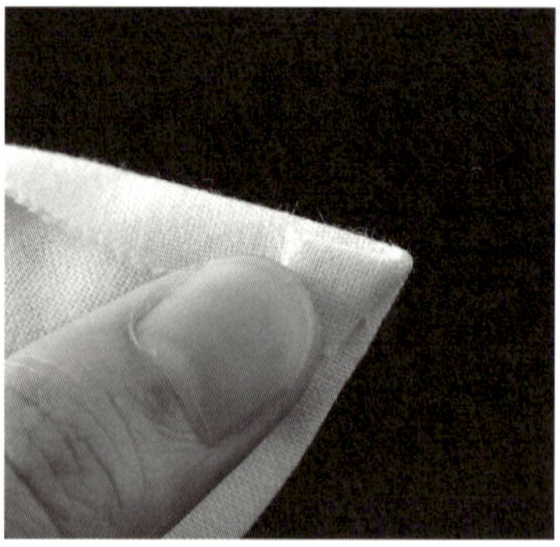

5 角の縫い代を指で押さえ、表に返す(p.44の3、4を参照)。

6 目打ちを使って、角の部分を丁寧に整える(p.44の5を参照)。

縫い代の折り方は自由

角の縫い代を折る順序や折り方に決りはないが、このように内側の縫い代をきれいに収めると表に返したときにきれいな角が出る。

◎ステッチをかける場合

角の部分はミシンの進みが悪いので、手ではずみ車を回しながらゆっくり進める。

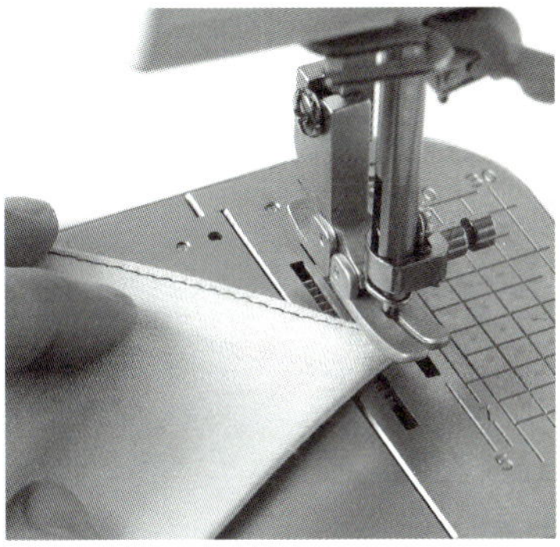

1 角で止め、針を落としたまま方向を変える。

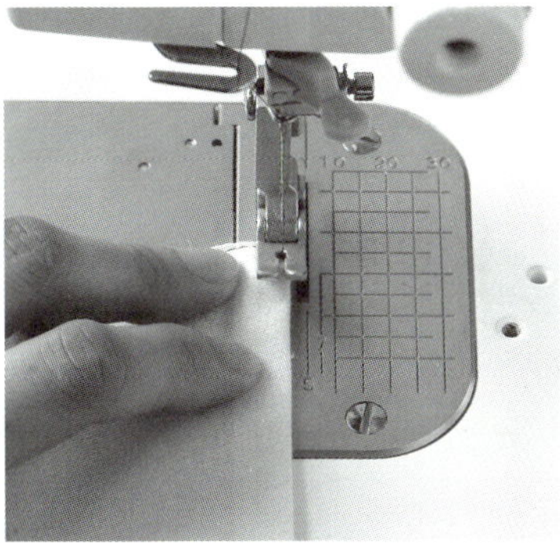

2 右手ではずみ車を回し、左手は布を送るように添え、ゆっくりと1～2針手で進める。

3 でき上り。

◎角の縫い代がかさばる場合

折り重なった縫い代が布の厚みや織り方でかさばる場合は、角の縫い代をカットする。

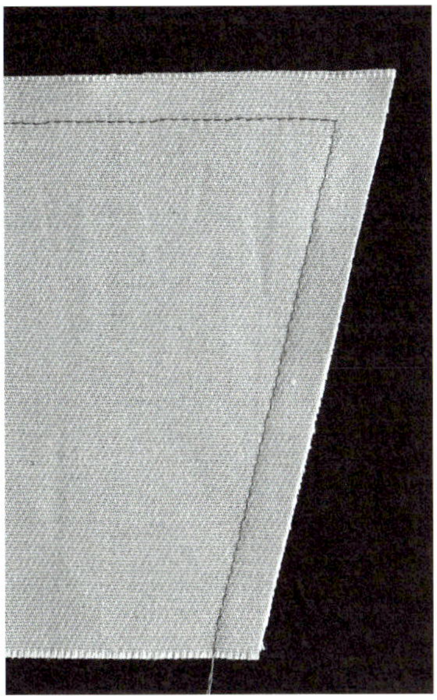

1 角を縫い合わせる（p.43を参照）。

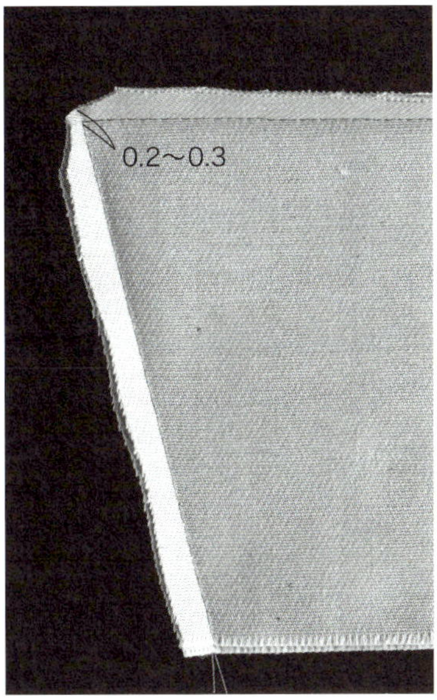

2 縫い目で折った後、重なってかさばる縫い代をカットする。

3 カットした縫い代を指で押さえて表に返し、角の部分を整える。

凹角を縫い返す

Point: 角の縫い代がつれないように、切込みを入れる。

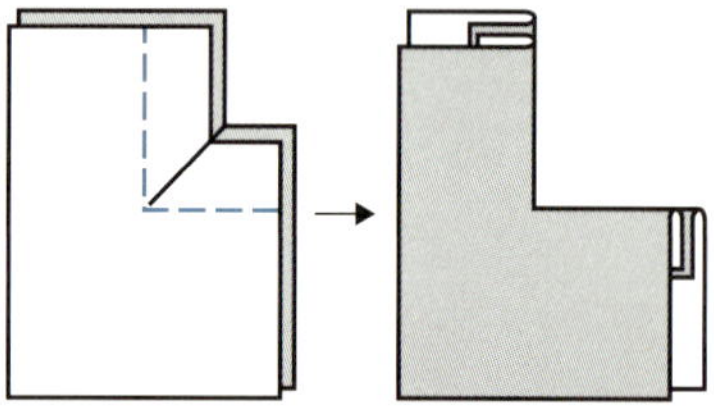

1 角を縫い合わせる(p.43を参照)。

2 角の縫い目ぎりぎりまで縫い代に切込みを入れる。

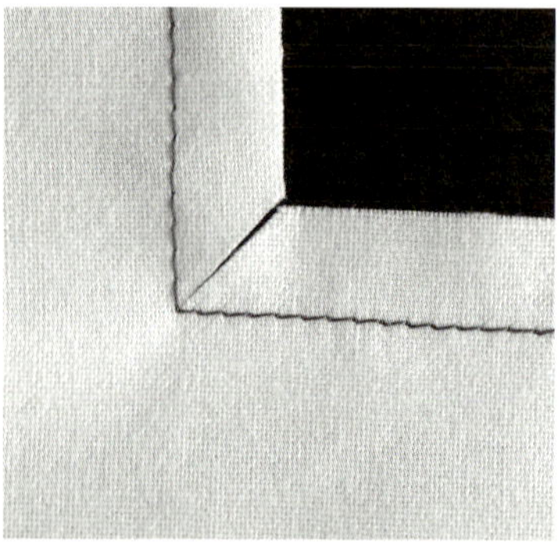

3 縫い糸を切らないように注意する。

4 縫い代を2枚一緒に縫い目で折る。

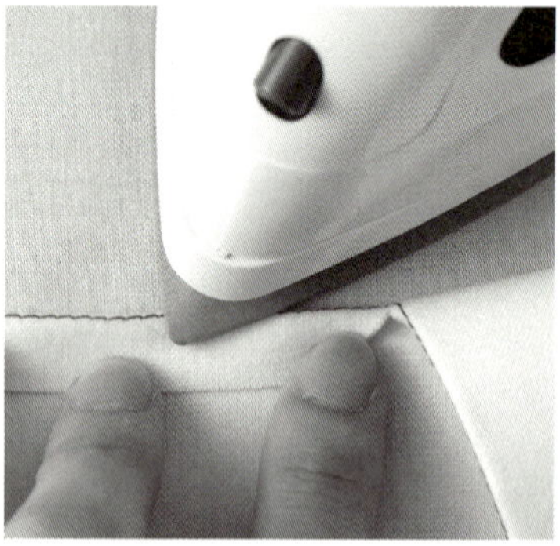

5 もう一辺も同様に縫い目で折る。

6 角の縫い代がほつれないように注意する。

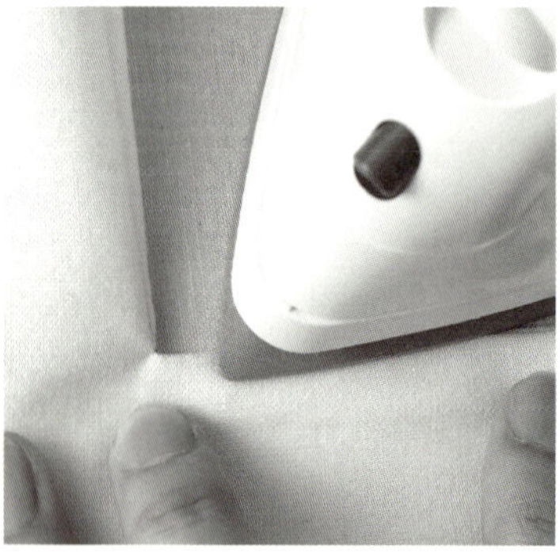

7 表に返してアイロンで整える。

8 でき上り。

◎角の補強

裏面に力芯や接着テープを張る

縫い合わせる前に切込みを入れる角の裏面に
力芯や接着テープを張る。

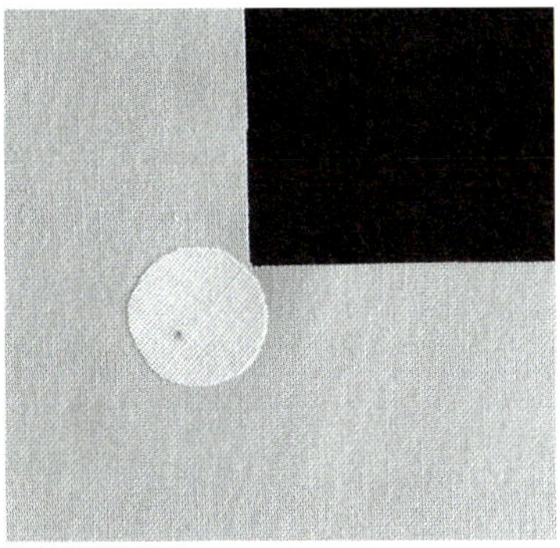

力芯。角の部分のみ接着芯を張る。

縫い線に0.2～0.3cmかけて縫い代部分に接着テープを張る。

端にステッチをかける

切込みを入れたときは、
ステッチをかけると補強になる。

ステッチのかけ方は角の縫い方（p.47を参照）と同じ。

カッターで切込みを入れる

角ぎりぎりまで切込みを入れるときは、カッターが便利。

◆カッター

刃先で切込みの位置を確認してから
カットできるので、はさみのように
切りすぎることがない。

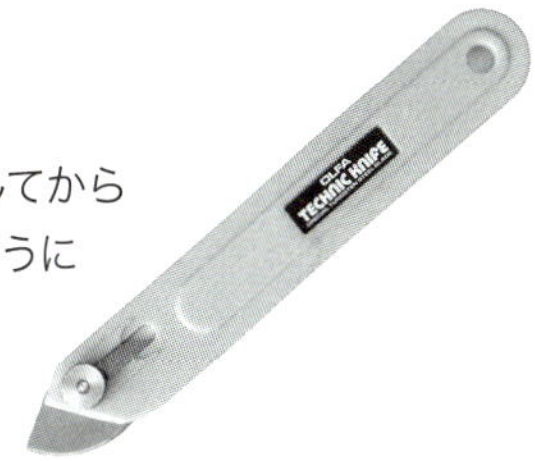

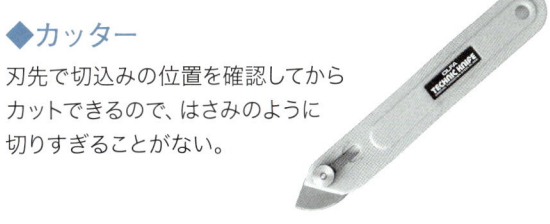

縫い代の切込みが甘い。

▶

表に返すと角にしわが出てしまう。

×

角の切込みが甘いと
角の縫い代がつれ、
えくぼのようなしわが出る。

角の切替え線

凸角と凹角を縫い合わせる

Point:

角から縫い始め、切込みを入れたほうを上にして縫い進める。

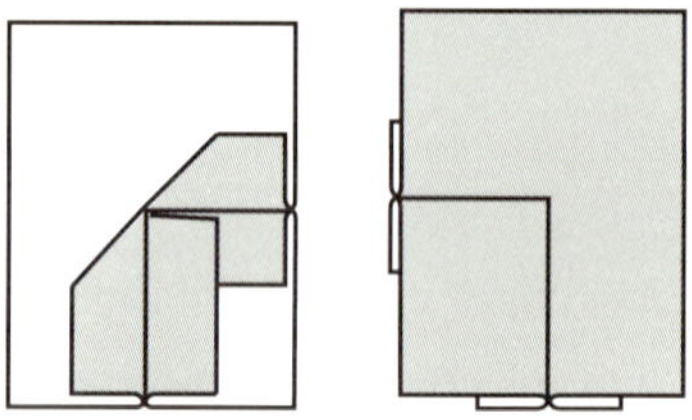

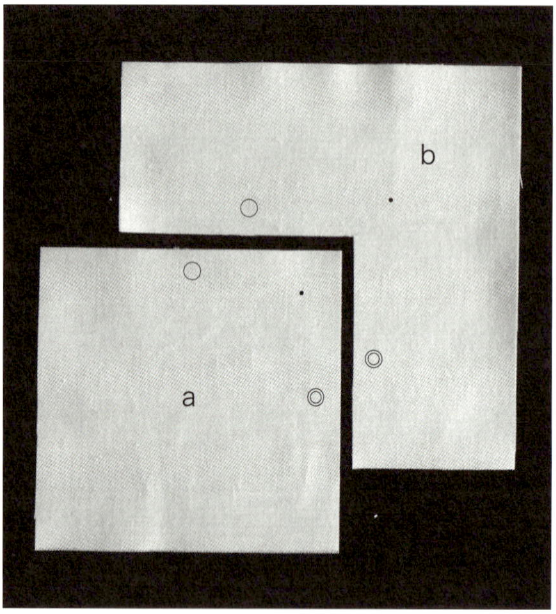

1　角になる位置に、それぞれ印をつける。

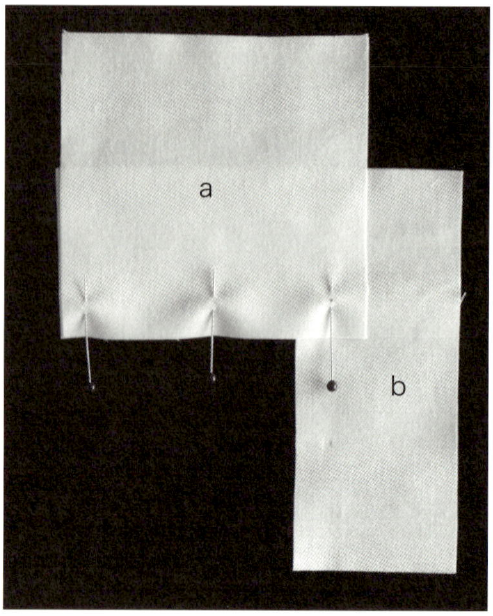

2　a、bの○と角の印を中表に合わせる。

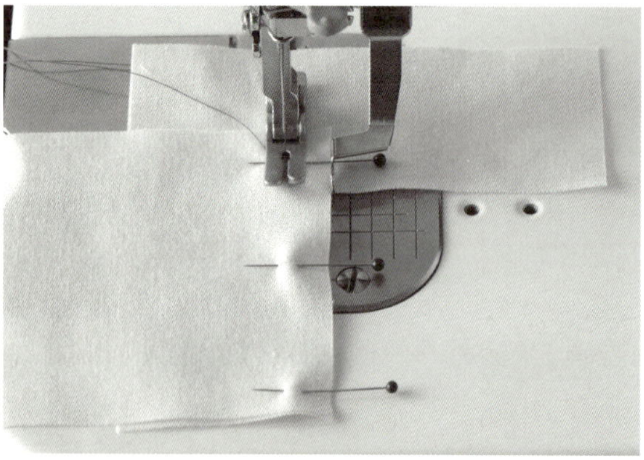

3　角の印がずれないように角に針を落とし、返し縫い(p.32を参照)をして縫い始める。

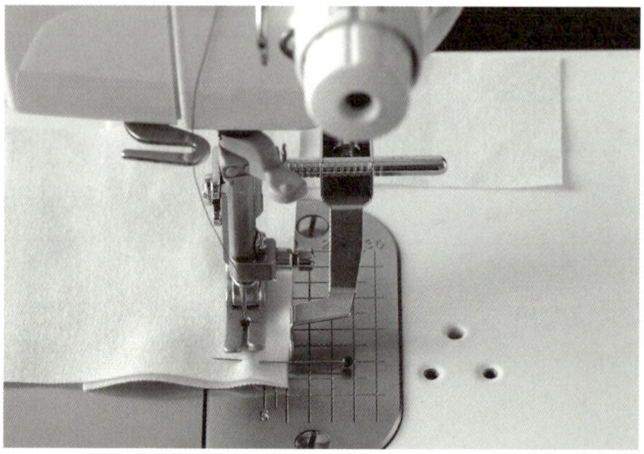

4　縫終りも返し縫いをして糸を切る。

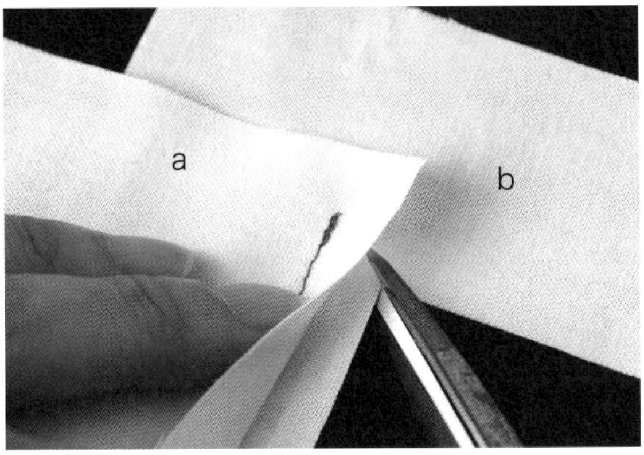

5 ◎を縫い合わせるためにbの縫い代だけに、角の縫止りぎりぎりまで切込みを入れる。

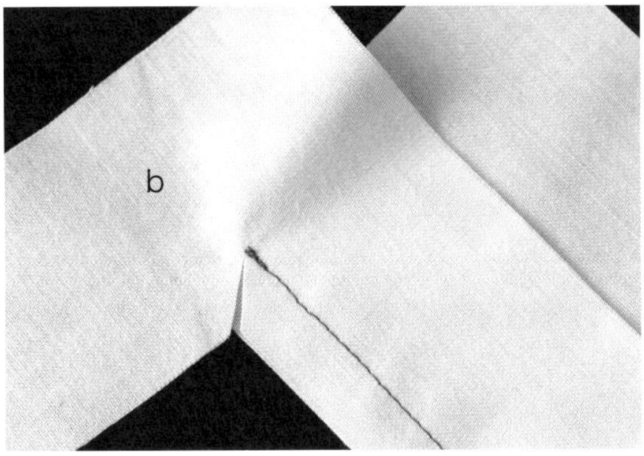

b側から見たところ。

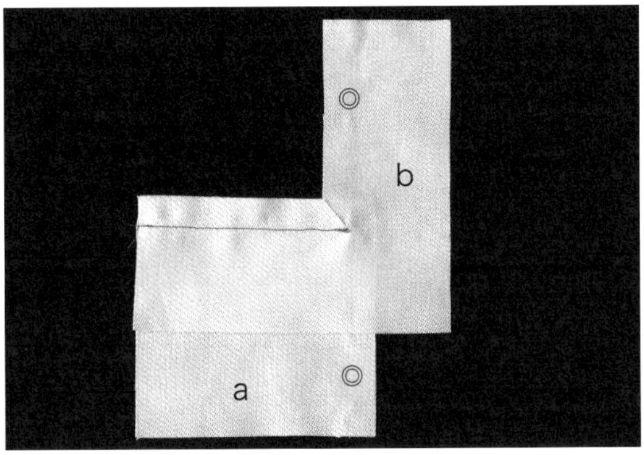

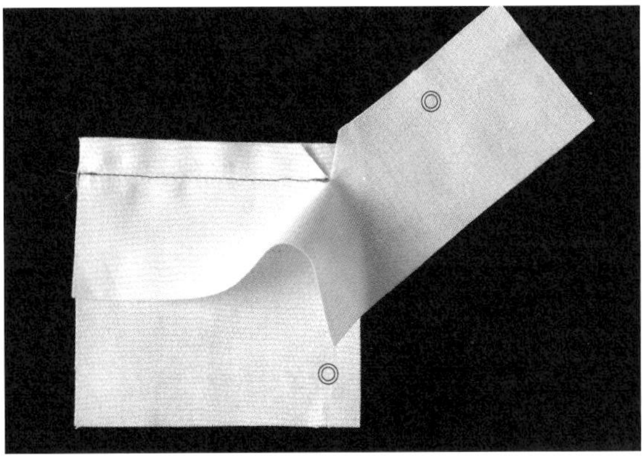

6 bの切込みを開いて布を回転させて◎を合わせる。

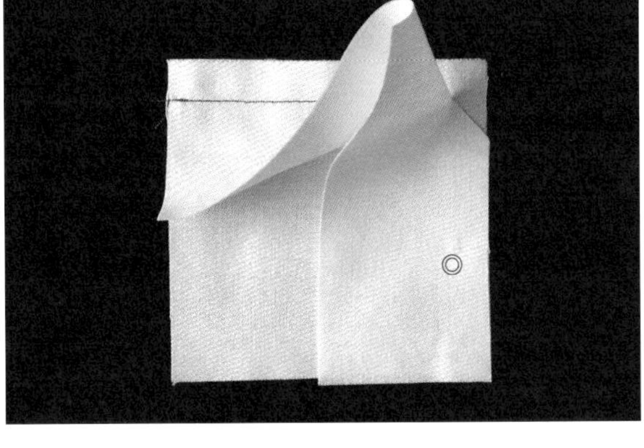

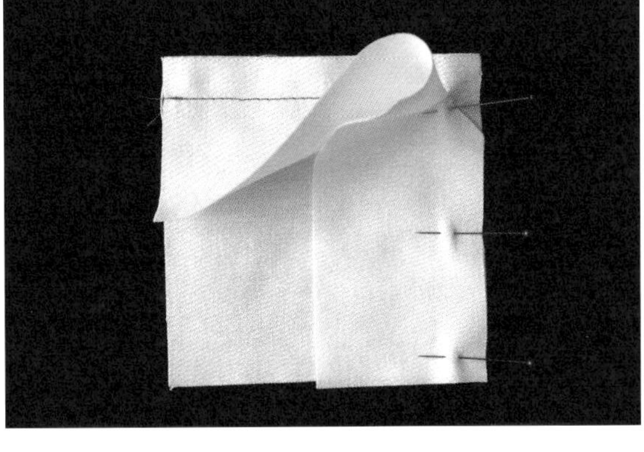

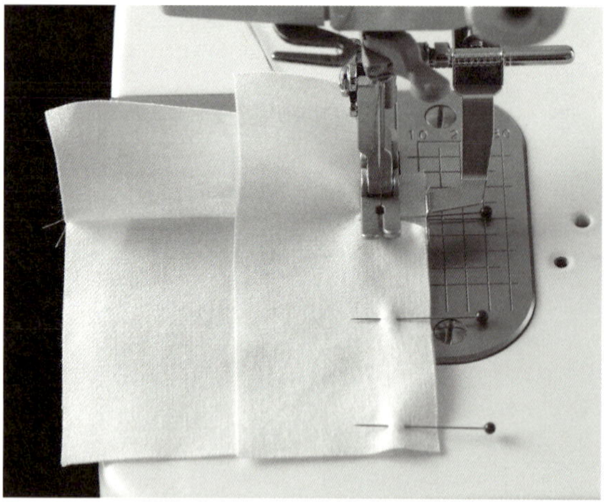

7 再び角の印に針を落とし、◎も同様に縫い合わせる。

8 縫終りも返し縫いをして糸を切る。

9 縫い目を落ち着かせ、縫い代を割る（p.36を参照）。

10 もう一方の縫い代も割る。このときaの角の縫い代は、切替え線内に収まるように折りたたむ。

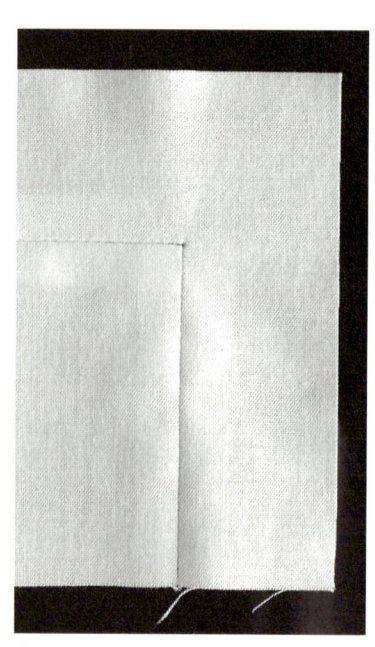

表

◎縫い代を片返しにする場合

薄地や普通地の縫い代がかさばらない布地の場合は縫い代を片返しにする。

外側に片返し

縫い目を整えたら、縫い代を2枚一緒に外側に倒す。

表

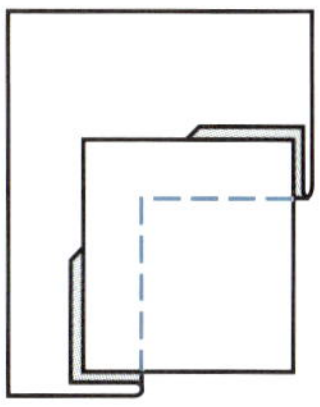

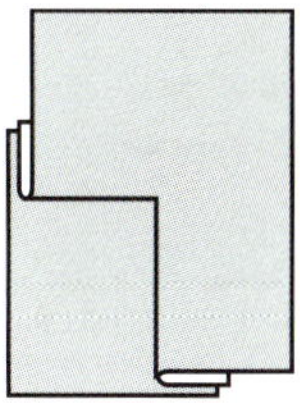

Point:
縫い代を片返しにすると、倒した側のでき上り線が強調されるので、見え方が変わる。

内側に片返し

縫い目を整えたら、縫い代を2枚一緒に内側に倒す。

表

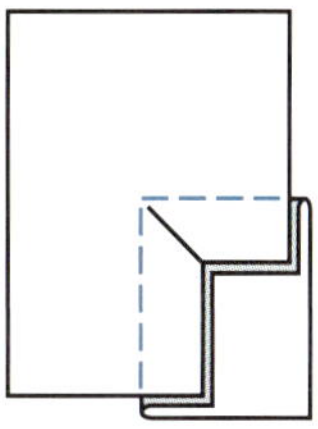

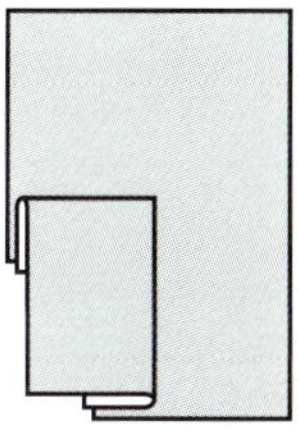

切り込んだ角の縫い代に、接着芯を張って補強してもいい。

角と直線

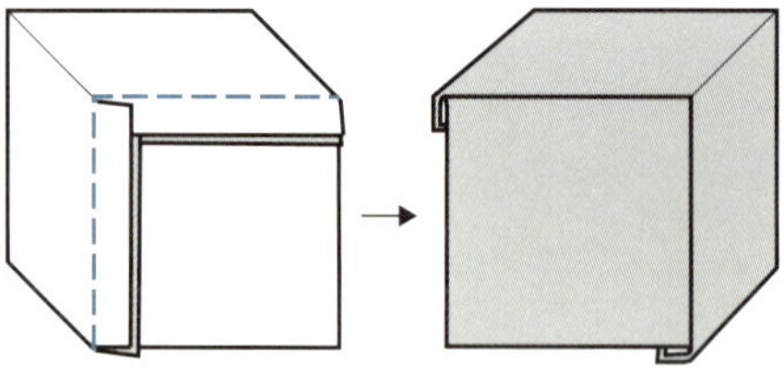

角と直線を縫い合わせる

Point:
一方の縫い代の角に切込みを入れ、
切込みを入れたほうを上にして縫い進める。

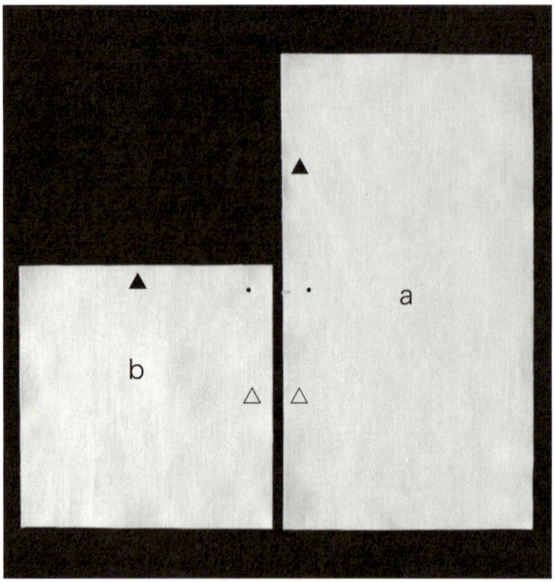

1 角になる位置に印をつける。

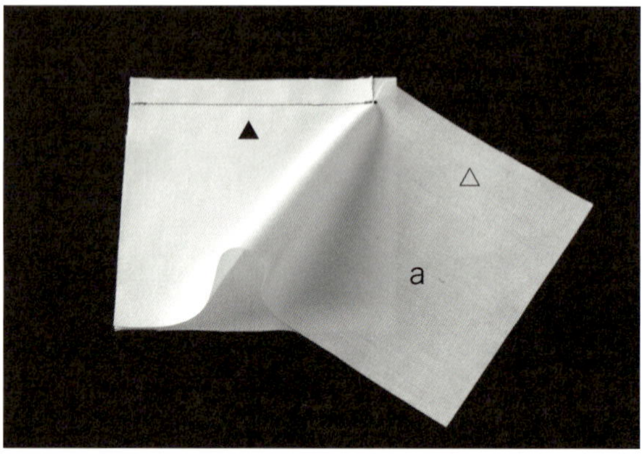

2 ▲を中表に合わせて角までを縫い、aの縫い代のみに、角の縫止りぎりぎりまで切込みを入れる。

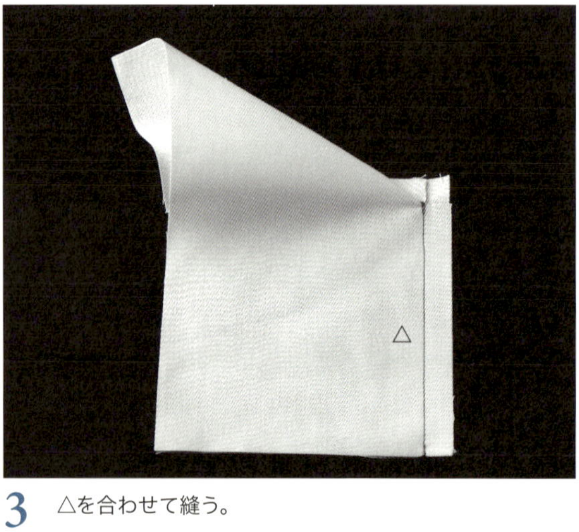

3 △を合わせて縫う。

4 縫い代を縫い目で2枚一緒にb側に折る。縫い代はbに収める。

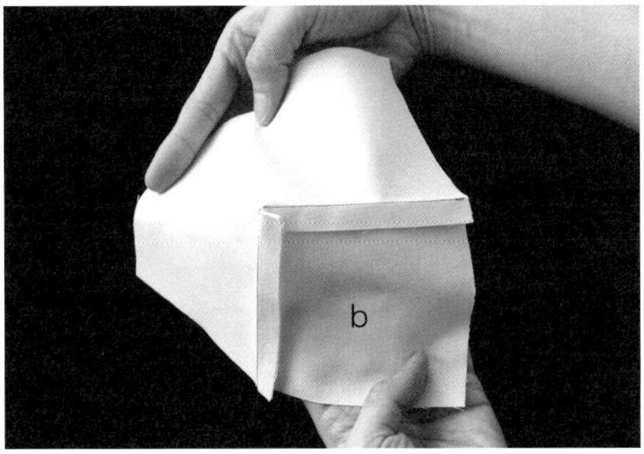

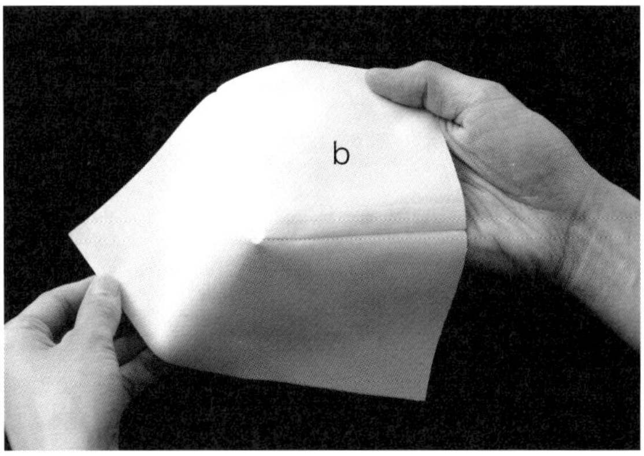

5 表に返す。

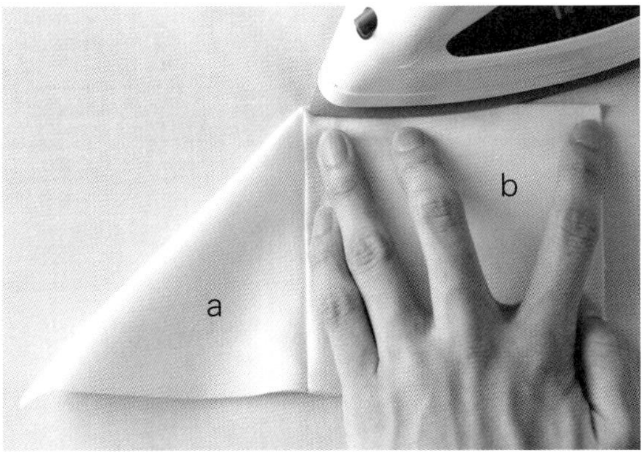

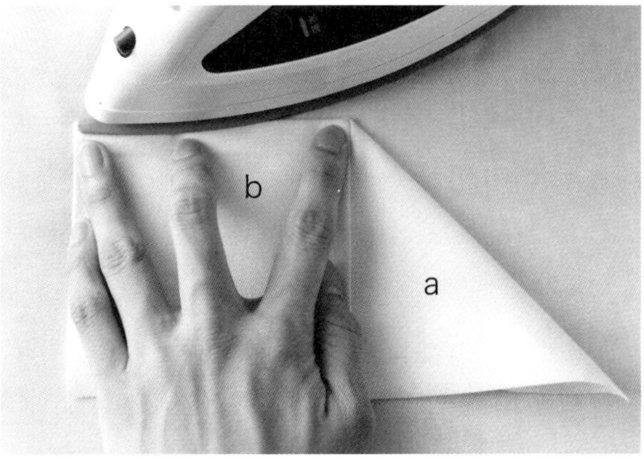

6 縫い線を毛抜き合せ(p.42を参照)にアイロンをかける。

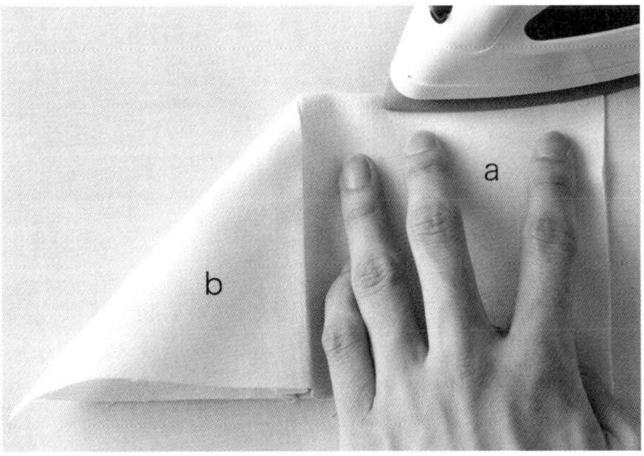

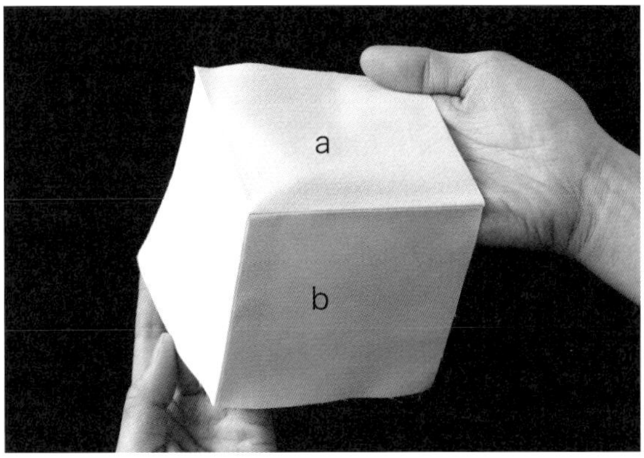

7 aに折り目をつけたいときは、▲と△の縫い線を合わせてたたみ、アイロンで押さえる。

エッジのきいた仕上りになる。

曲線

凸曲線を縫い返す

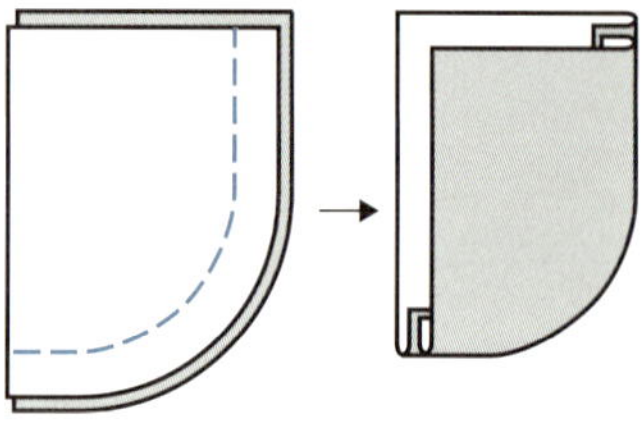

曲線を縫う

Point: 曲線は少しずつ方向を変えながら縫い進める。

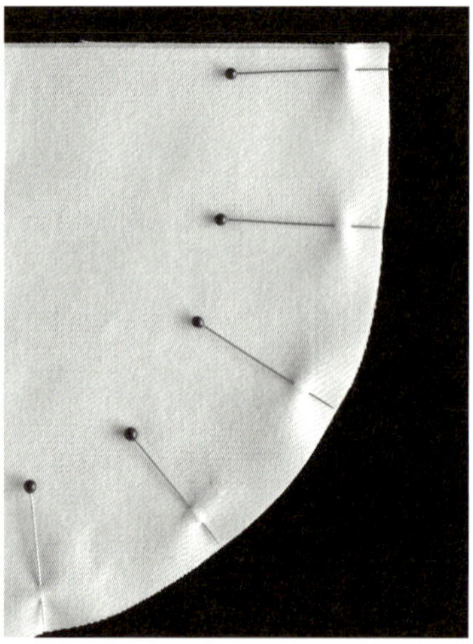

1 まち針は直線の縫合せより、間隔を狭くして多めに打つ。

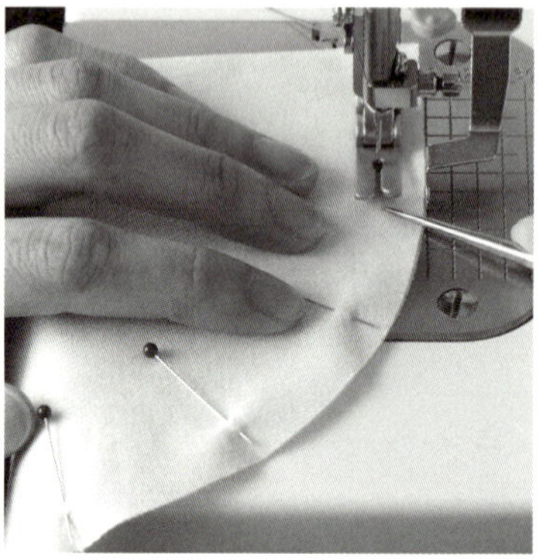

2 曲線は一気に縫うのは難しいので少しずつ、縫い進める。

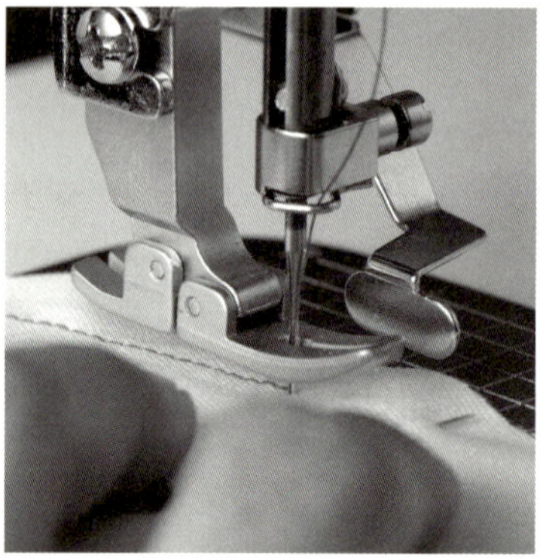

方向を変えるときは、針は落としたまま押え金を上げて、布を動かす。

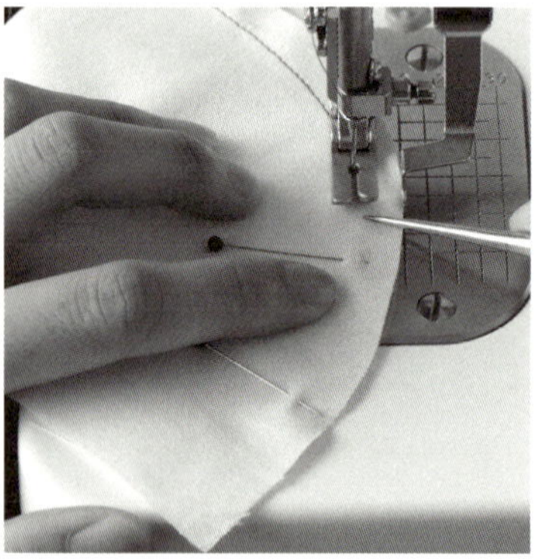

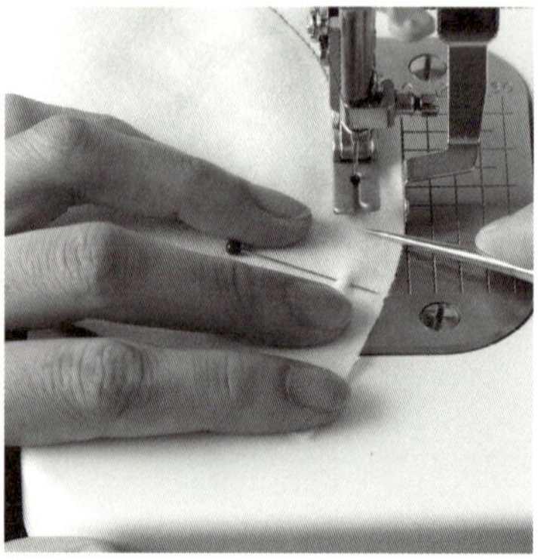

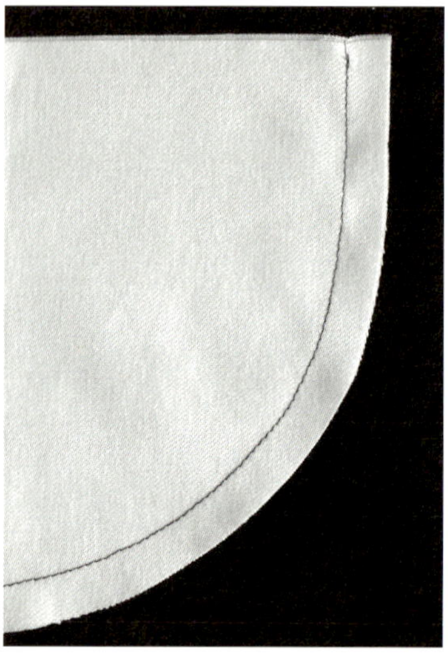

きれいなカーブのでき上り。

曲線を返す

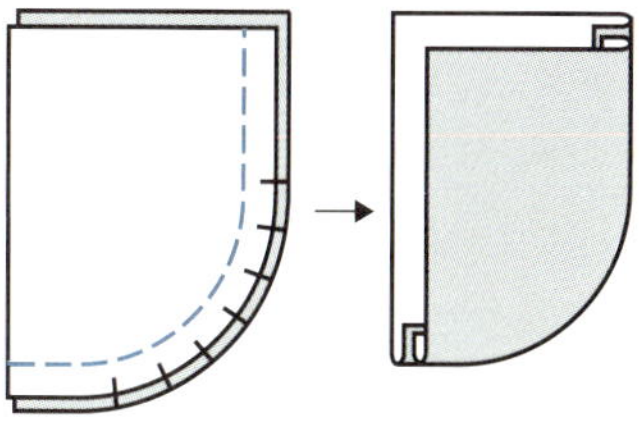

Point:
切込みは、
縫い目に対して垂直に入れる。
切り込む深さは
縫い代の半分が目安。

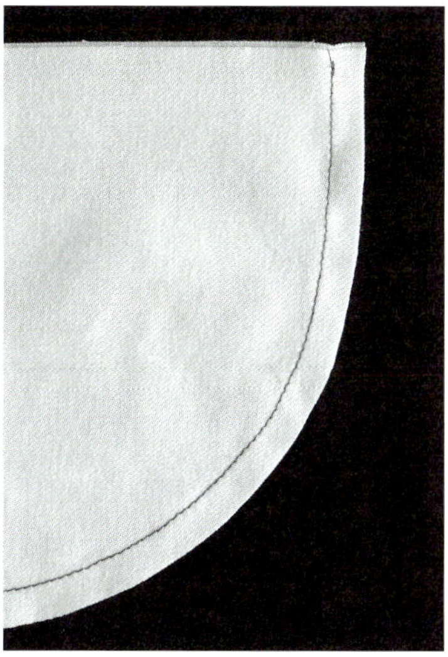

1 縫い代は0.5～0.7cmにカットする。

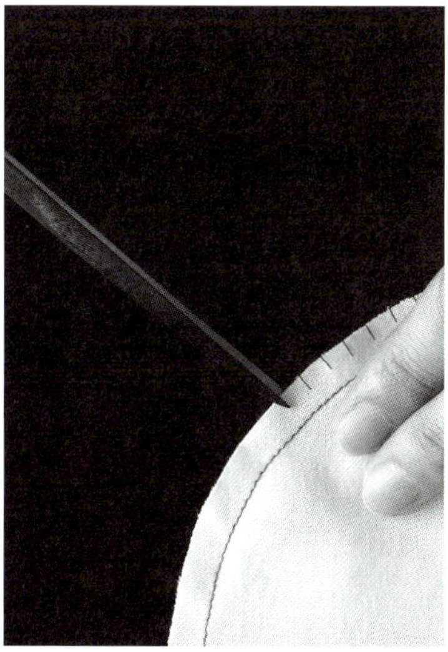

2 織り目のつんだかたい布地などのきついカーブには、さらに切込みを入れる。

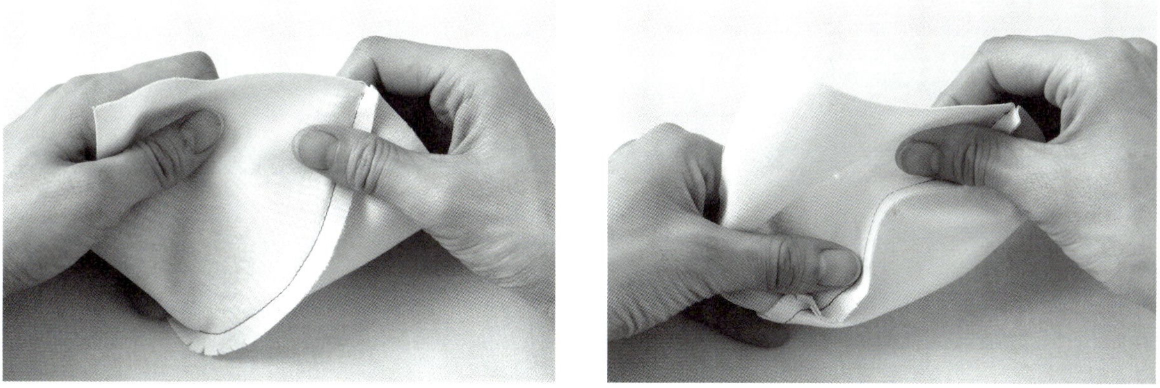

3 表に返す。

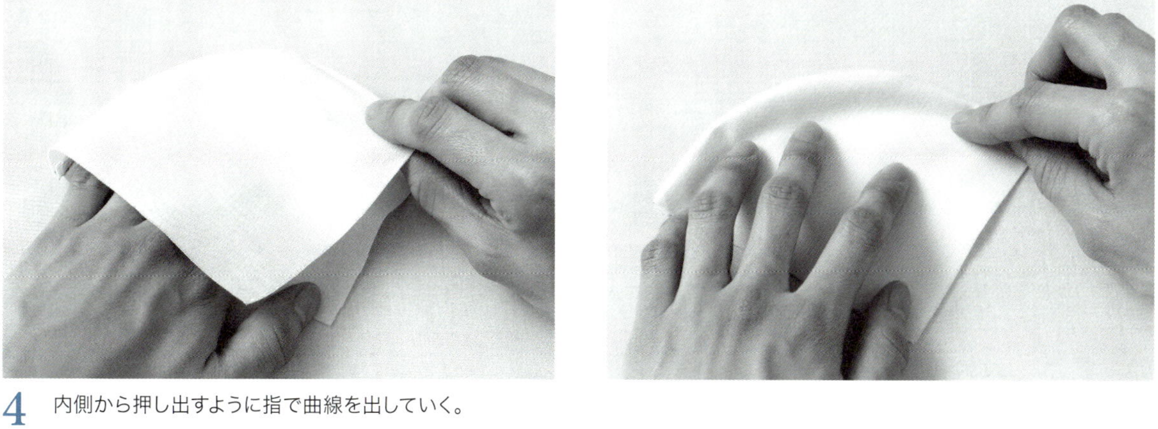

4 内側から押し出すように指で曲線を出していく。

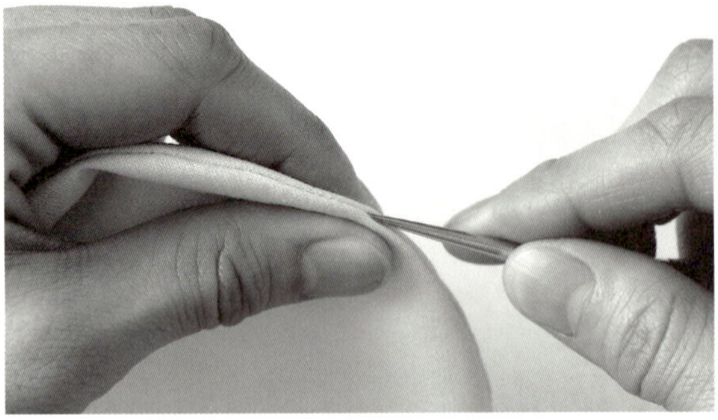

5 目打ちを使ってきれいに整える。

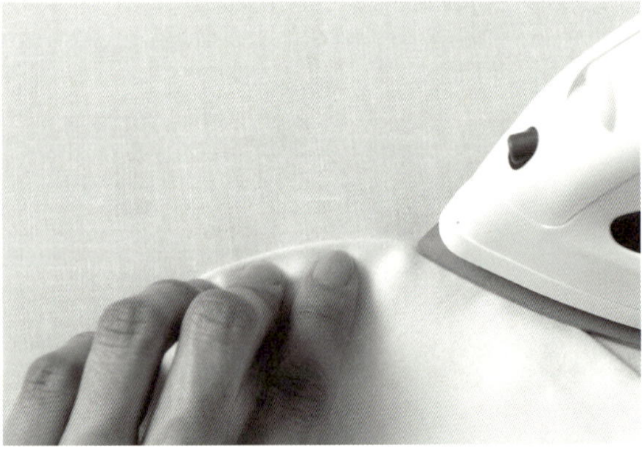

6 手を添えてアイロンで押さえる。

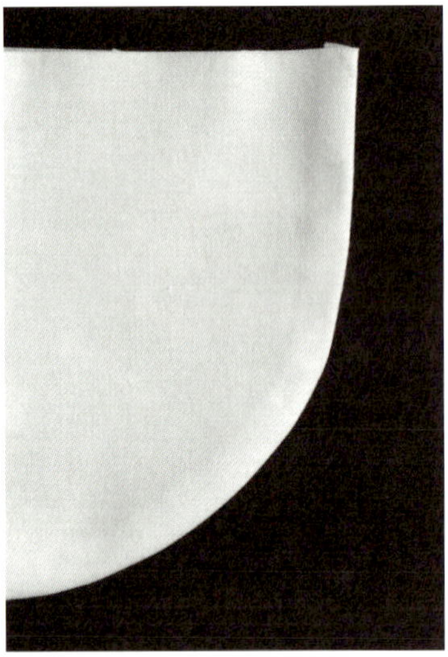

9 でき上り。

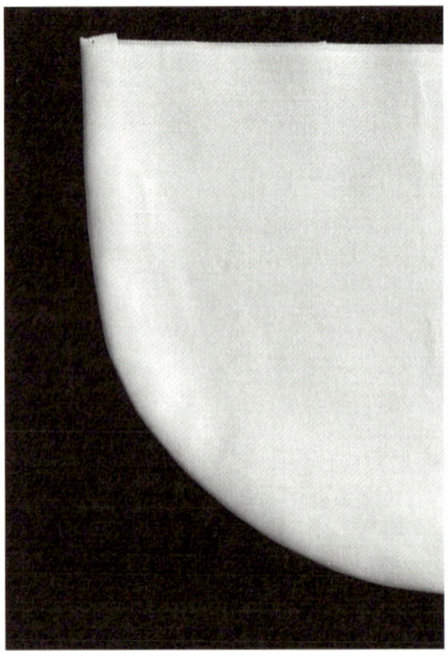

でき上り（裏側）。

◎薄地など縫い代が透ける場合

Point: 透けてもいいように縫い代幅をきれいにそろえる。

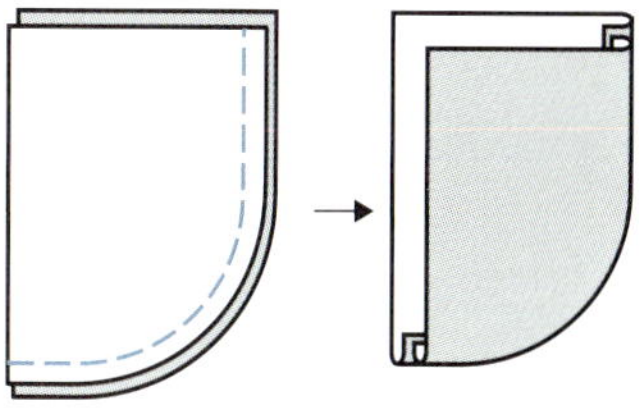

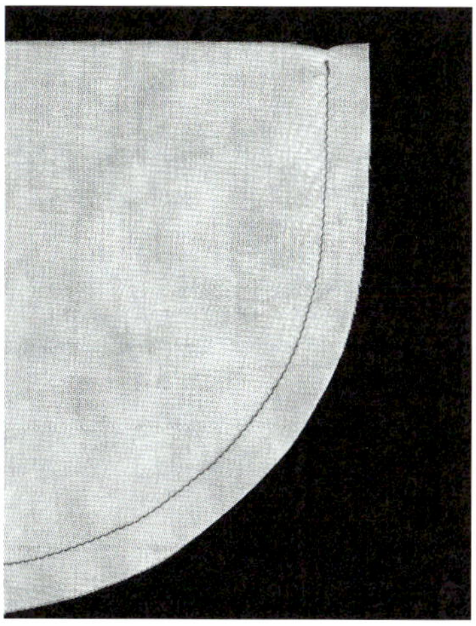

1 曲線を縫い合わせる(p.56を参照)。

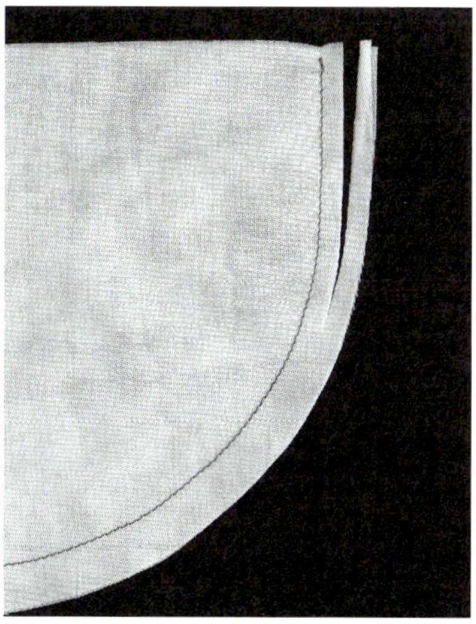

2 表から透けて見える縫い代には切込みを入れず、0.5cmにそろえてカットする。

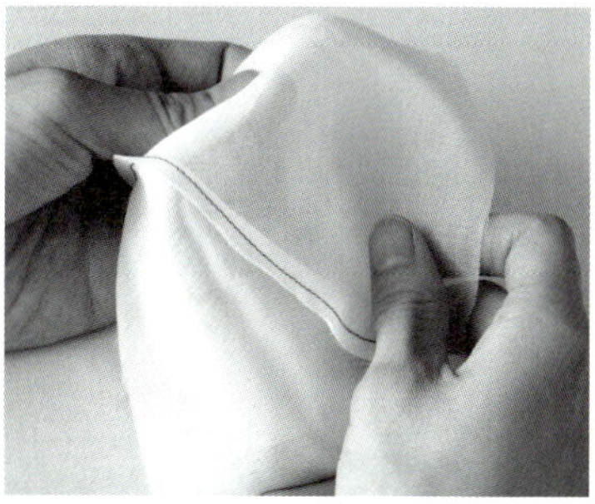

3 表に返す。

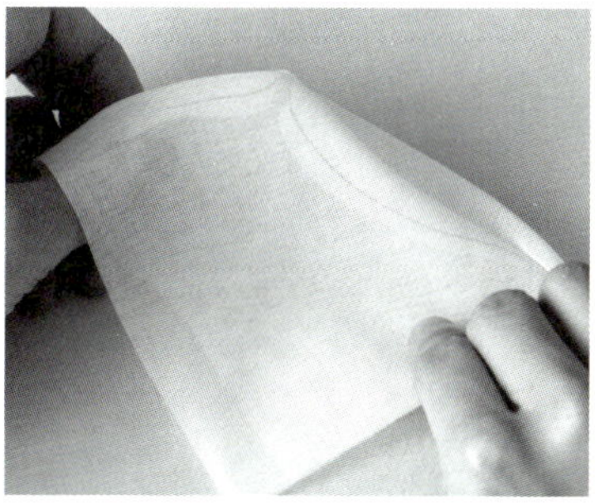

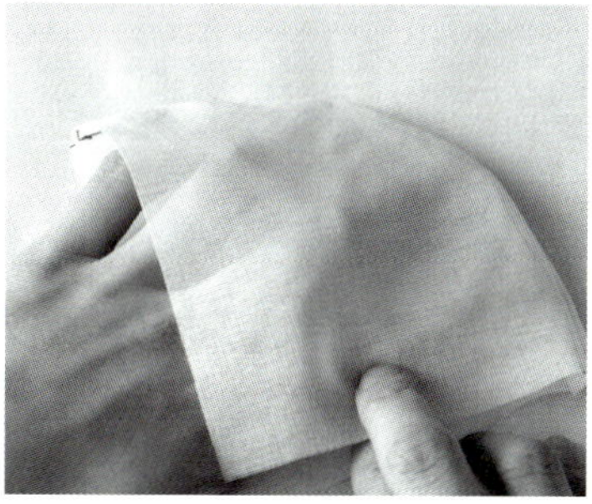

4 指先で内側から曲線を出していく。

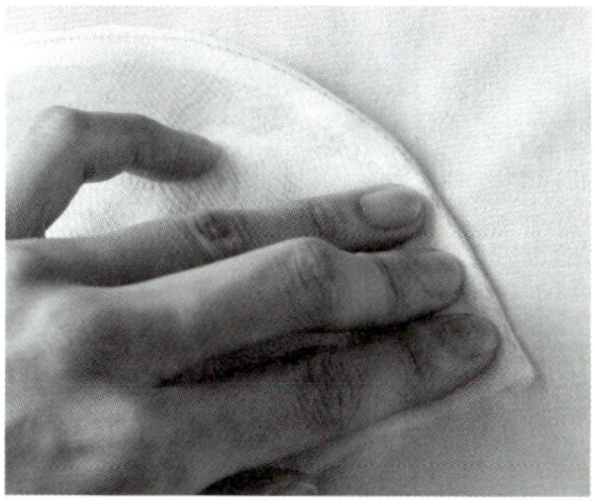

5 縫い線を押し出すような感じで曲線を整える。

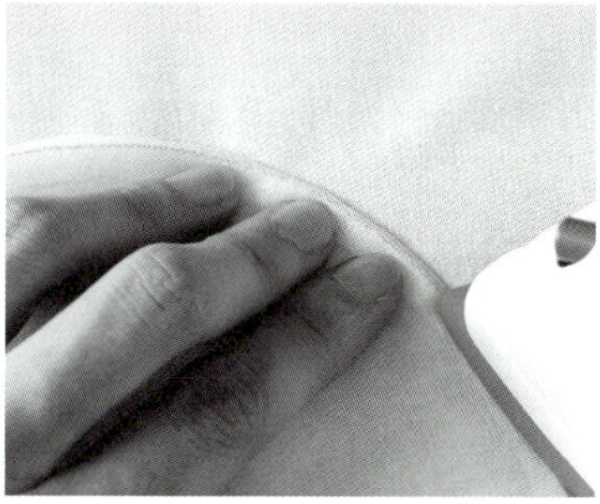

6 毛抜き合せにアイロンをかける。

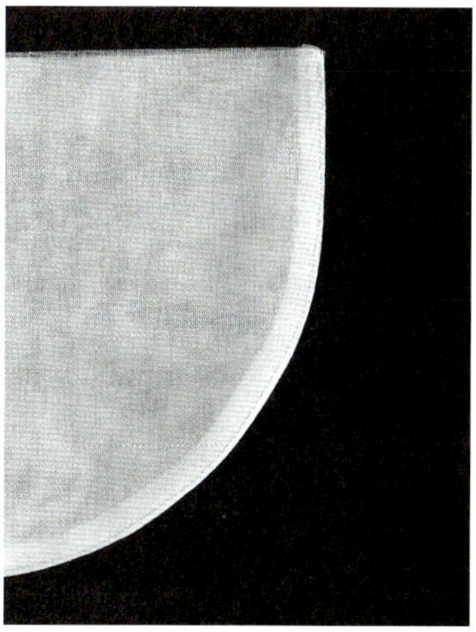

7 でき上り。

◎厚地など縫い代がかさばる場合

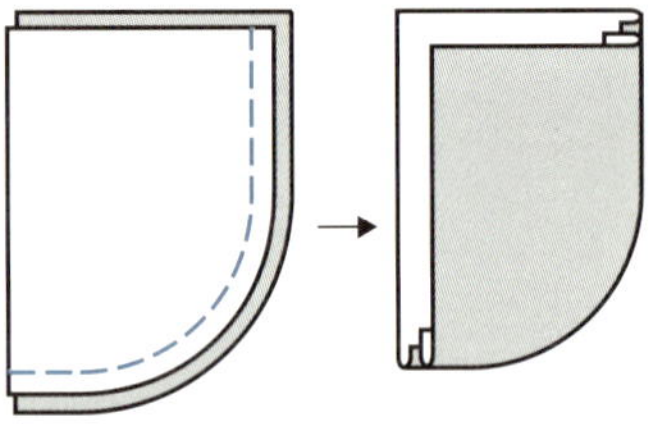

Point: 縫い代に段差をつけてカットする。

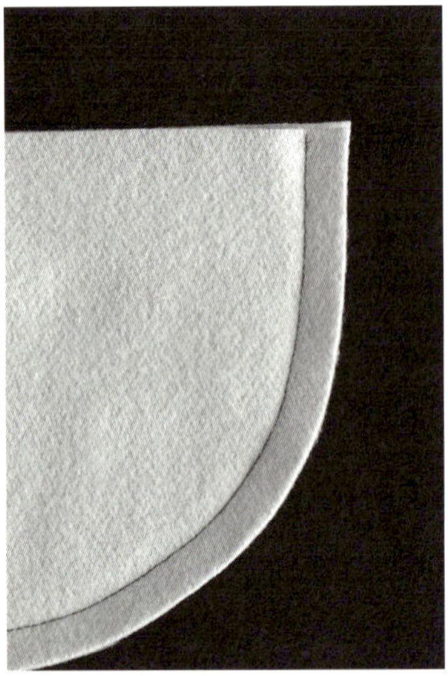

1　曲線を縫い合わせる(p.56を参照)。

2　縫い代の1枚を0.3cmくらいの幅にカットする。

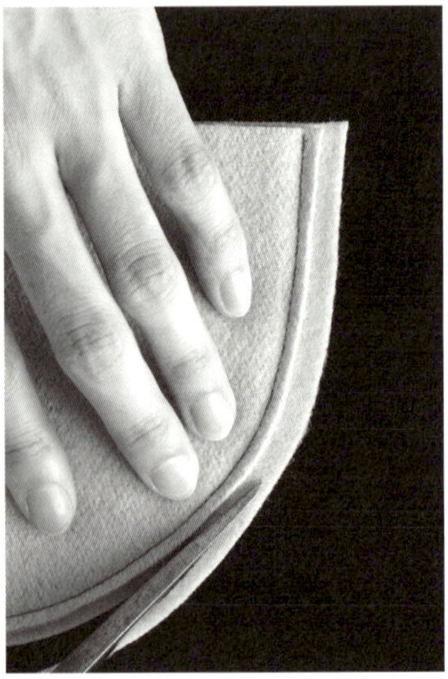

3　もう一方は0.7cmくらいの幅にカットする。

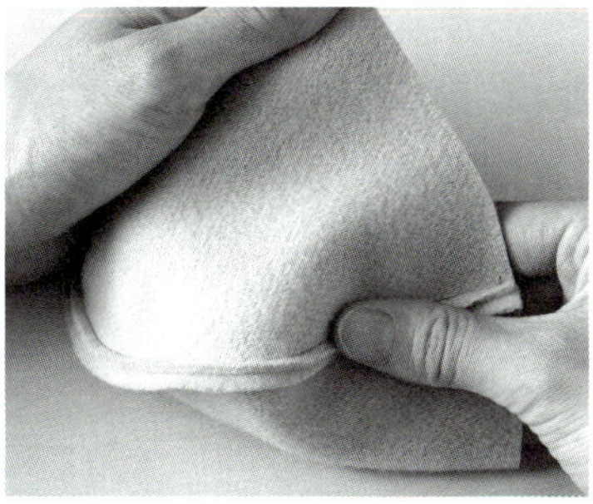

4 縫い代を押し出す感じで表に返す。

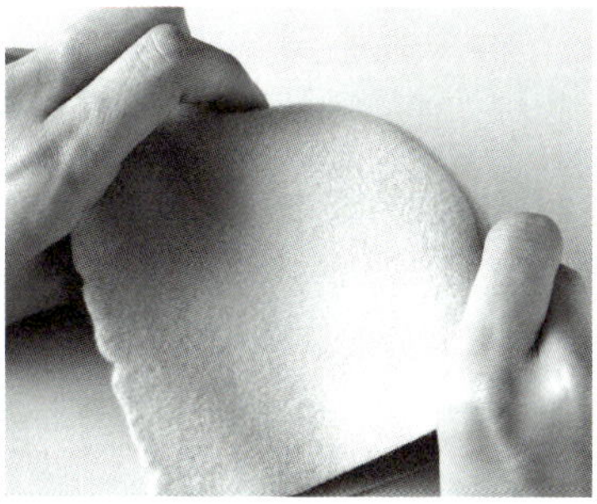

5 指で縫い目をなぞって曲線を出していく。

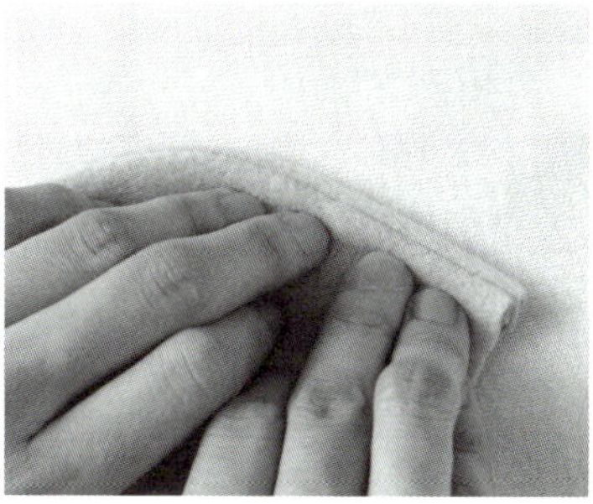

6 縫い代で縫い線を押し出すように指を添える。

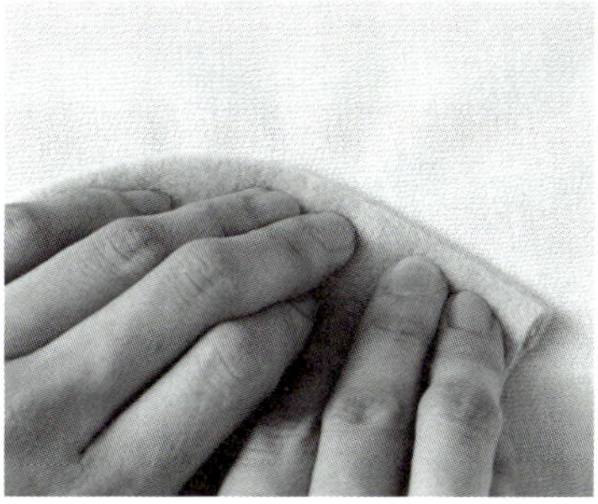

7 縫い代で縫い線を押し出すようにして曲線を整えていく。

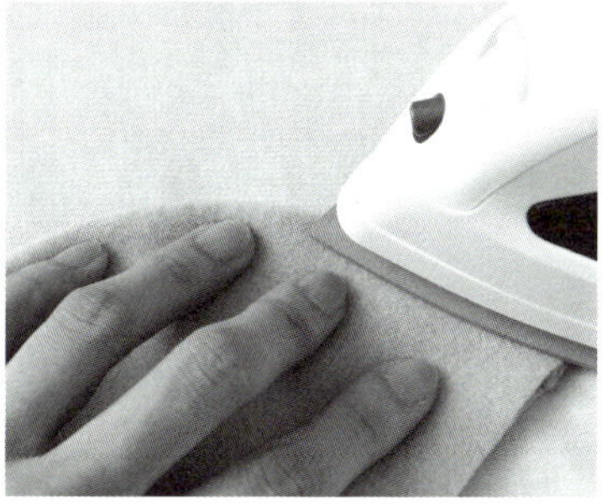

8 手を添えてアイロンで押さえる。

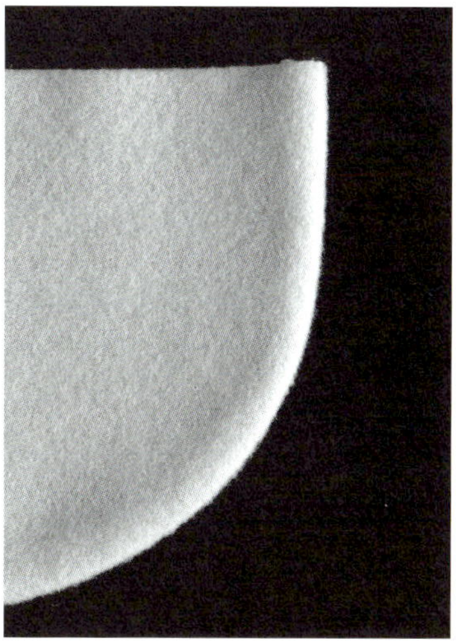

9 でき上り。

曲線

◎仕上げにステッチをかける場合

Point: 縫い代はステッチ幅に収まる幅で、2枚同じ幅にそろえてカットする。

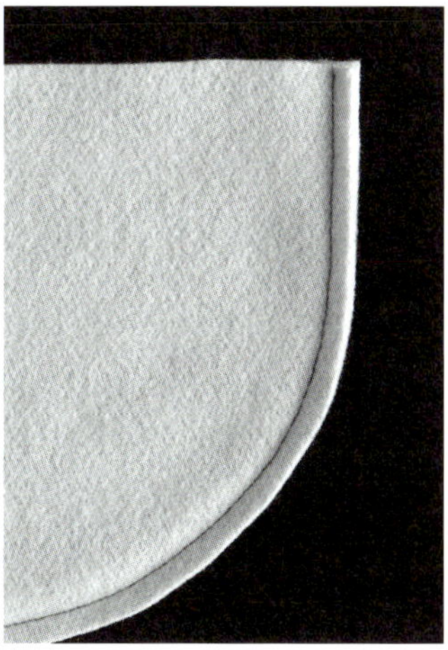

1
縫い代はステッチ幅に収まる幅で、2枚一緒にカットする。

2
縫い代がステッチの中に収まり、ふっくらしてきれいに仕上がる。

◎特に厚地の場合（ウール）

Point: アイロンで縫い代の厚みをつぶしてすっきり仕上げる。

1 縫い代の部分だけにはけで水を置く。

2 ドライアイロンで少し圧力をかけながら縫い代をつぶす。

3 縫い代が薄く落ち着く。

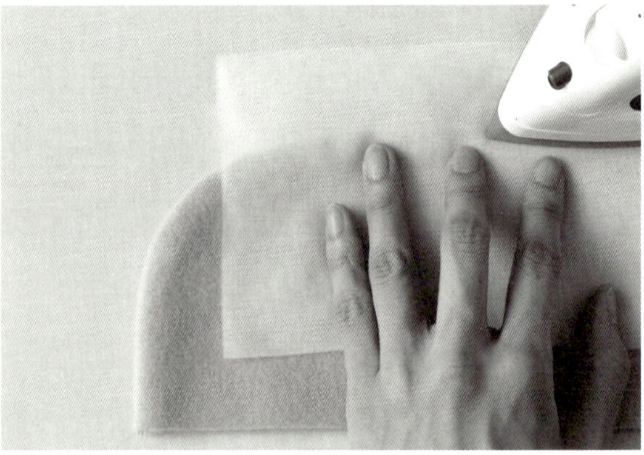

4 表に返し（p.61を参照）アイロンをかける。このとき当て布をすると風合いを損ねない。

◎部分的に小さい曲線の場合

Point: 曲線の強い部分の縫い代を細くカットする。

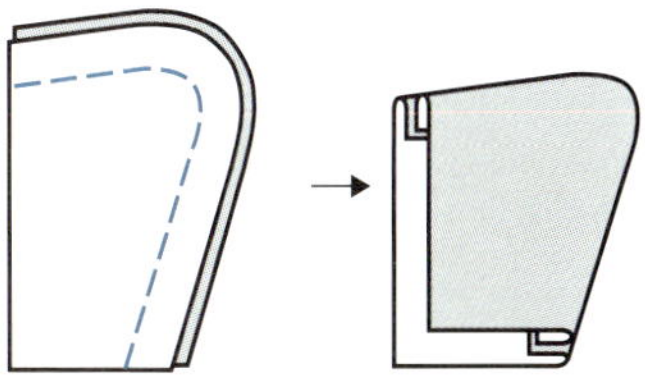

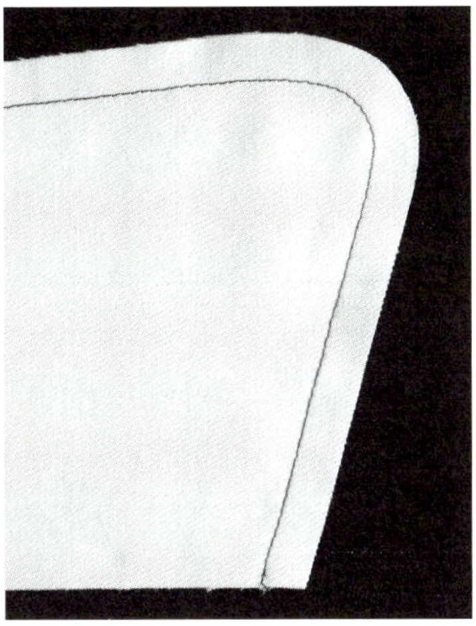

1 曲線を縫い合わせる(p.56を参照)。

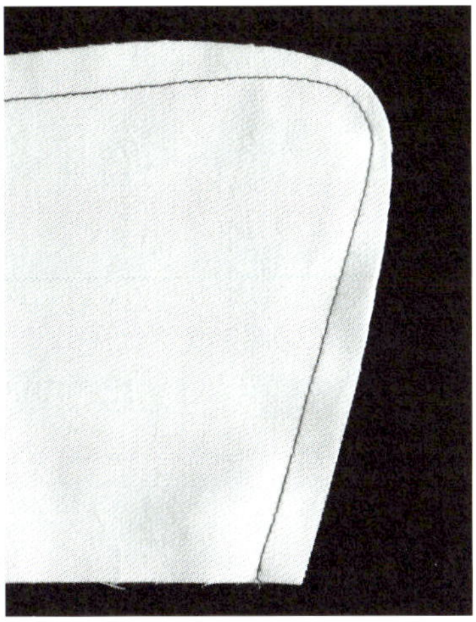

2 曲線の強い部分の縫い代を0.3cmくらいの幅にカットする。

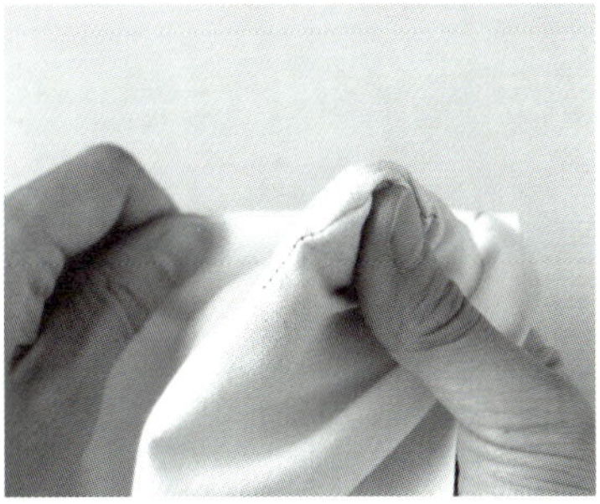

3 指で曲線部分を押さえて持ち、そのまま押し出すように表に返す。

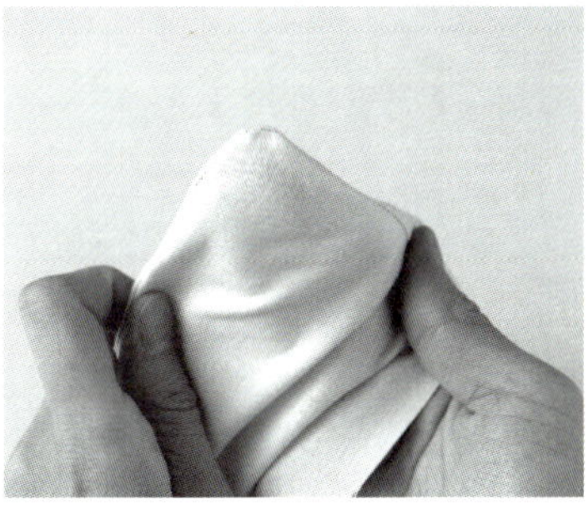

4 内側から指先で丸みを出す。

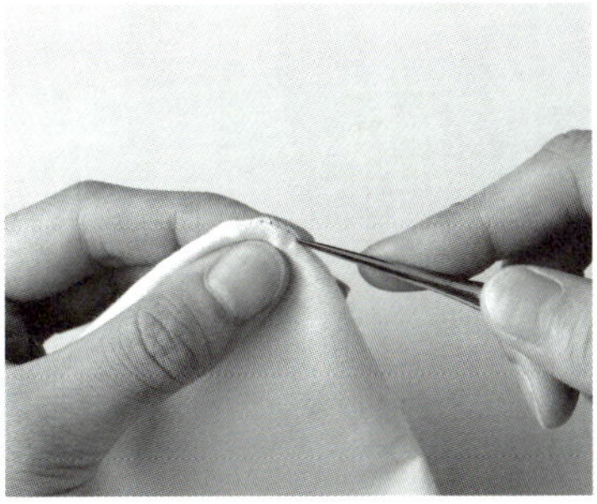

5 目打ちを使って丸みを少しずつ丁寧に整えていく。

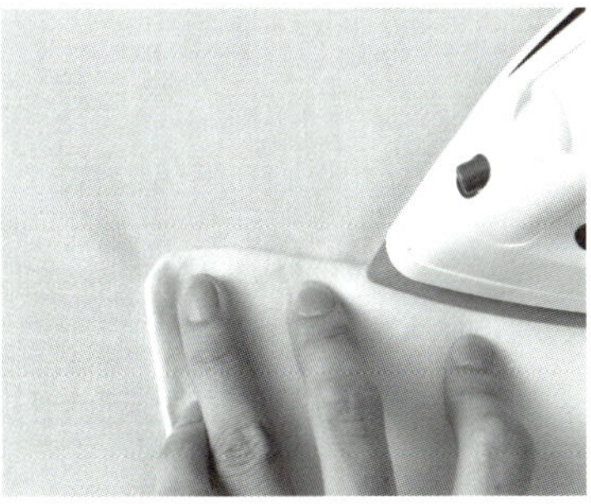

6 アイロンで押さえる。

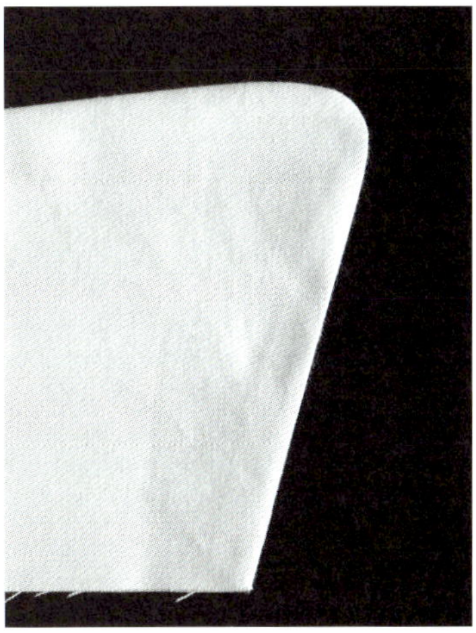

7 でき上り。

曲線

凹曲線を縫い返す

Point: 縫い代がつれないように細かく切込みを入れる。

切込みは縫い代幅の半分くらいまでを目安に、
間隔を狭く入れると表に返したときに曲線がなだらかできれい。

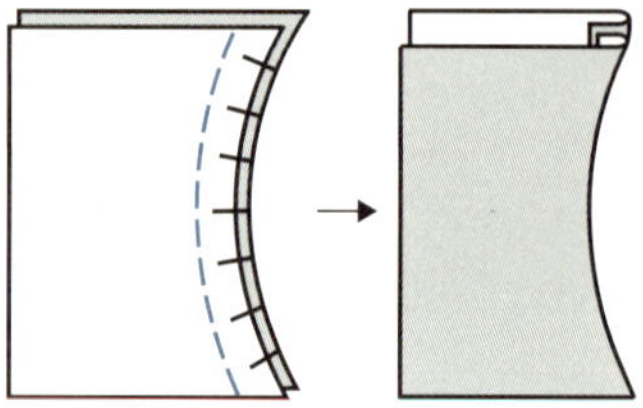

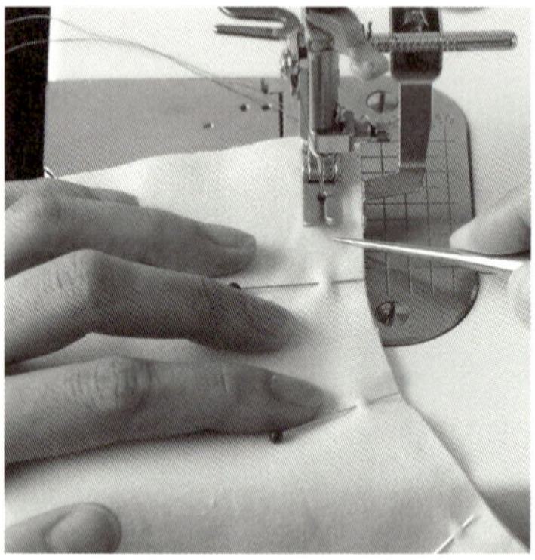

1 曲線を縫い合わせる(p.56を参照)。

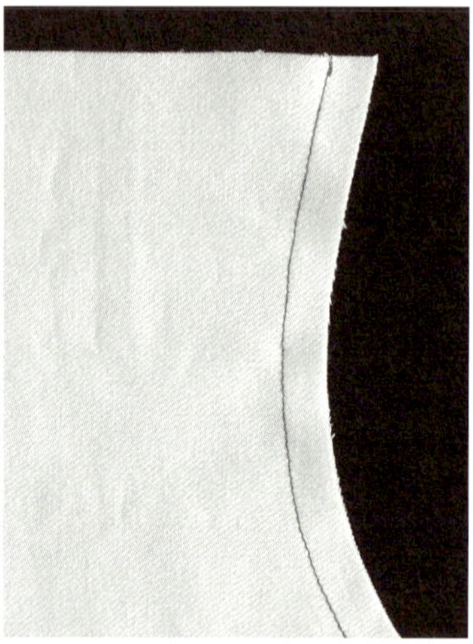

2 縫い目をアイロンで落ち着かせる(p.36を参照)。

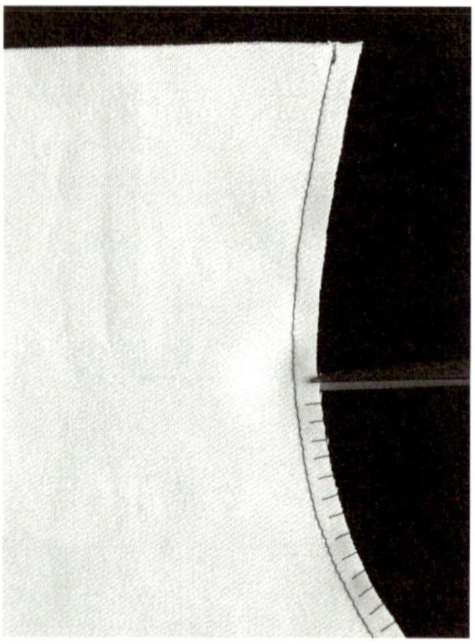

3 縫い代を0.5cmくらいにカットし、細かく切込みを入れる。

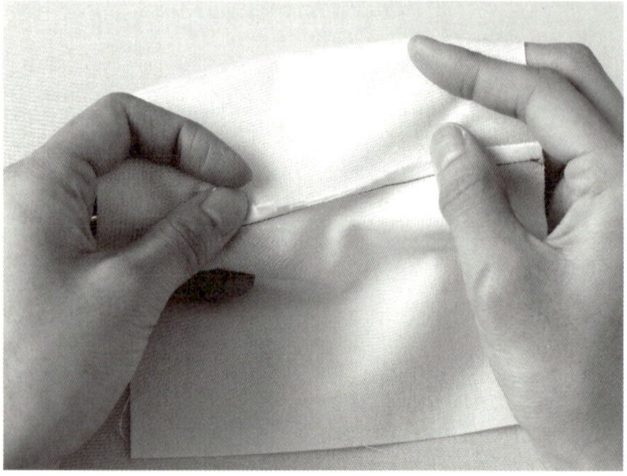

4 表に返す。

5 縫い線を伸ばさないように注意する。

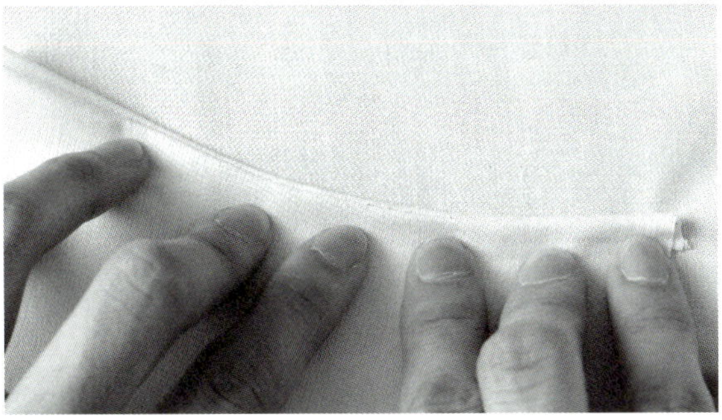

6　縫い代で縫い線を押し出すようにし、曲線を整える。

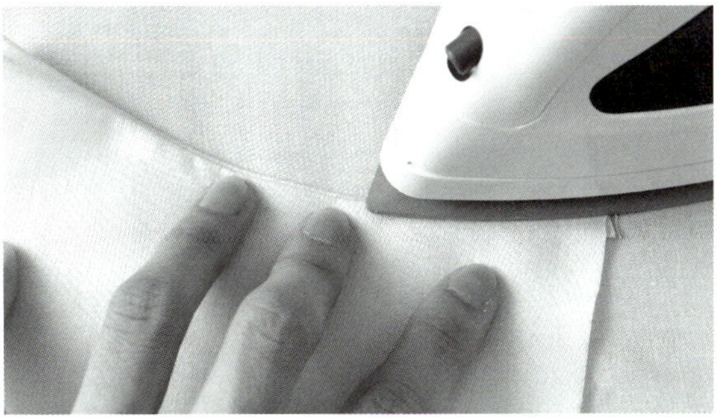

7　縫い線をアイロンで押さえる。

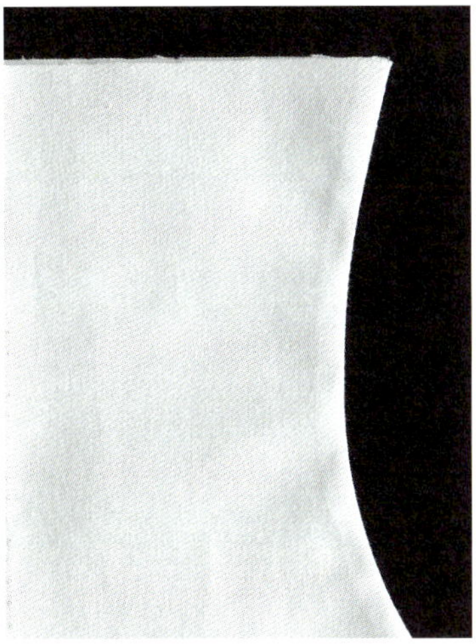

8　でき上り。

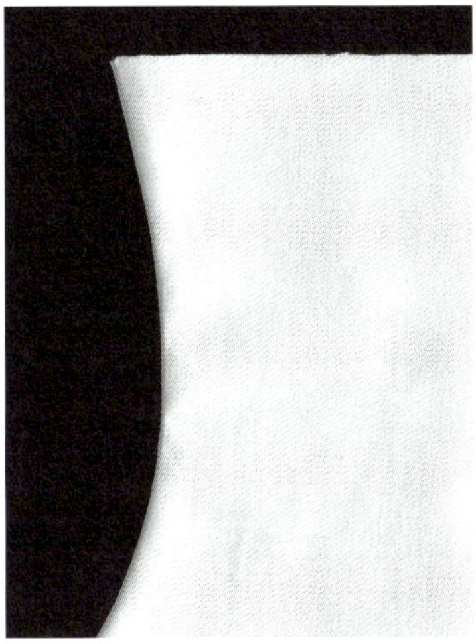

でき上り（裏側）。

◎部分的に小さい曲線の場合

Point: 縫い代を細くカットし、さらに切込みを入れる。

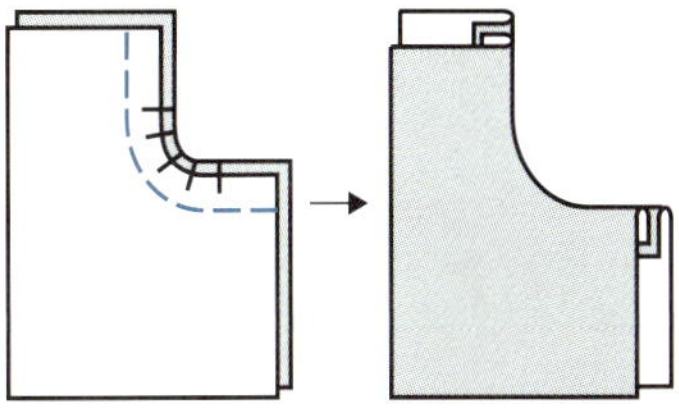

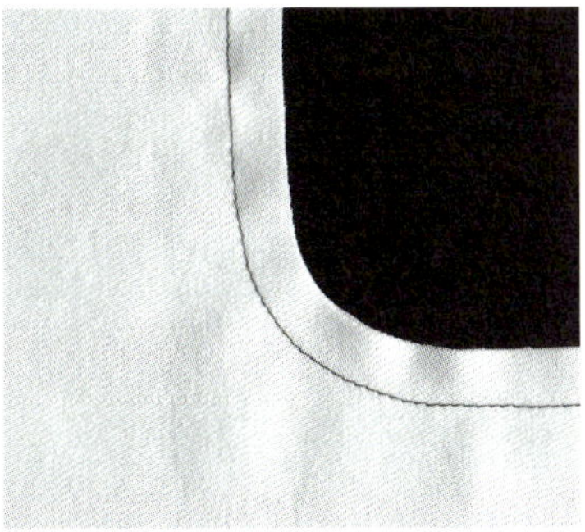

1　曲線を縫い合わせる（p.56を参照）。

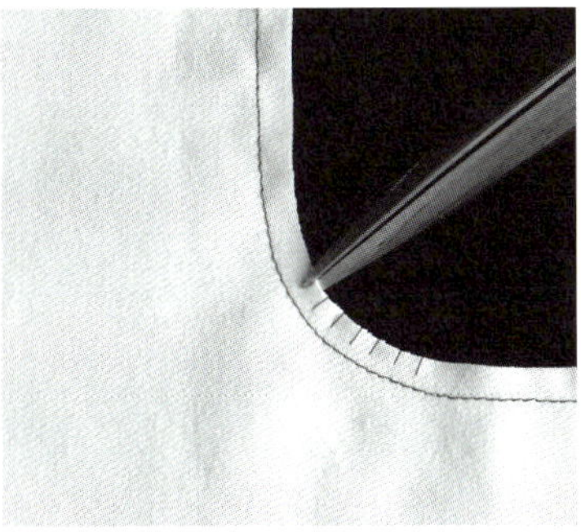

2　縫い代を0.4～0.5cmにカットし、曲線の部分に細かく切込みを入れる。

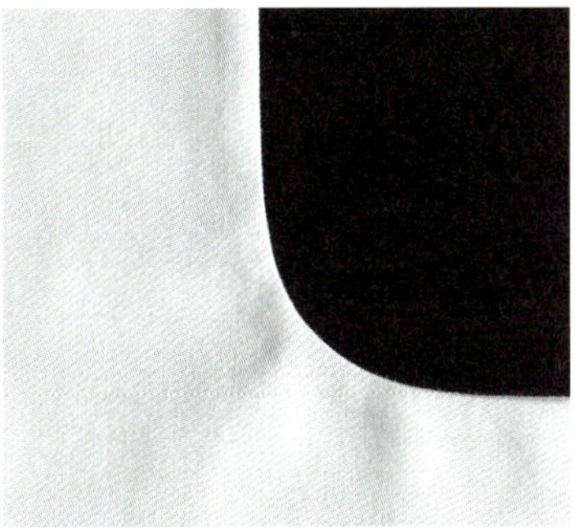

3　表に返してアイロンで押さえる。

曲線の切替え線

Point: 縫い合わせる合い印をパターン上で正確につけておく。

凸曲線と凹曲線を縫い合わせる

Point: 縫い代幅は細めのほうが縫い合わせやすい。まち針は切込みを入れながら打つ。

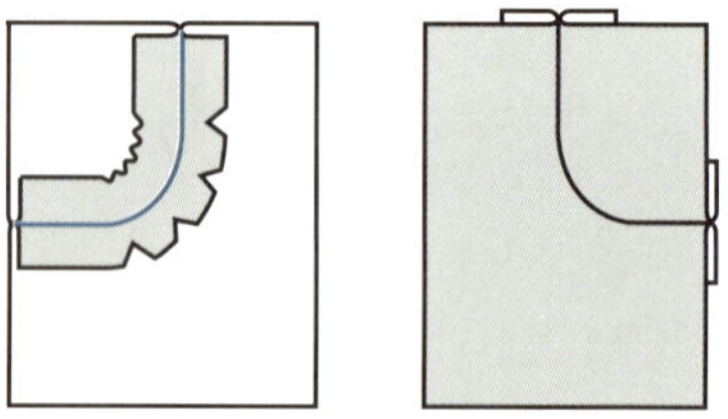

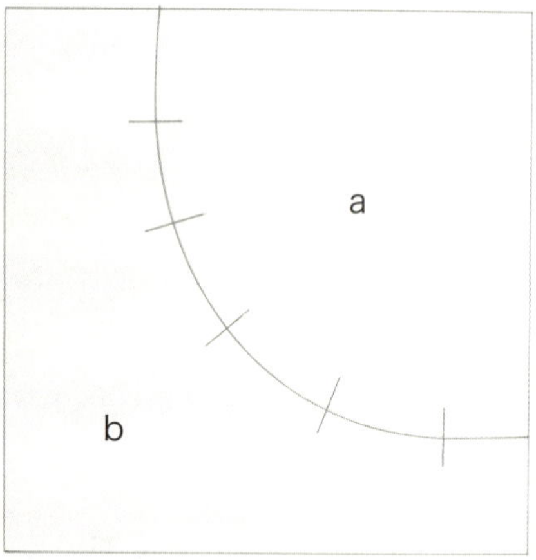

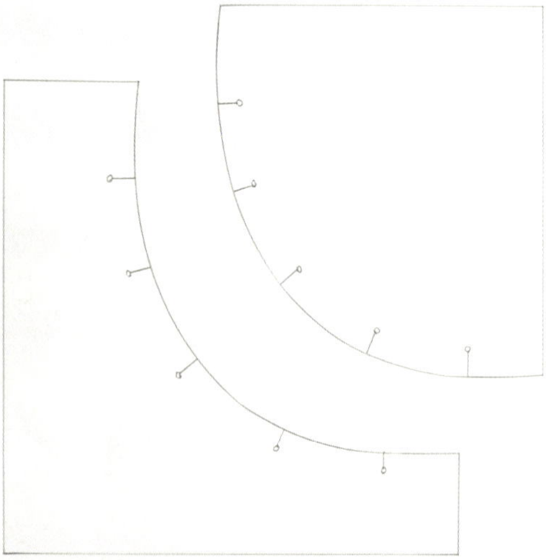

縫い合わせるa、bの合い印をパターン上で正確につけておく。

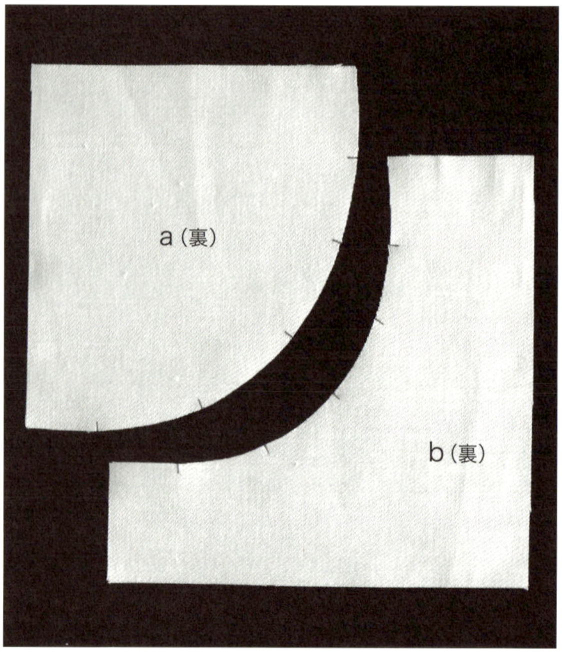

1 縫い代は0.7cmにそろえて裁断する。

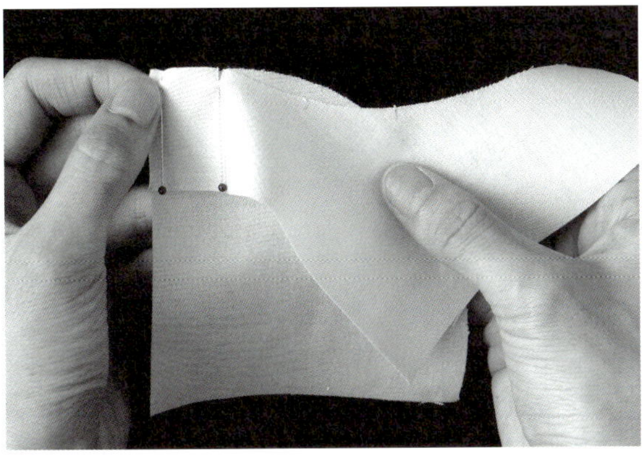

2 a、bを中表に合わせる。裁ち端をそろえながらb側から合い印にまち針を打つ。

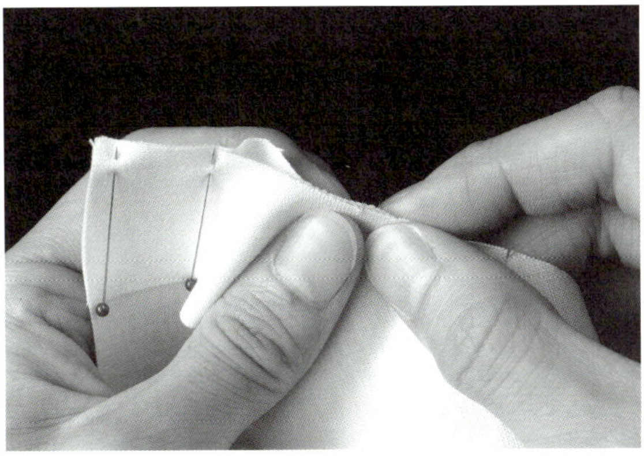

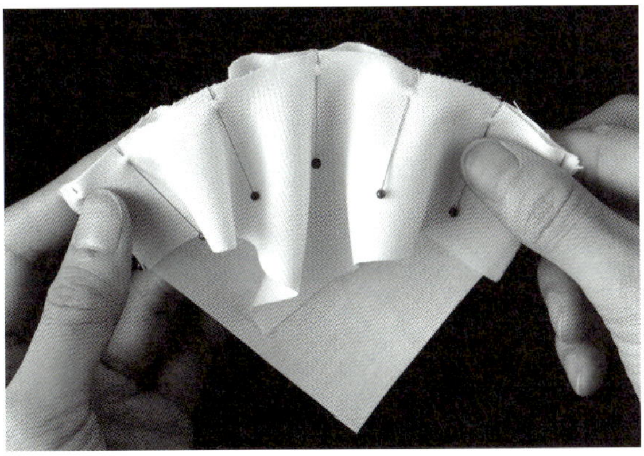

3 a、bの縫い線の距離は同じでも曲線が逆のため、縫い代端の寸法が合っていない状態。

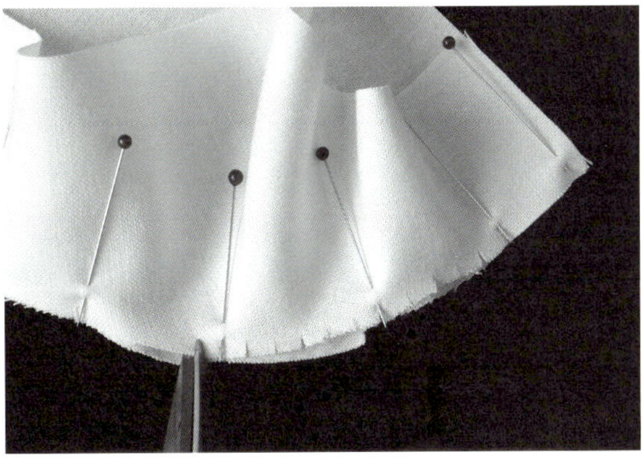

4 bの縫い代だけに細かく切込みを入れる。切込みの深さは縫い代幅の半分くらいまで。

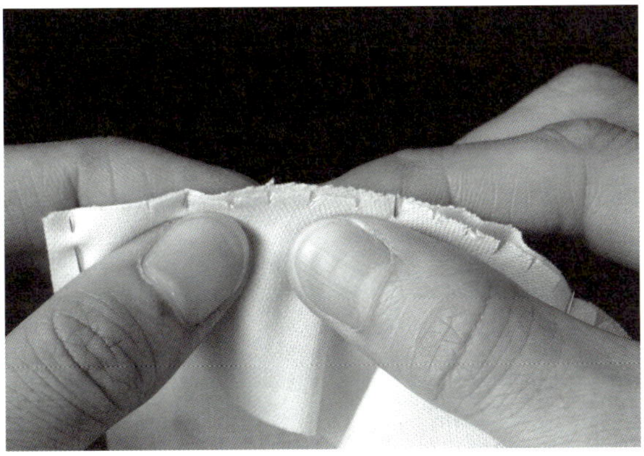

5 aの縫い代端にbの端を切込みを開きながら合わせ、まち針を打つ。

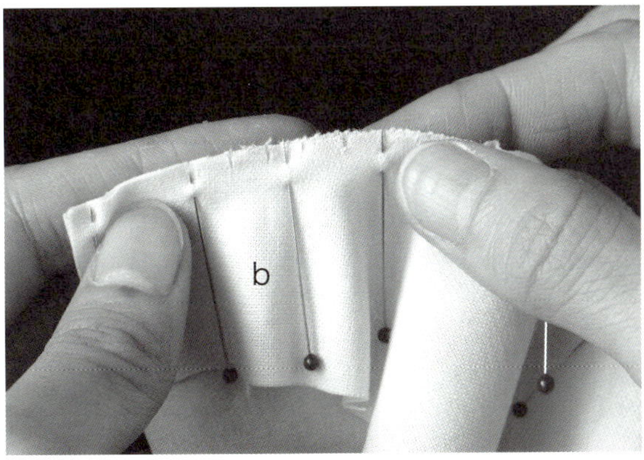

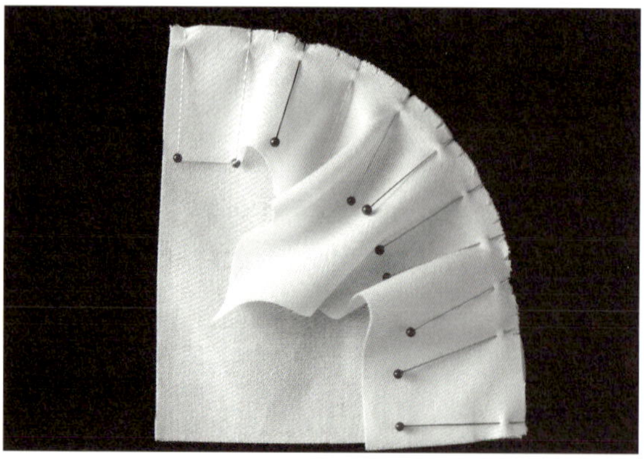

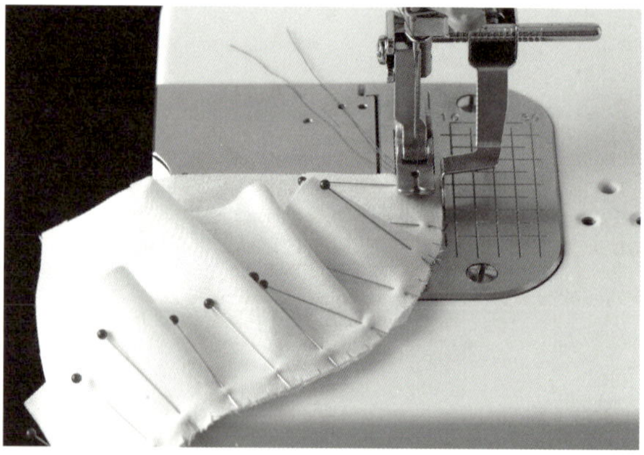

6 bを上にしてミシンをかける。

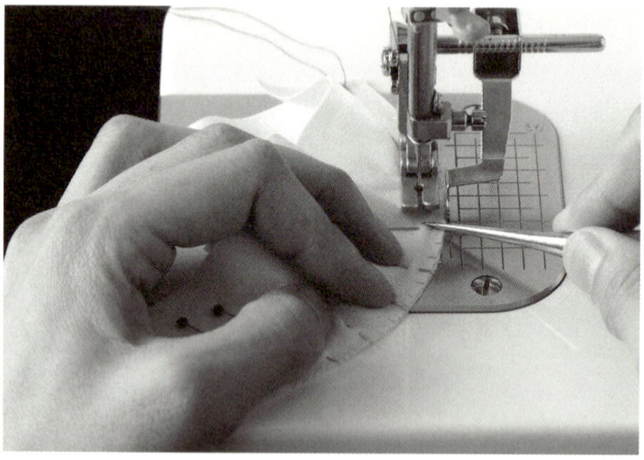

7 まち針を細かく打っていても縫い線が浮いているので、目打ちで押さえながら進めるとミシンがかけやすい。

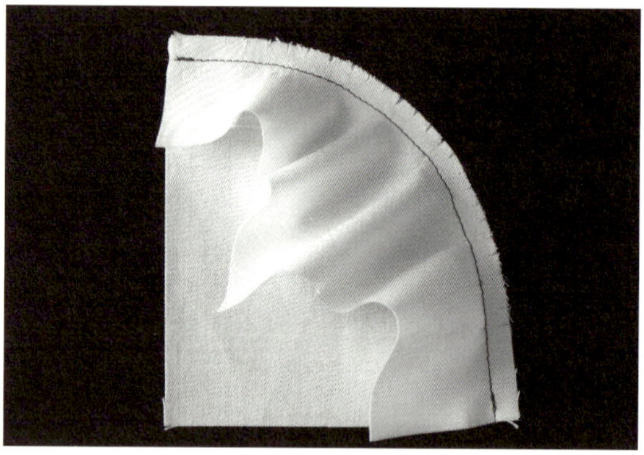

8 ミシンがかけ終わったところ。

9 縫い目をアイロンで落ち着かせる。

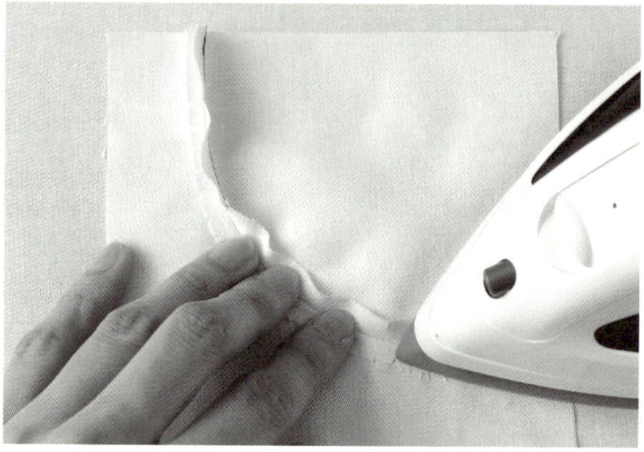

10 アイロンの先で少しずつ押さえながら、縫い代を割る。

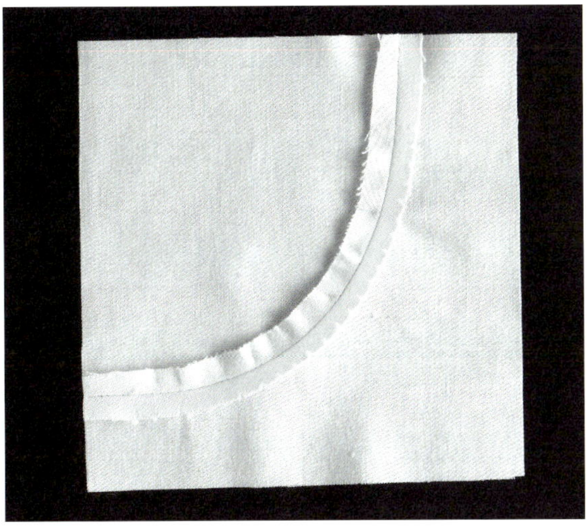

11 でき上り（裏）。

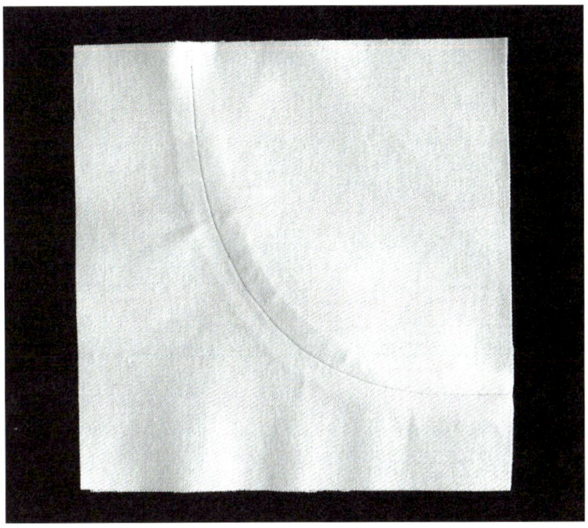

でき上り（表）。

◎縫い代を片返しにする場合

Point: 縫い代は軽く割ってから片返しにする。

外側に片返し

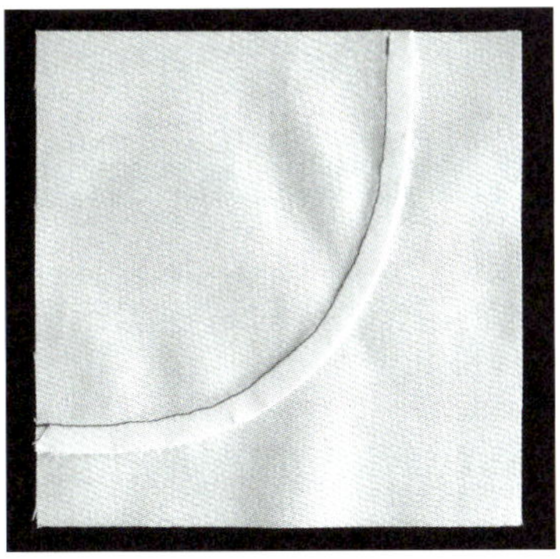

縫い目を整えたら、縫い代を2枚一緒に外側に倒す。

表

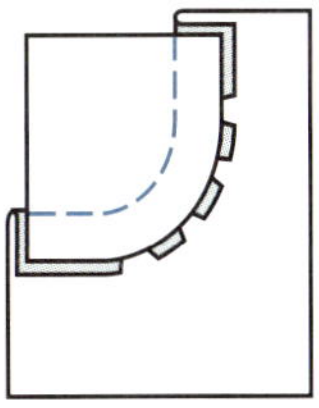

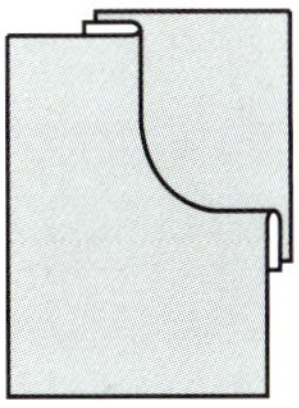

内側に片返し

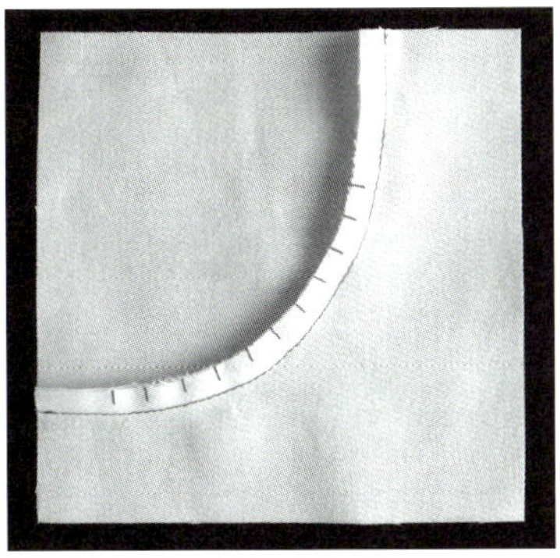

縫い目を整えたら、縫い代を2枚一緒に内側に倒す。

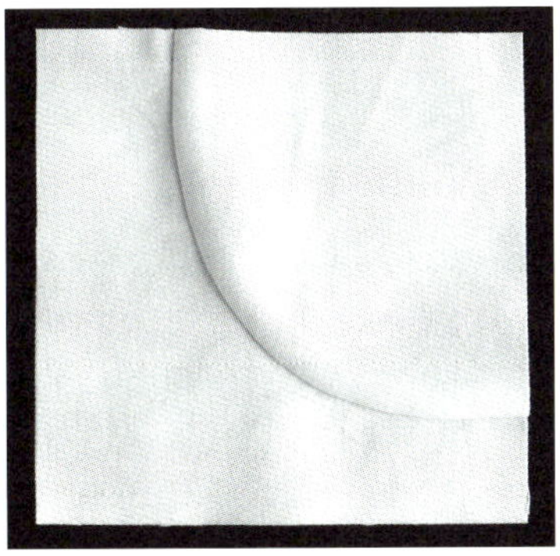

表

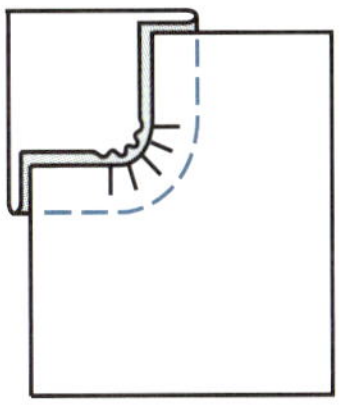

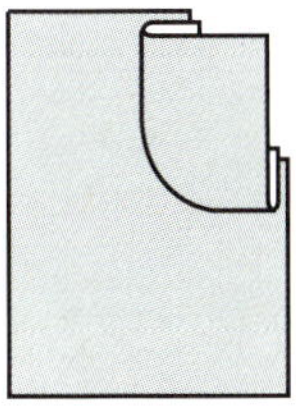

曲線と直線

筒の底を縫い返す

Point: 合い印を正確に合わせてまち針を多めに打つ。

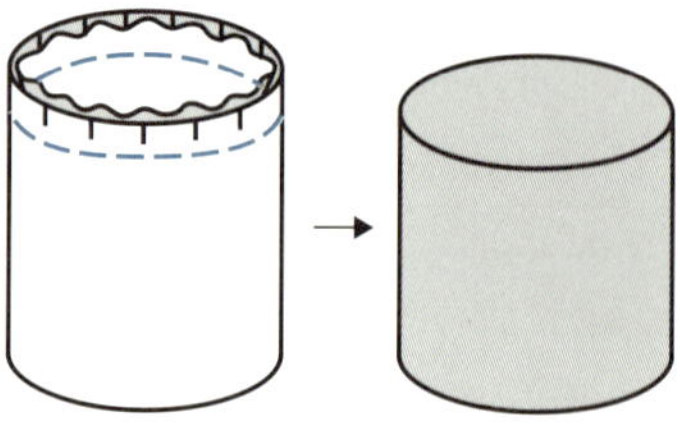

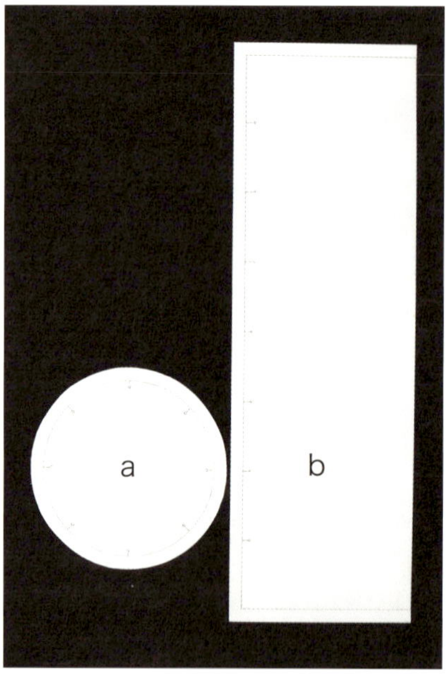

縫い合わせるa、bの合い印をパターン上で正確につけておく。

1 縫い代は、少ないほうがミシンをかけやすい。0.7cmくらいにそろえて裁断する。

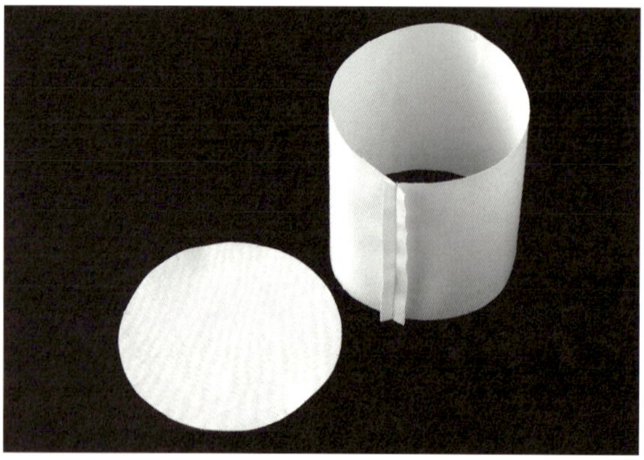

2 bは筒に縫う（p.40を参照）。

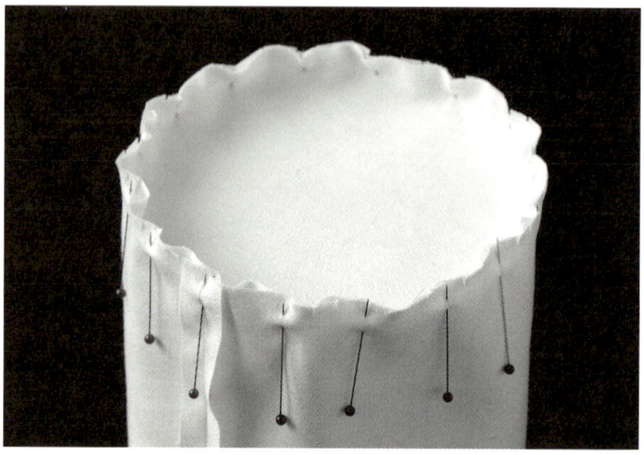

3 a、bの縫い線を中表に、合い印を合わせてまち針を打つ（p.67を参照）。

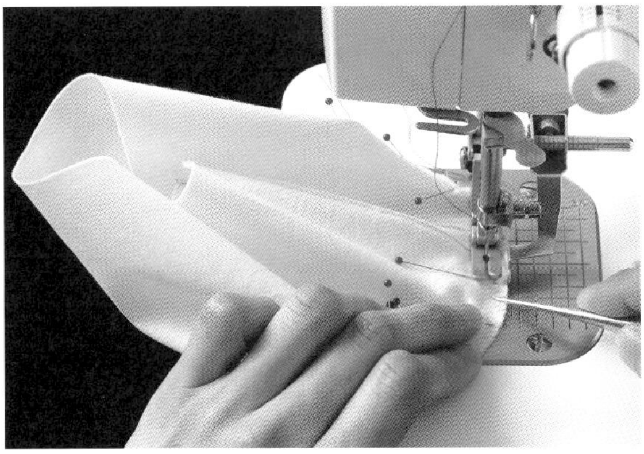

4 bを上にして縫い線にミシンをかける。

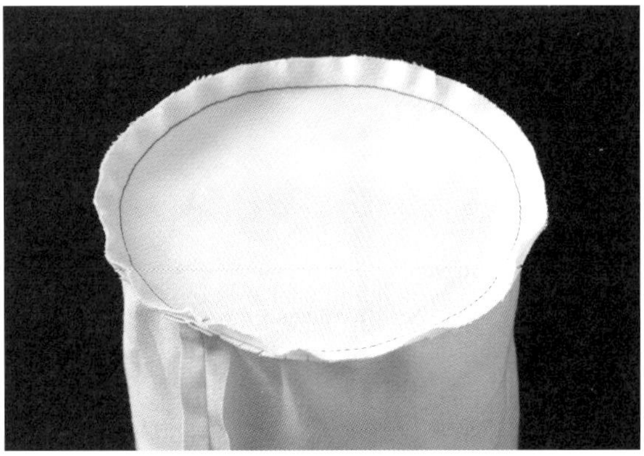

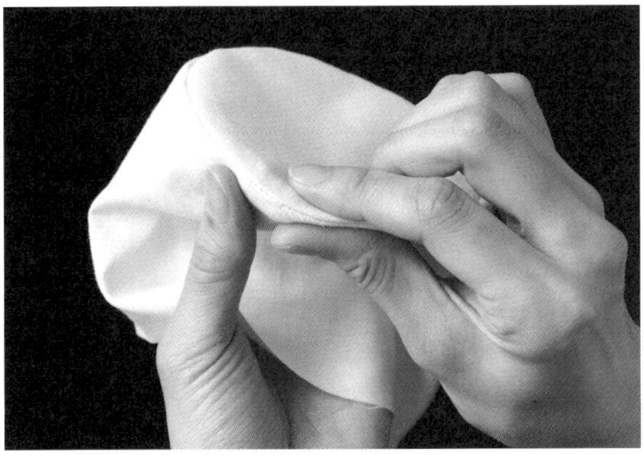

5 表に返し、内側からは指で縫い代を押し出すようにし、外側からはつまみ出すようにして縫い線を整える。

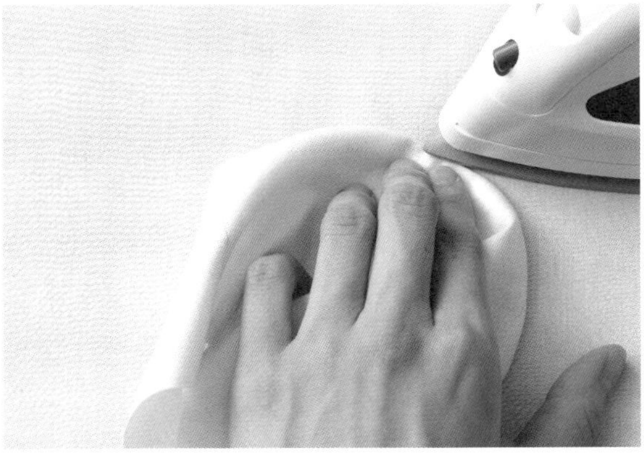

6 aの底部分を下にして、曲線の縫い線に少しずつアイロンを当て、エッジをきかせる。

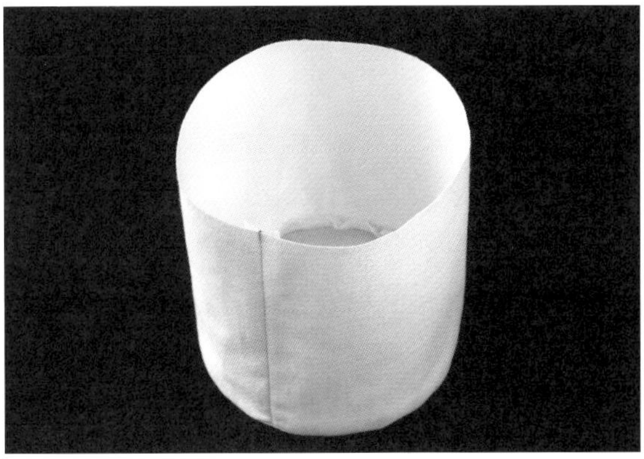

7 でき上り。

きれいに仕上げるために

ちょっとした手間をかけるかかけないかで、仕上りが変わる。
見えない部分に手を抜くとこんな感じに……。

縫い代幅を広くつけたまま表に返すと……。

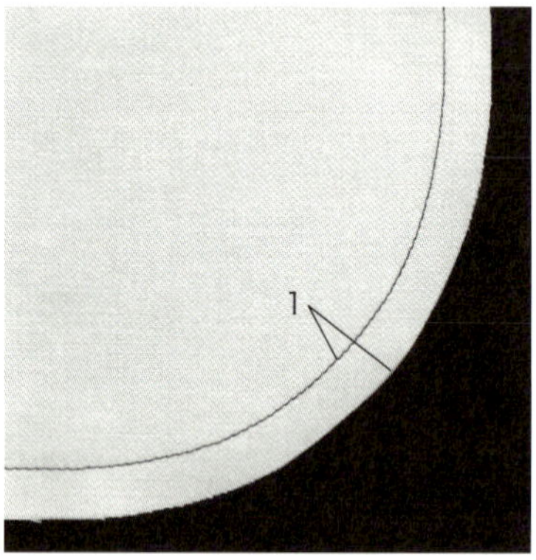

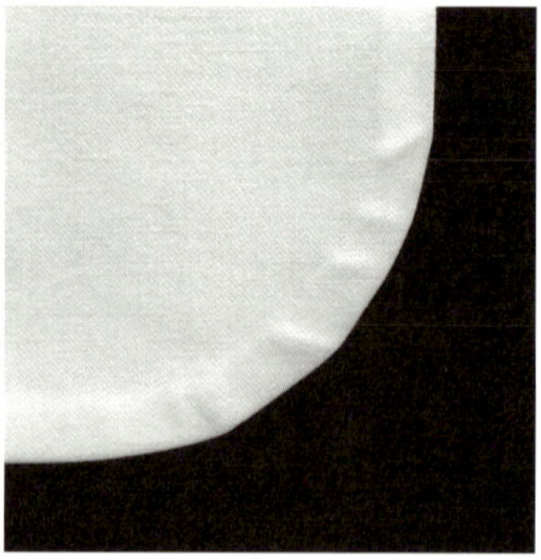

×

縫い代幅が重なって、ぼこぼこと表にひびいてしまう。

薄地、透ける素材で縫い代幅がそろっていないと……。

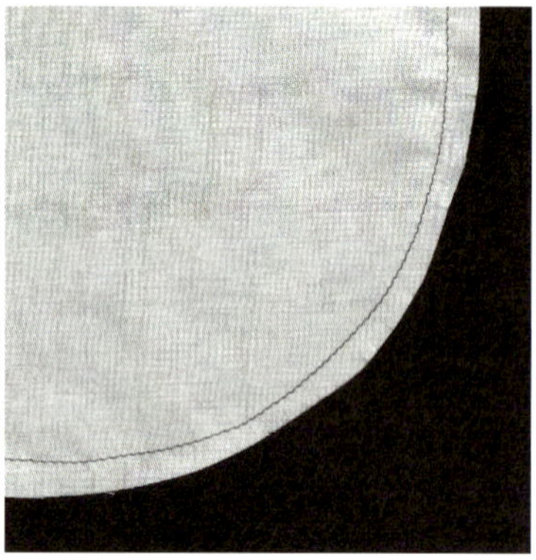

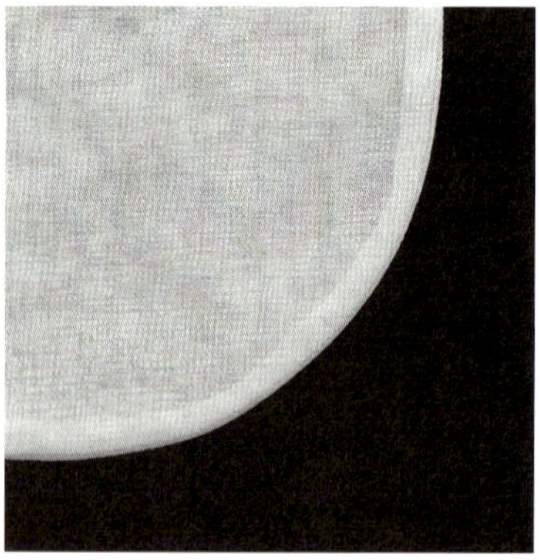

×

きれいに縫えていても、そろっていない縫い代が透けて見えると、きれいな曲線に見えなくなる。

切込みが雑だと……。

×

切り込んだ位置がひびいてきれいな曲線にならない。

縫い代、折り代の始末

裏地がつかない一重仕立てのときは、裏側が見えるので縫い代の始末は丁寧に。

用途に応じた始末は縫い線の補強も兼ね、ステッチをかける場合はデザインにもなります。

デザインとあわせて、始末を考えるのもいいでしょう。

普段は見ない、既製品の裏側を見てみるのもおもしろいかもしれません。

ジグザグミシン

針目がジグザグに振れることで、裁ち端がほつれるのを防ぐ。生地によってかけ方が異なる。

Point: 必ず残布で試し縫いをする。

布の内側にかける

1枚の布にかけると、ジグザグの振り糸に引かれて縫い縮むことがある。
そのため特に薄地や柔らかい布は織り糸が整って安定した
布の内側にかけ、後で余分な布をカットする。
後からカットする分、縫い代や折り代は多めにつける。

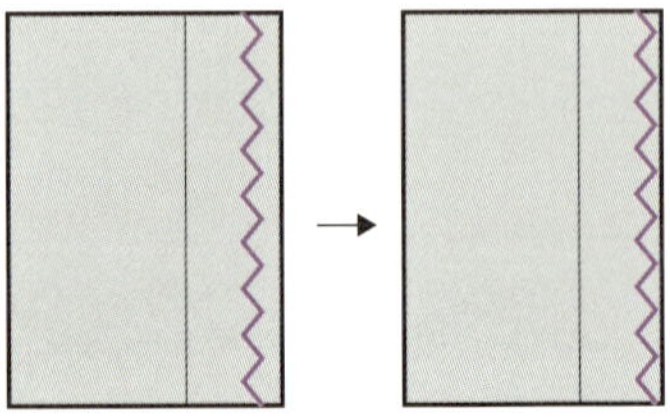

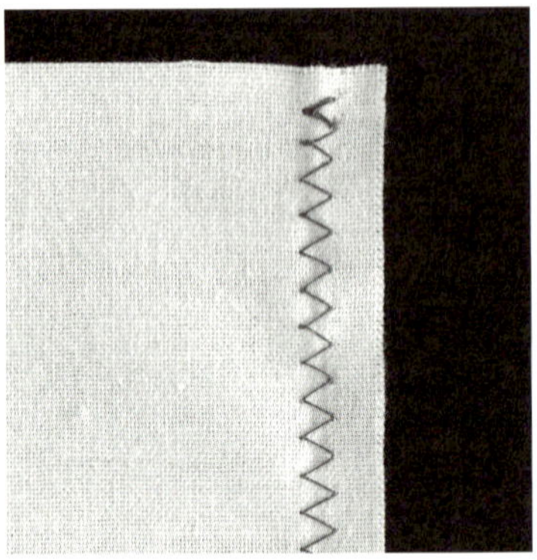

1 裁ち端から多くつけた縫い代分(0.5～1cm)内側に、1針返し縫いをしてジグザグミシンをかける。

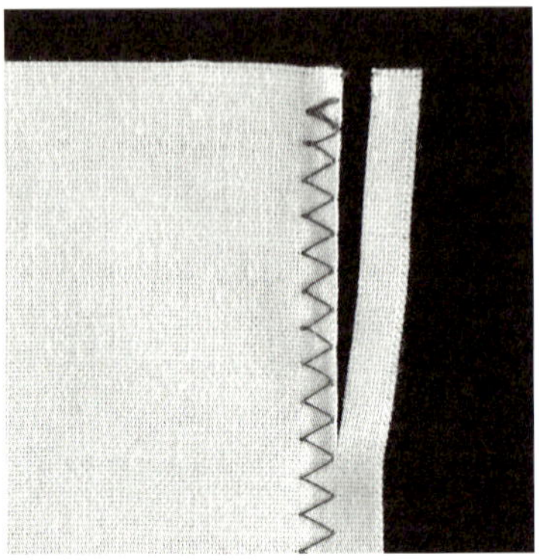

2 ジグザグミシンの端からかがり目を切らないように布を裁ち落とす。

3 かがり目はアイロンで落ち着かせる。

布の裁ち端にかける

厚地やしっかりした布の場合は、縫い代や折り代幅をカットした後でかけられる。
ジグザグの一方が裁ち端の際にかかるようにかける。

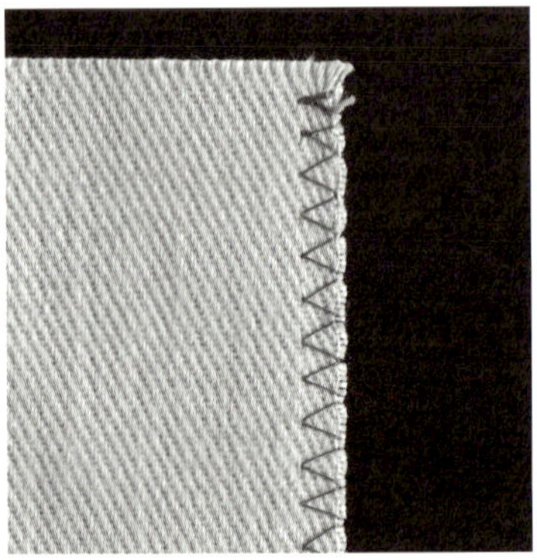

◆ジグザグミシン
ブラザー NS301
家庭用コンピューターミシン

◎縫い代を割る

縫い合わせる前に、あらかじめ
裁ち端にジグザグミシンをかけて始末してもいい。

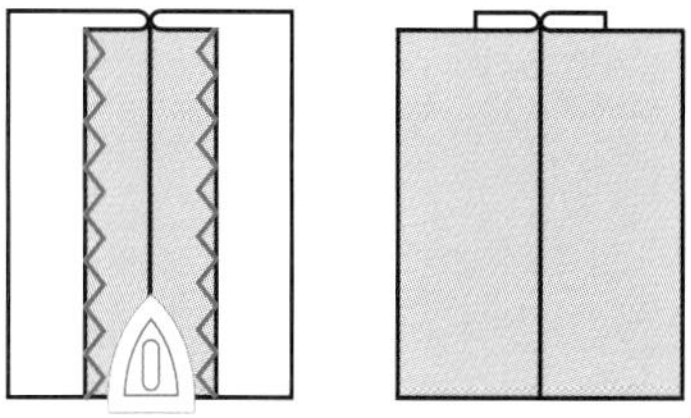

1 縫い合わせて縫い目をアイロンで落ち着かせる(p.36を参照)。

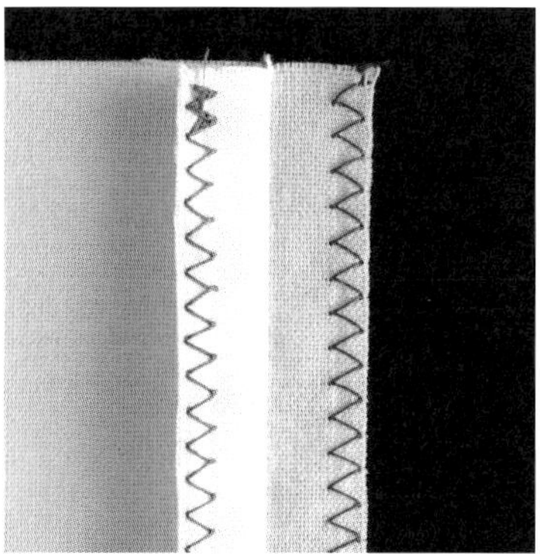

2 縫い代を開いて、裁ち端に片方ずつジグザグミシンをかける。

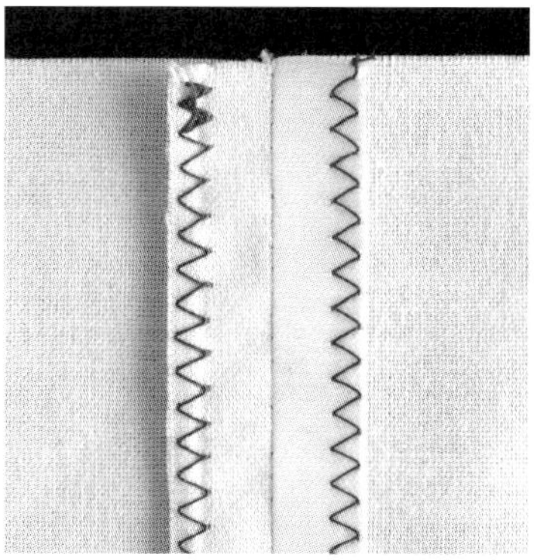

3 縫い代を割る(p.36を参照)。

◎縫い代を片返しにする

薄地などは、2枚一緒にジグザグミシンをかけて
片返しにするほうが、きれいで丈夫。

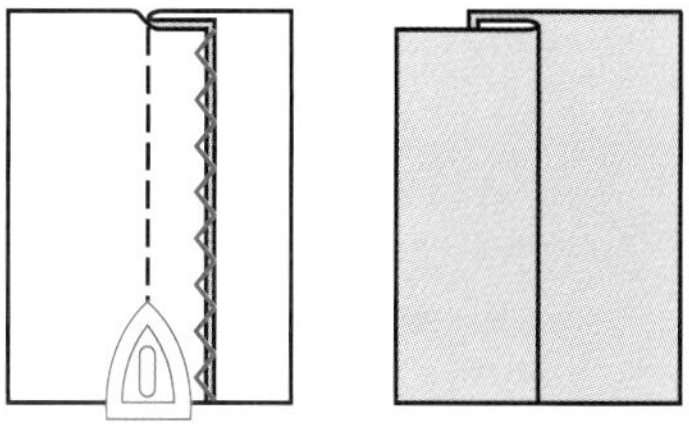

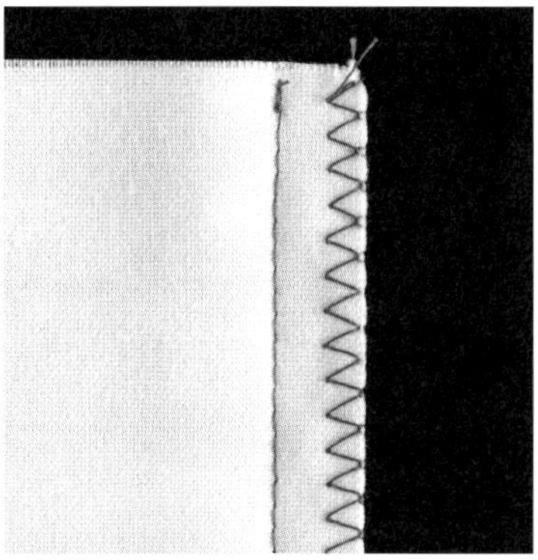

1 縫い代を2枚一緒にジグザグミシンをかける。

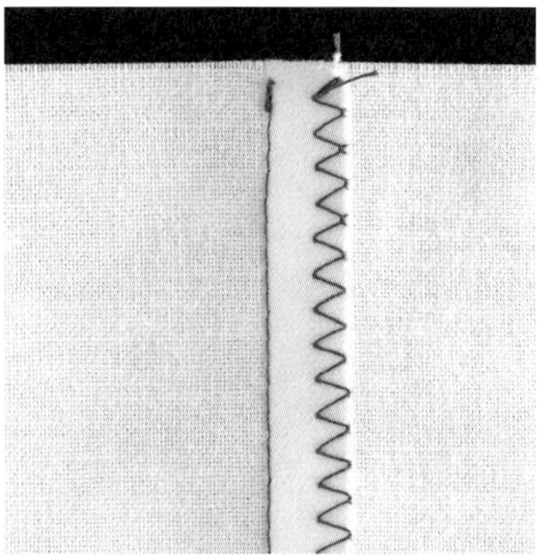

2 縫い代を片返しにする(p.38を参照)。

ロックミシン

３本、または４本の糸で環縫いというかがり方をする始末。
環縫いは縫い縮みがないので、素材を問わず布の裁ち端にかけることができる。
また付属のカッターで布端を裁断しながらかがっていくことができる。
その場合はその分多めに縫い代や折り代をつける。

３本ロックのかがり目

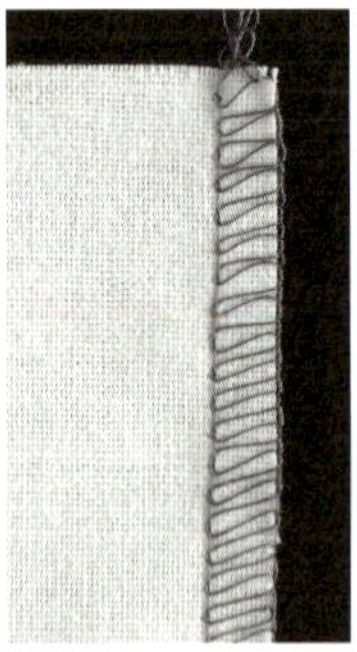

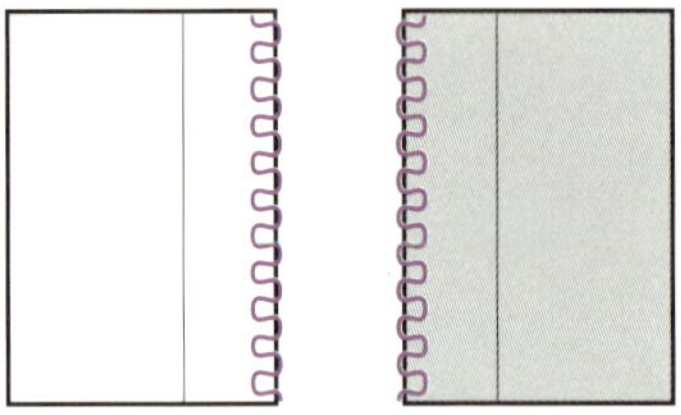

４本ロックのかがり目

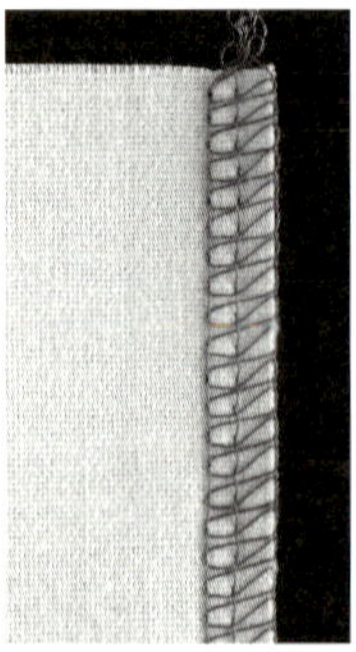

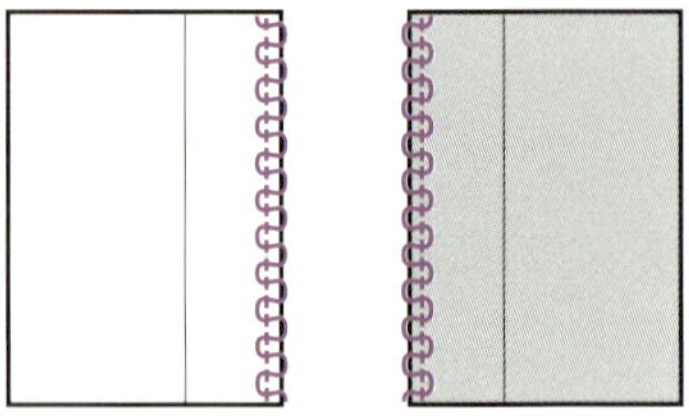

縫始めと縫終り

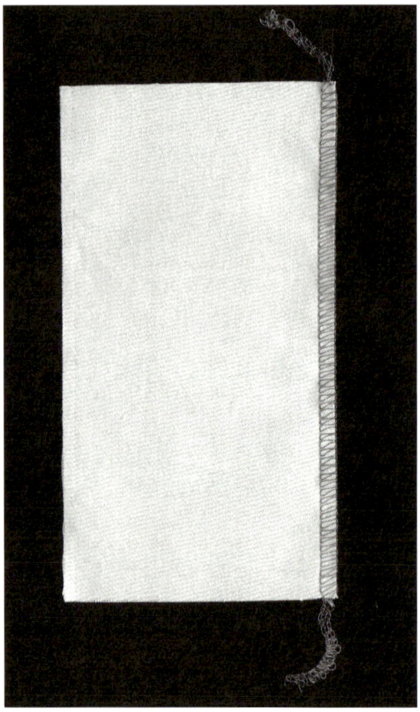

ロックミシンは返し縫いができないので、縫始めと終りは7〜8cm縫い流しておく。

糸端を始末する場合

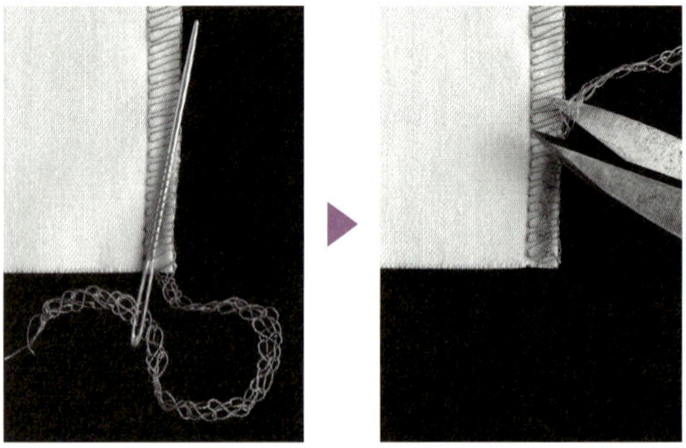

縫い流した糸を刺繍針に通し、かがり目にくぐらせて余分な糸は切る。

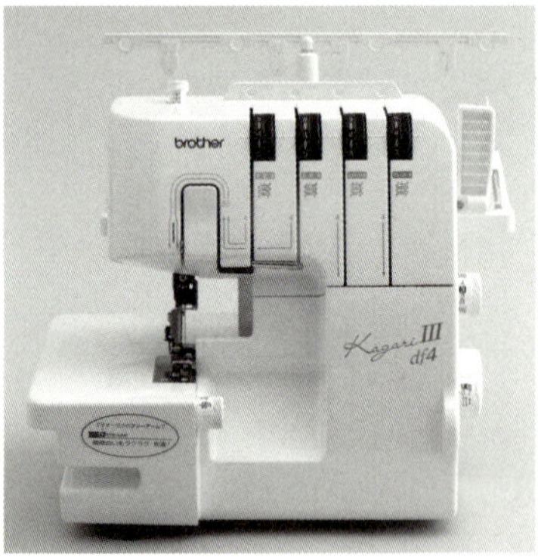

◆ロックミシン
ブラザーかがりⅢdfc
３本、４本ロックが併用できる

◎縫い代を割る

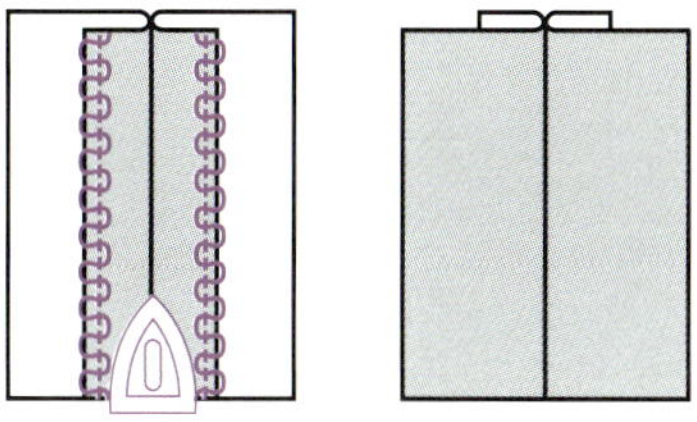

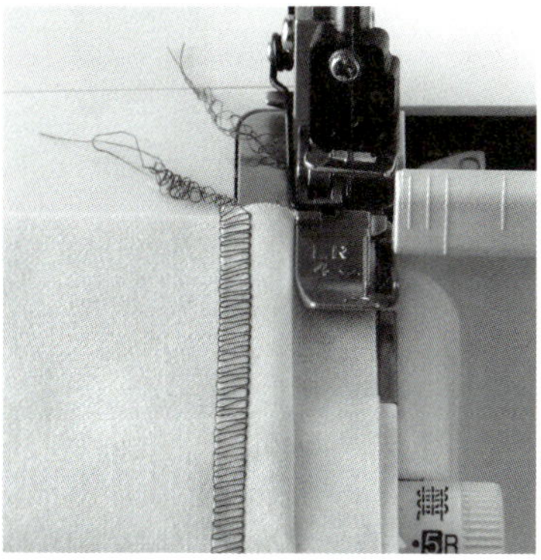

1 縫い代を開き、裁ち端に片方ずつロックミシンをかける。

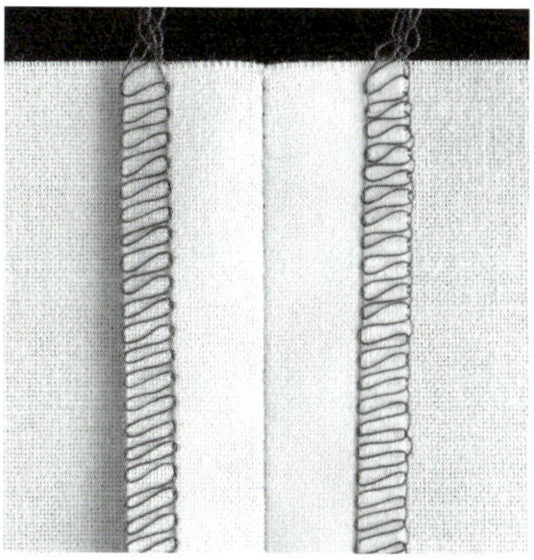

2 縫い代を割る(p.36を参照)。

◎縫い代を片返しにする

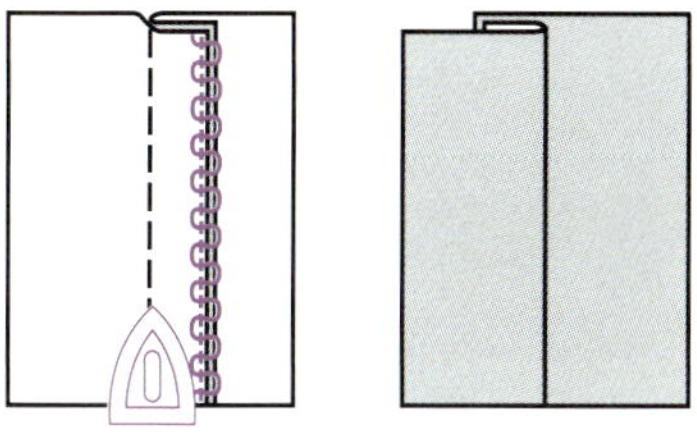

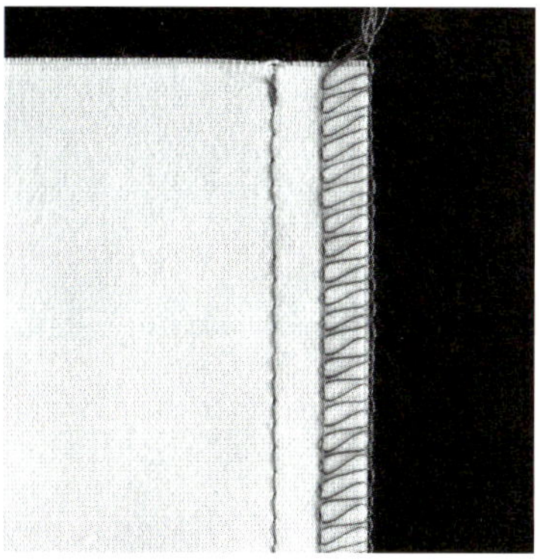

1 縫い代を2枚一緒にロックミシンをかける。

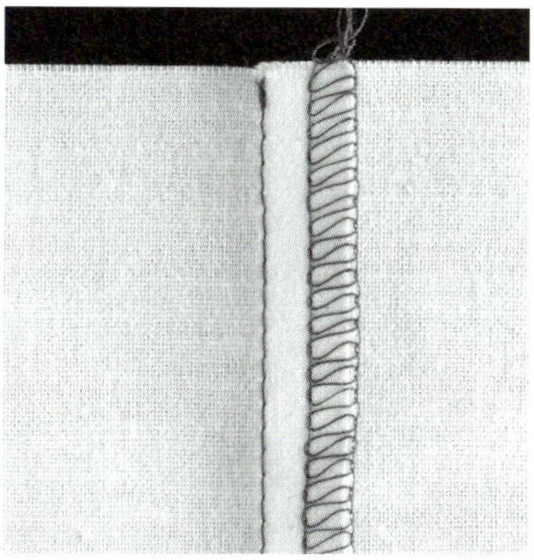

2 縫い目を落ち着かせ、縫い代を片返しにする(p.38を参照)。

◎4本ロックで地縫いをする

4本ロックは地縫いも兼ねているので、ニット素材などはロックミシンのみで縫合せができる。

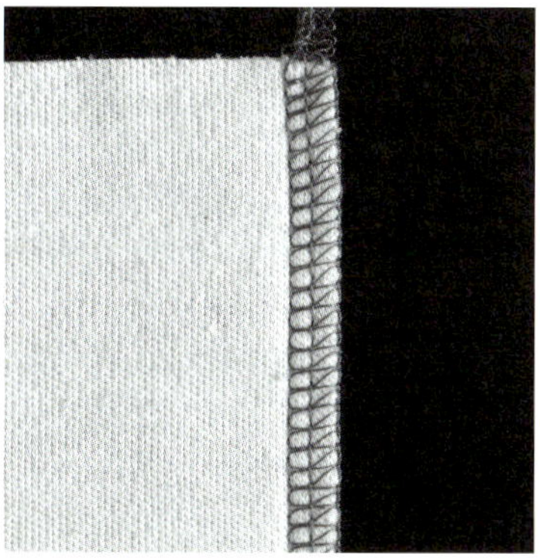

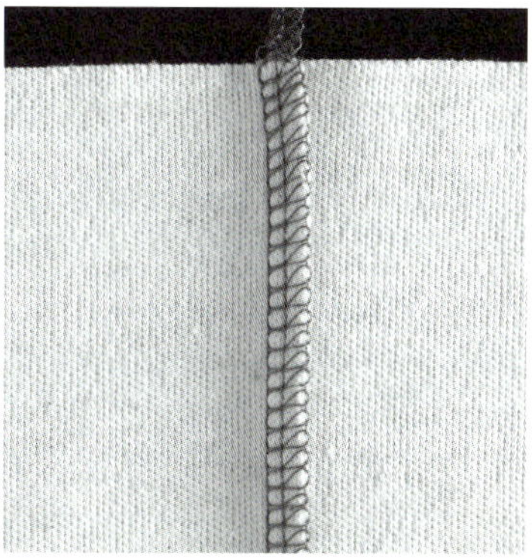

捨てミシン

布の裁ち端から0.2〜0.3cm内側にミシンをかけて織り糸がほつれるのを防ぐ。

Point: 針目は細かいほうがほつれにくい。

◎縫い代を割る

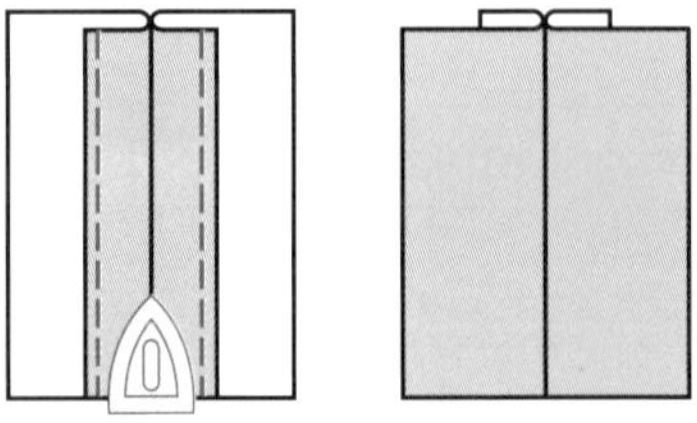

1 縫い代を開き、裁ち端にミシンをかける。

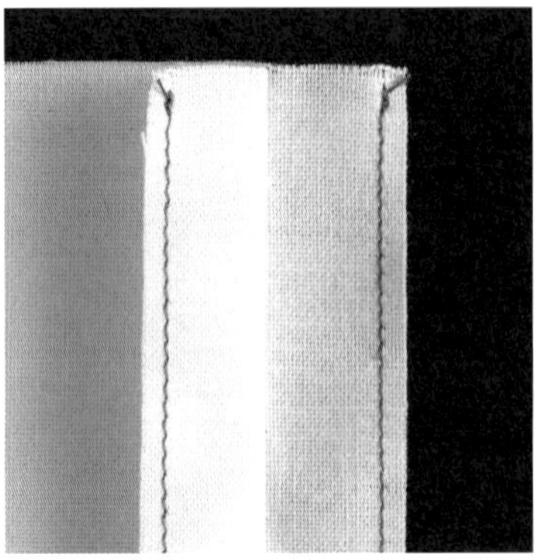

2 もう片方も同様。

3 縫い代を割る(p.36を参照)。

◎縫い代を片返しにする

ロックミシンやジグザグミシンがないときのニット素材の始末にも。

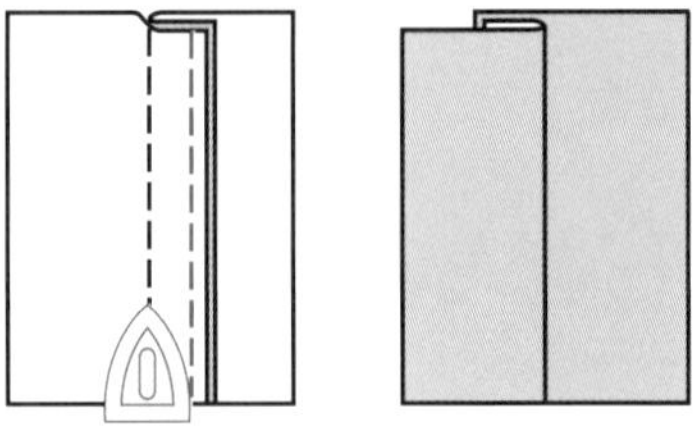

1 縫い代を2枚一緒にミシンをかける。

2 縫い目を落ち着かせ、縫い代を片返しにする(p.38を参照)。

端ミシン

裁ち端を折り、折った端にミシンをかける。布端を折る分縫い代や折り代は多めにつける。

◎縫い代を割る

Point:
初めに折った端に、もう一方を合わせて折ると縫い代幅がそろい、割ったときに美しい。

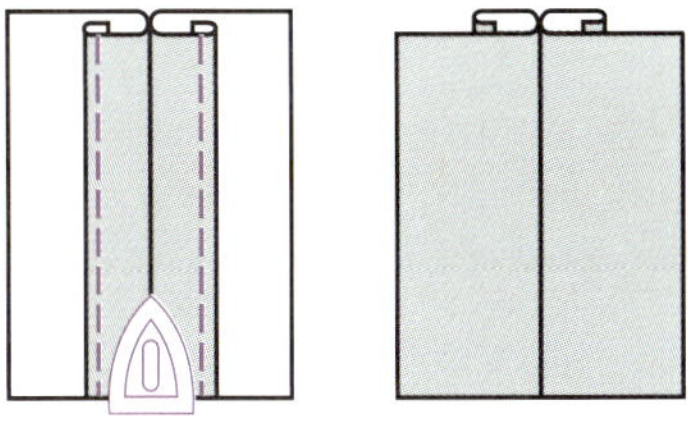

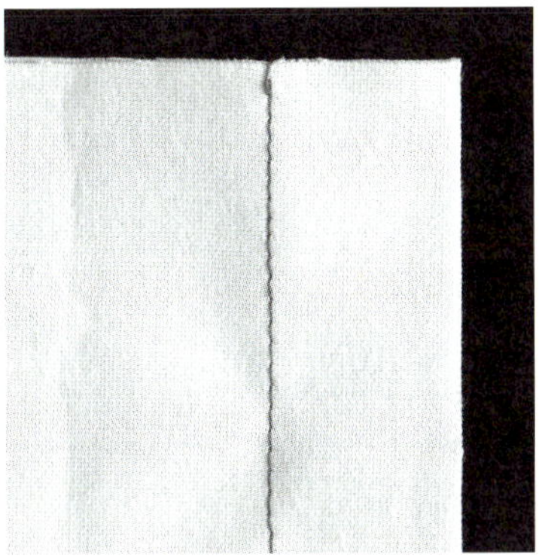

1 縫い代幅は端を折る分(0.5cmくらい)をプラスする。

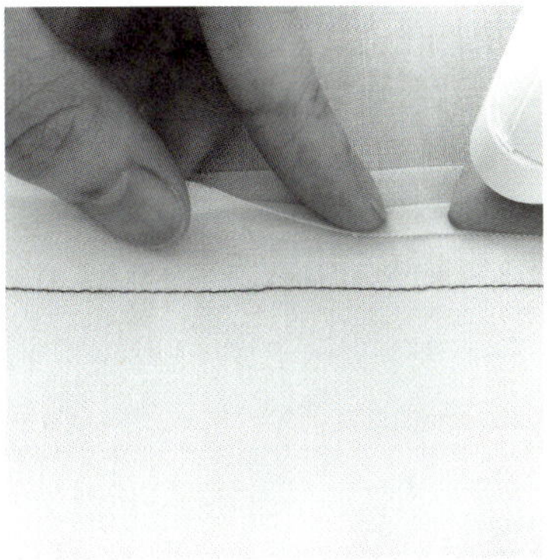

2 一方の縫い代端をアイロンで平行に折る(0.5cmくらい)。

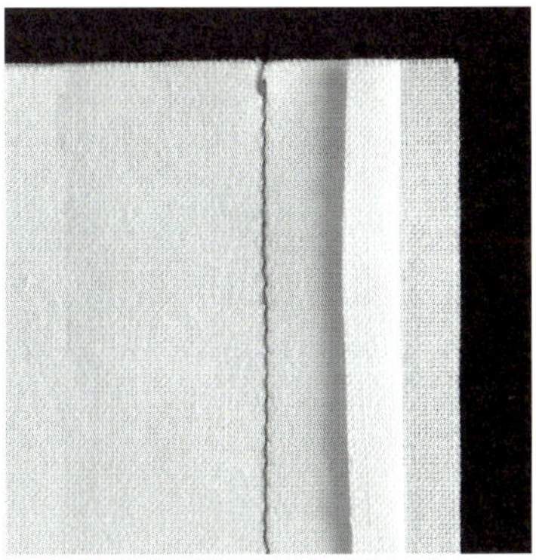

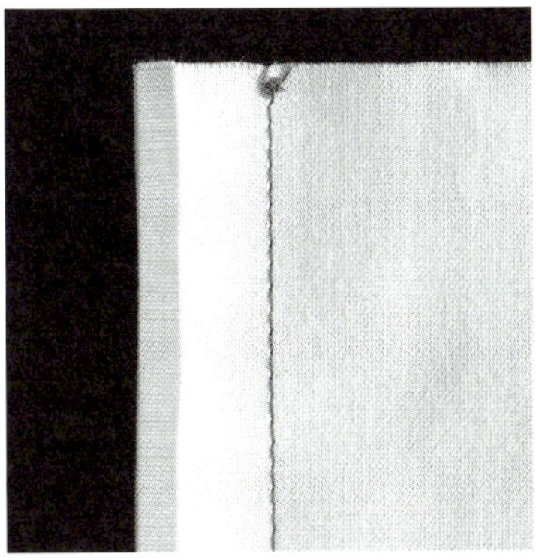

3 もう一方も同様に折る。

4 折った端にミシンをかける。

5 縫い代を割る(p.36を参照)。

◎縫い代を片返しにする

Point:

カットした内側の縫い代まで一緒にステッチで押さえる。

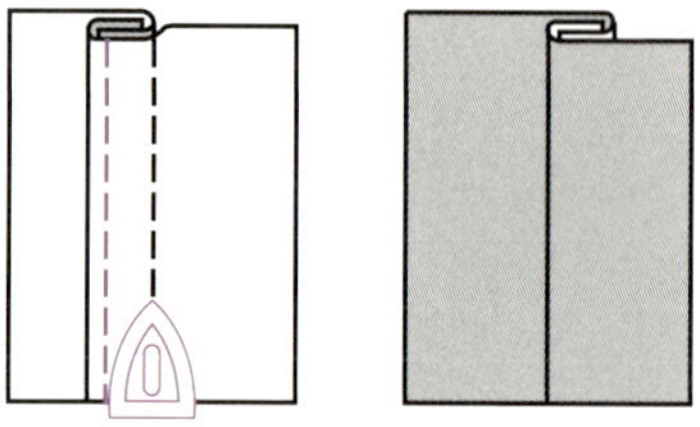

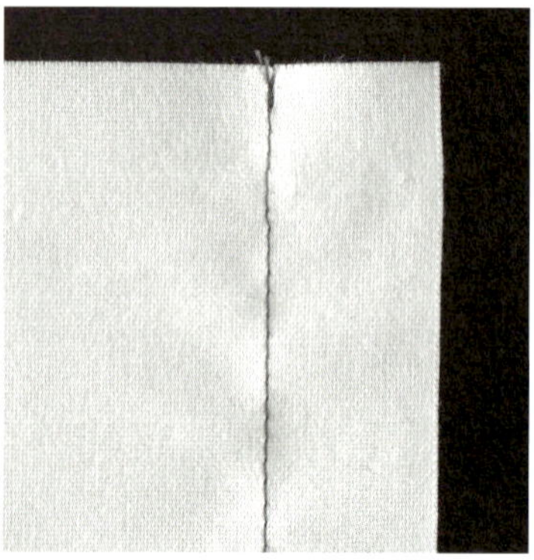

1 縫い代幅は端を折る分（0.5cmくらい）をプラスして縫い合わせ、縫い目をアイロンで落ち着かせる。

2 一方の縫い代（片返しにする側）をカット（0.6cmくらい）する。

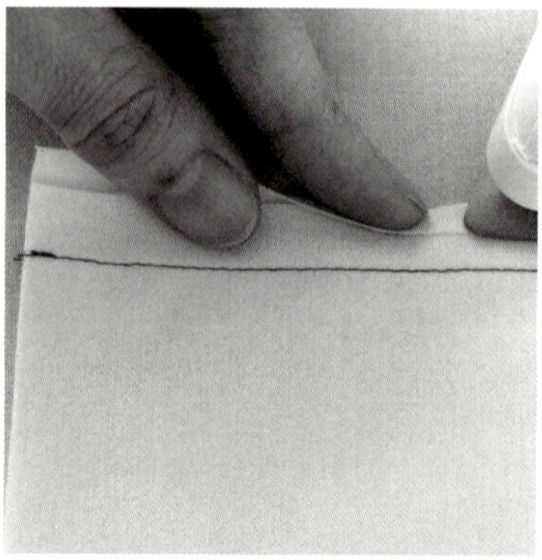

3 もう一方の縫い代でカットした縫い代を包むように折る。

4 折った端にミシンをかける。

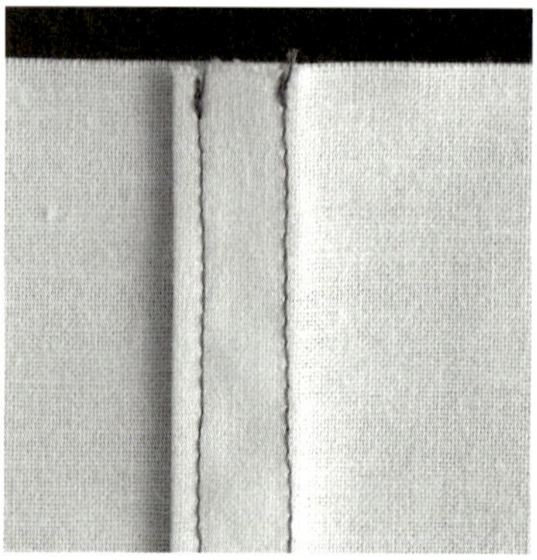

5 縫い目を落ち着かせ、縫い代を片返しにする（p.38を参照）。

伏縫い

縫い代を片返しにし、表からステッチで押さえる始末。

Point: アイロンできちんと片返しにしてからステッチをかける。

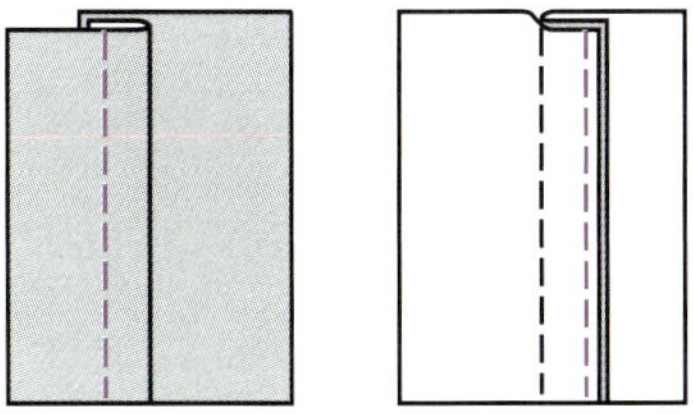

1　縫い代を片返しにする（p.38を参照）。

2　表から片返しにした縫い代をステッチで押さえる。

3　でき上り（表）。

でき上り（裏）。

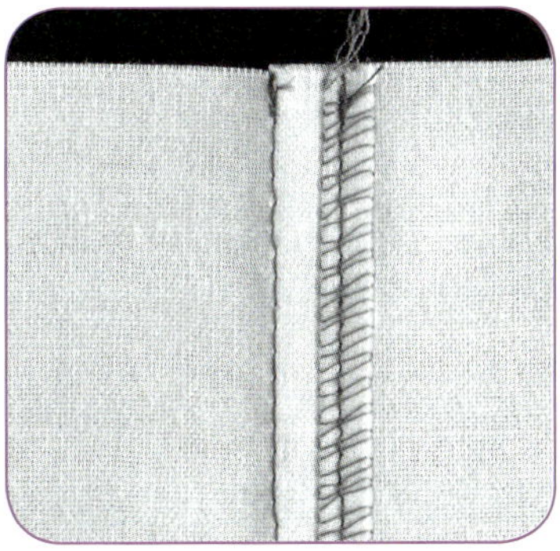

裏地をつけないときなどは、縫い代を始末してからステッチをかけてもいい。

◎厚地の場合

Point:
カットした内側の縫い代はステッチ幅に収める。

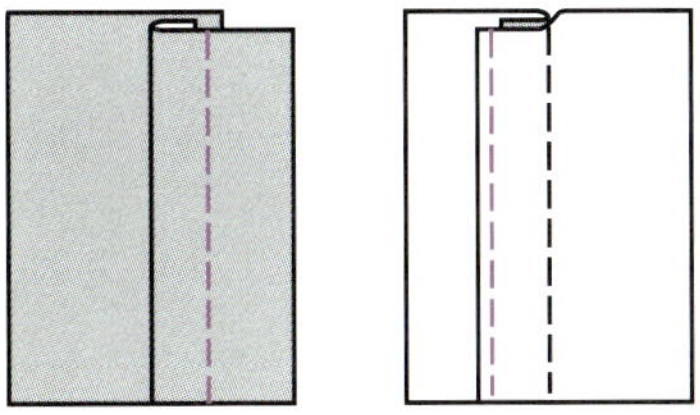

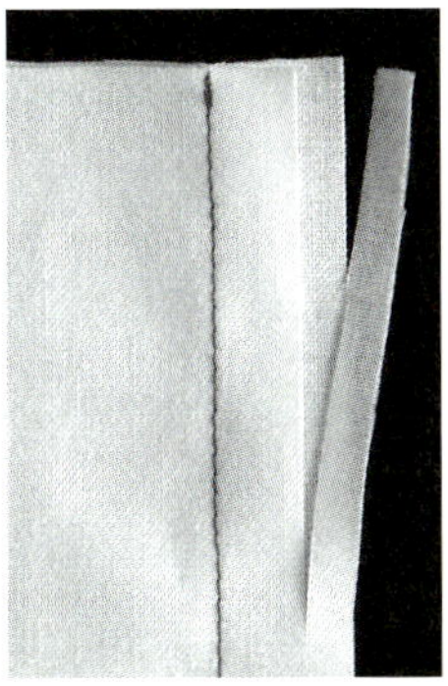

1　ステッチがかかる側の縫い代端をカット（ステッチ幅－0.2cmくらい）する。

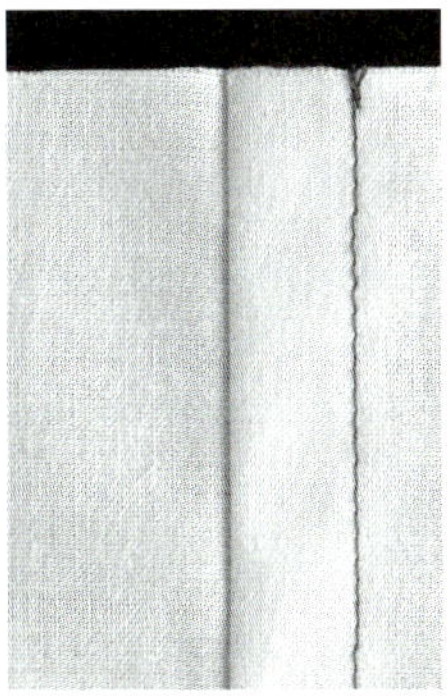

2　表から片返しにした縫い代をステッチで押さえる。

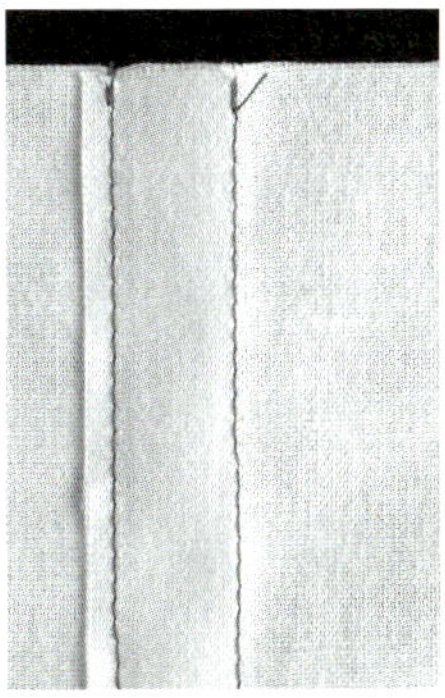

でき上り（裏）。

折伏せ縫い

縫い代の端を折って表からステッチで押さえる始末。
縫い代の一方をカットして片返しにするのを折伏せ縫い、縫い代を割るのを割伏せ縫いという。

折伏せ縫い

Point:
片返しのアイロンを丁寧にかけることで
縫い線がきれいに出る。

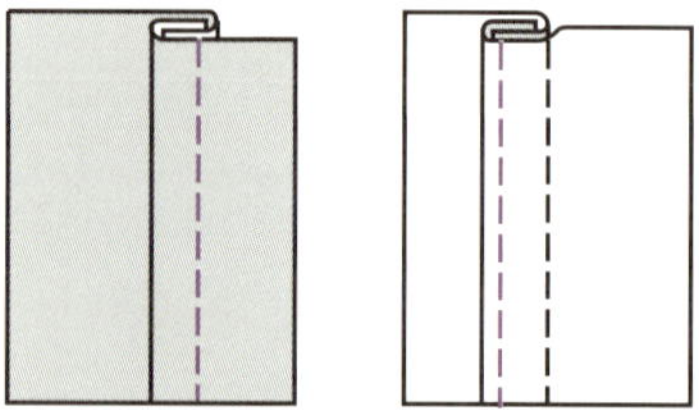

◎シングルステッチ

1　ステッチがかかる側の縫い代を、半分にカットする。

2　もう一方の縫い代を、カットした縫い代をくるむように折る。

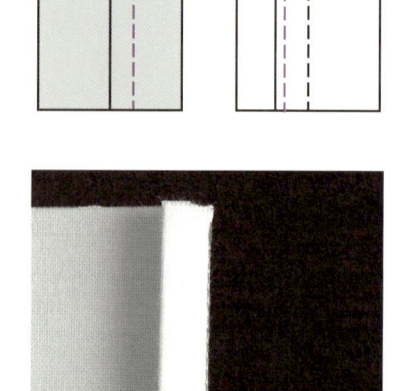

3　さらに縫い線で折る。

4　布を開き、ステッチがかかる側に縫い代を倒す。

5　表側から片返しにした縫い代をステッチで押さえる。でき上り（表）。

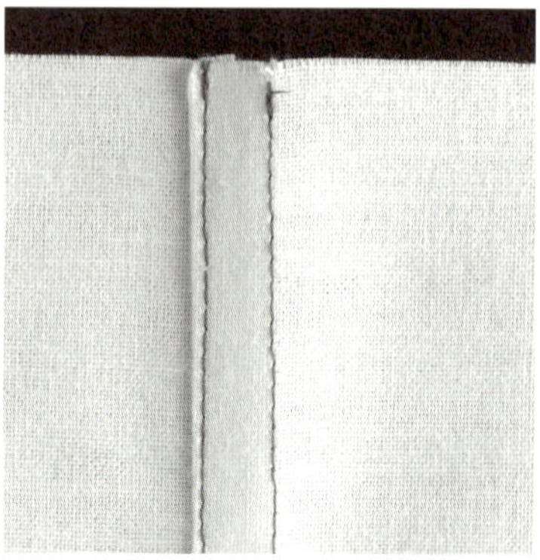

でき上り（裏）。

◎ダブルステッチ

縫い線の際にもステッチをかける。際のステッチを後に、同じ方向でかけると布のよれを軽減できる。

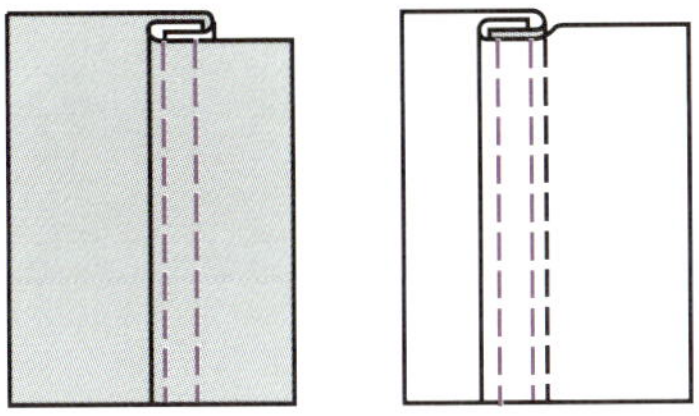

でき上り（表）。

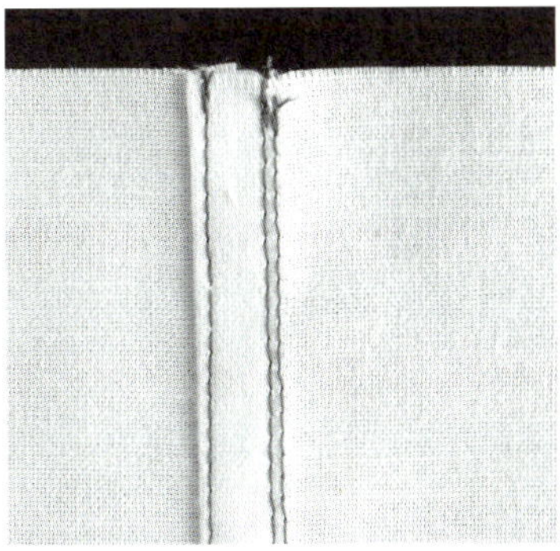

でき上り（裏）。

割伏せ縫い

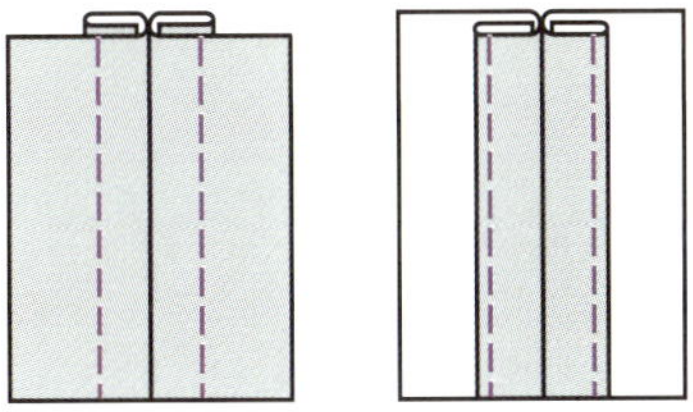

Point:

縫い代を半分に二つ折りできる幅にすると折りやすく、ステッチも平行にかけられる。

1 縫い代の片方を半分に折る。

2 もう一方も1と同様に折る。

3 縫い代を割る。

4 表から縫い線の両側にステッチをかけて縫い代を押さえる。でき上り（表）。

でき上り（裏）。

袋縫い

裁ち端を袋状に収める始末。薄地や透ける素材に向く。

Point: 裁ち端をきれいにカットして縫い包む。

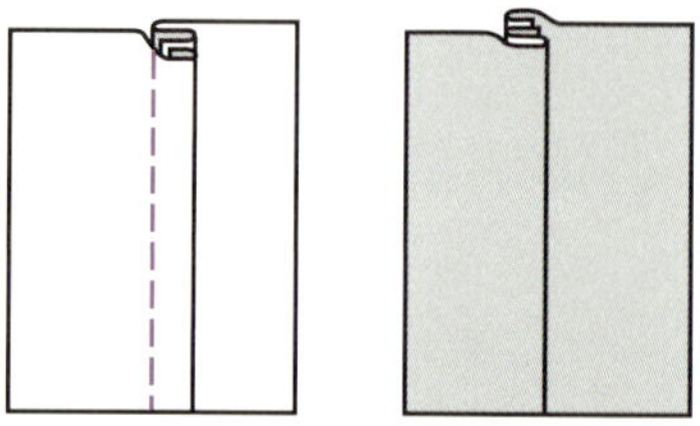

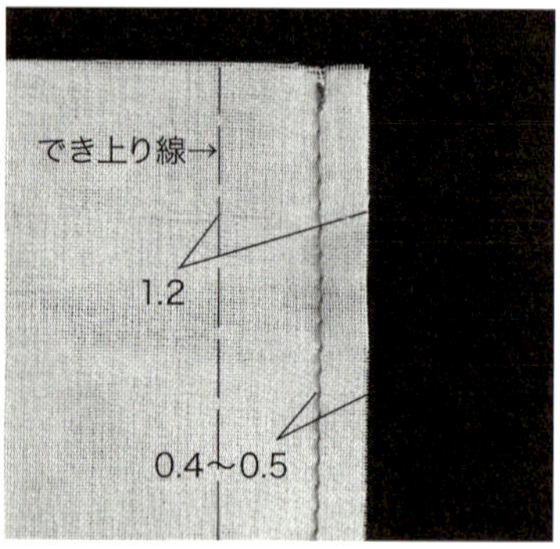

1 外表に合わせてミシンをかける。

2 縫い代を片返しにする。このとき裁ち端のほつれをきれいにカットする。

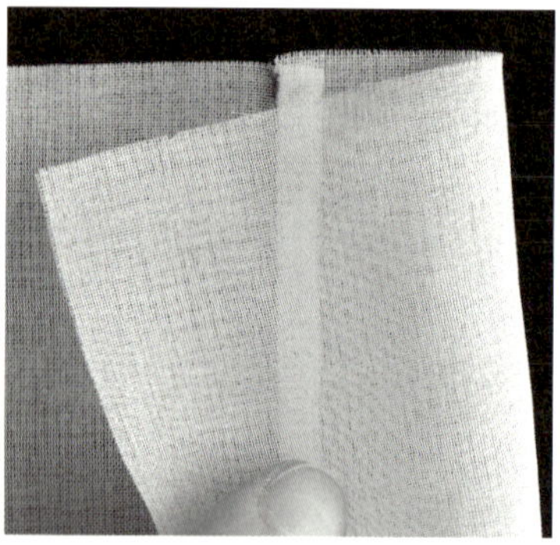

3 縫い代を包むように今度は中表に合わせる。

4 縫い線から折ってアイロンで押さえる。

5 でき上り線を縫う。

6 縫い代を片返しにする（p.38を参照）。

でき上り（表）。

×

2で、裁ち端のほつれをきれいにカットしておかないと、でき上りの縫い目からほつれた糸が出て美しくない。

二つ折り

布端を折り代の幅に合わせて二つに折る。

1　アイロン台の上に布の裏を上にしてのせる。折り代の幅を定規ではかりながらまち針を刺す。

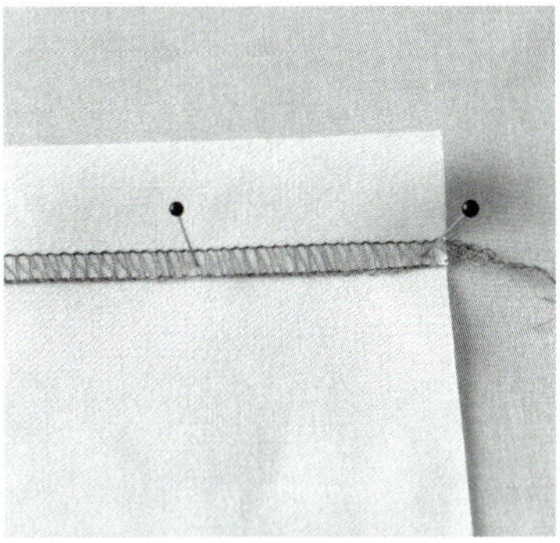

2　折り返したわの部分をアイロンで押さえる。

◎ステッチをかける

Point: でき上りに平行にステッチをかける。

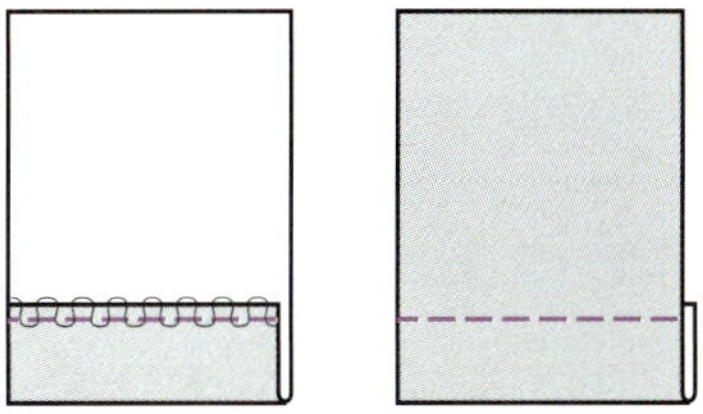

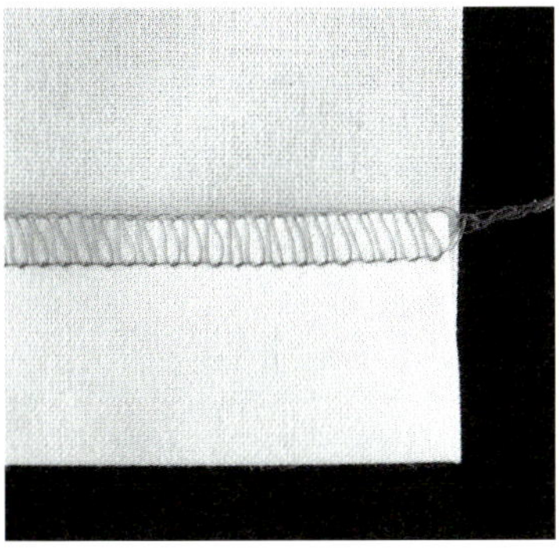

1　二つ折りにアイロンで折る。

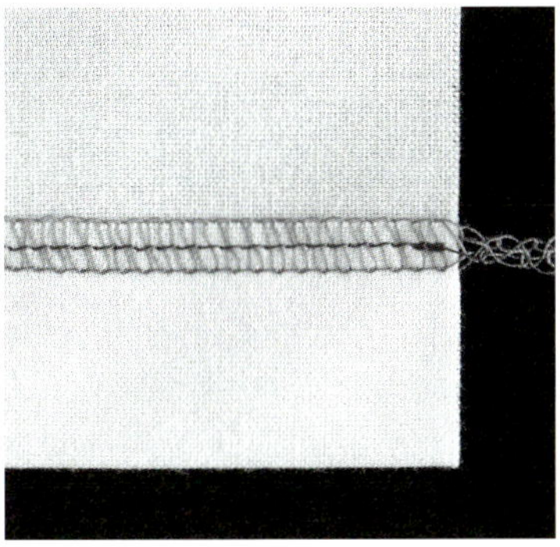

2　裁ち端の始末にかかるようにステッチをかける。

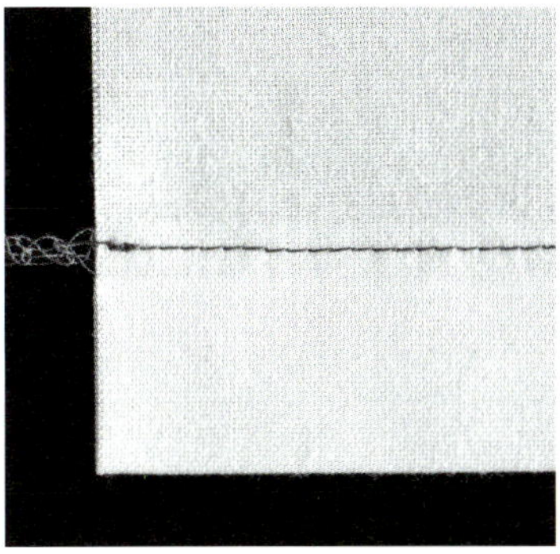

でき上り(表)。

細かなアイロン作業に便利な竹定規

折り代を折りながらアイロンをかけるときは熱で溶けない竹定規が便利。

◆竹定規

20cm定規は小さいので手もとに置くのにちょうどいい。

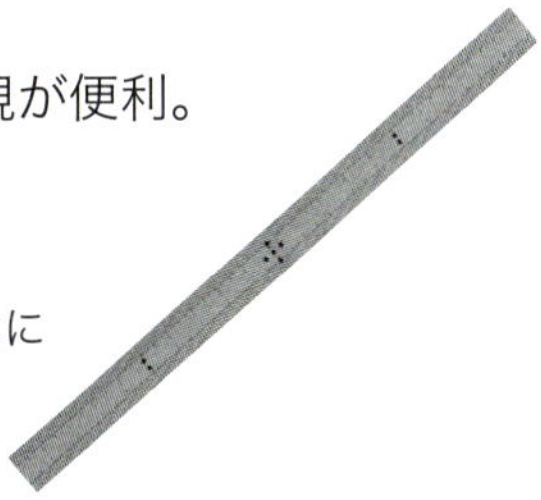

◎まつる

Point:
裁ち端の少し奥をまつると、表に折り代のあたりが出にくい。

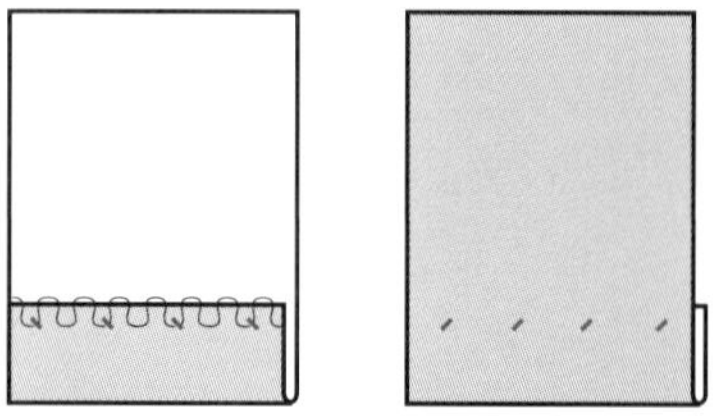

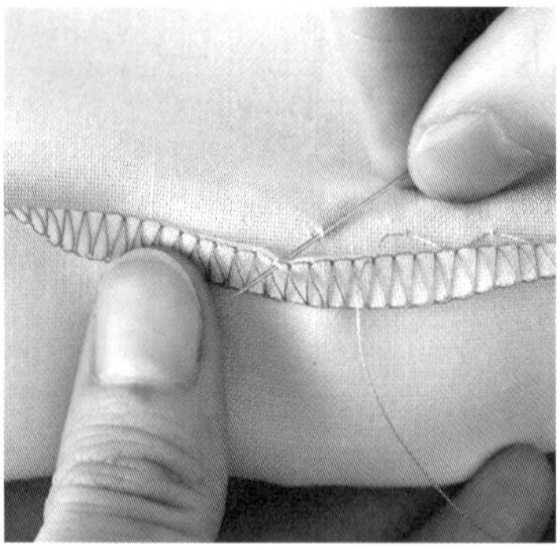

1 二つ折りにした折り代を少し手前に倒し、裁ち端の少し奥をまつる。

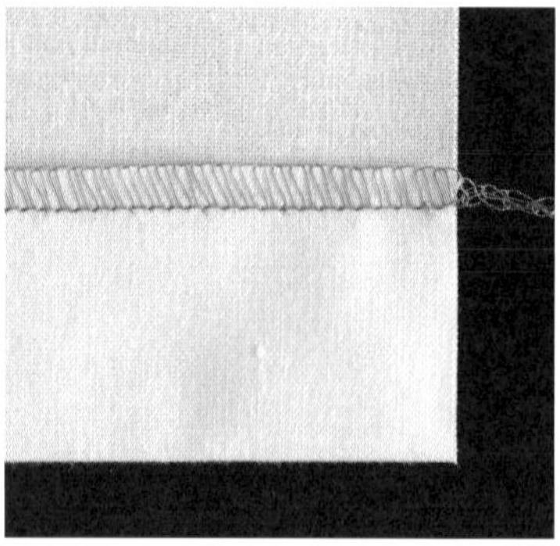

2 でき上り(裏)。

でき上り(表)。

◎ニット素材にステッチをかける

Point: 伸びた縫い目は、その都度スチームアイロンで復元させながら、縫い進める。

1 ニット素材の裁ち端にロックミシンをかけると伸びてしまう。

2 伸びて波打った部分を、スチームアイロンで包み押さえるようにして落ち着かせる。

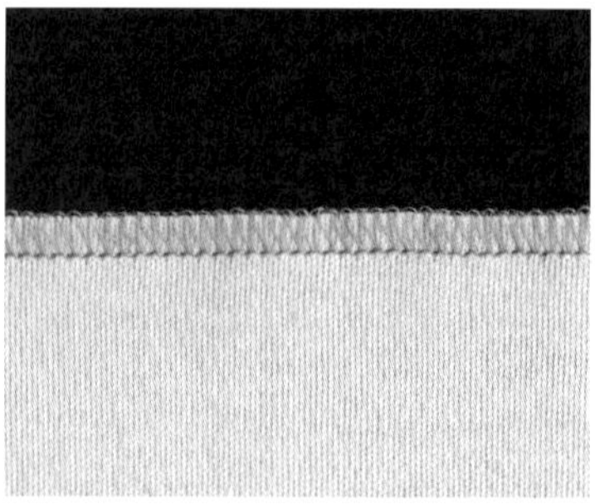

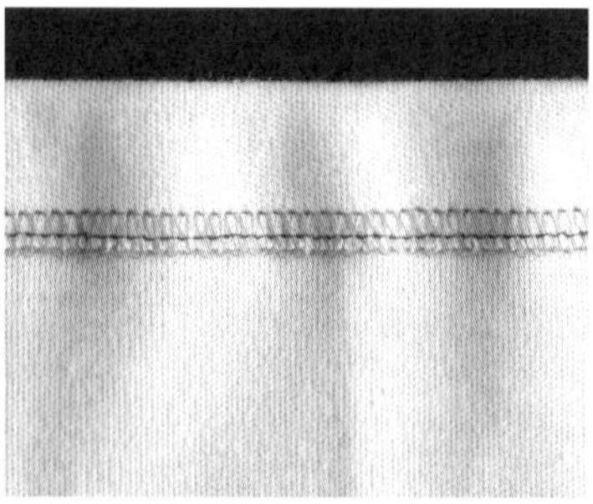

3 ステッチをかけて伸びた縫い目も、2と同様にスチームアイロンで落ち着かせる。

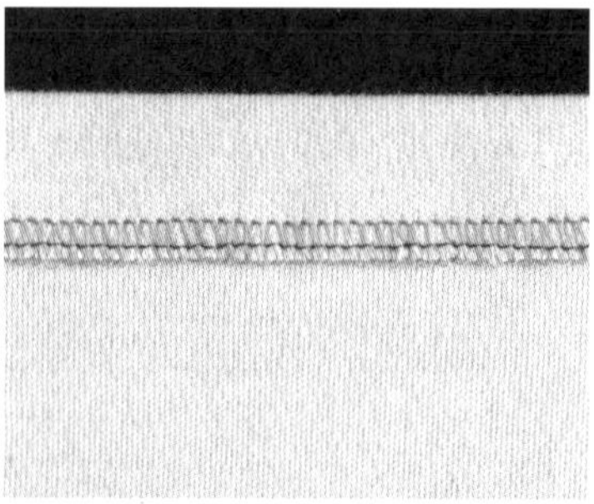

4 でき上り(裏)。

Point:
ニット素材を縫うときは、必ずニット用のミシン糸と針を使う(p.24を参照)。

三つ折り

布端を二つに折り、さらにもう一度折る。

Point: **折り端にステッチをかけるので、アイロンは正確に。**

完全三つ折り

折り幅を細く仕上げたいとき、特に薄地で透ける素材に適する。
折り代寸法は、仕上り幅の2倍。

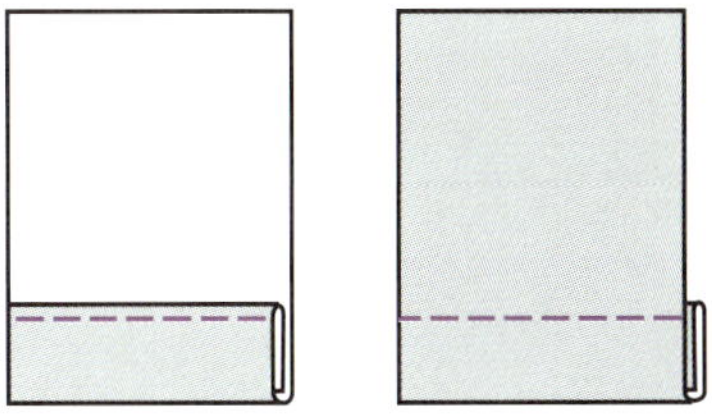

1 でき上りで二つに折る。

2 1を開いて折り上げた幅の半分を折る。

3 2の折り上げた状態のまま、再びでき上りに折る。

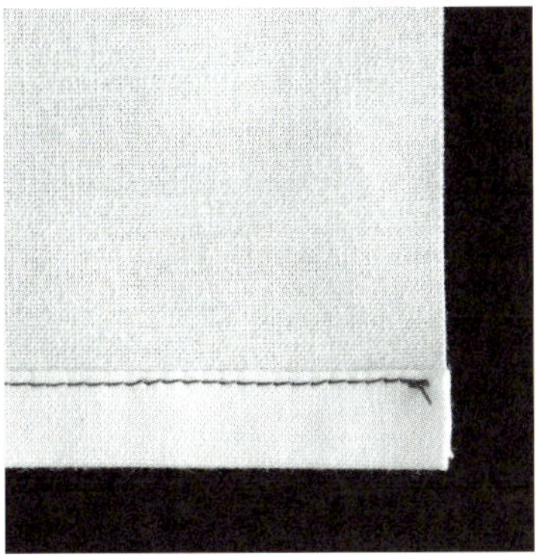

4 折り端にステッチをかける。

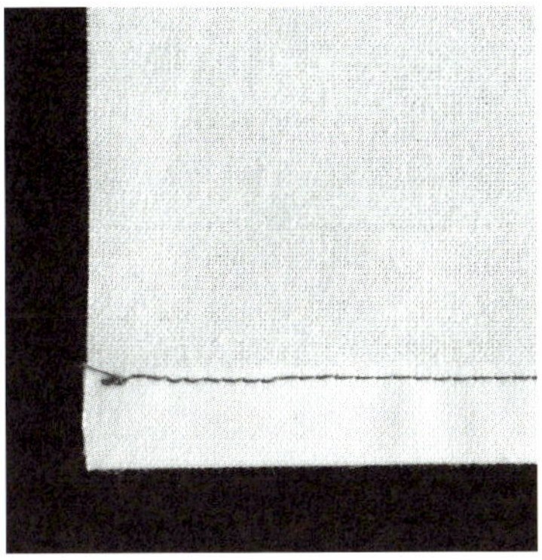

でき上り（表）。

広幅の三つ折り

広幅のステッチをかけるときや厚地の場合、
折り代がもたつかないように段差をつけて折る。
折り代寸法は、仕上り幅に1cmプラスする。

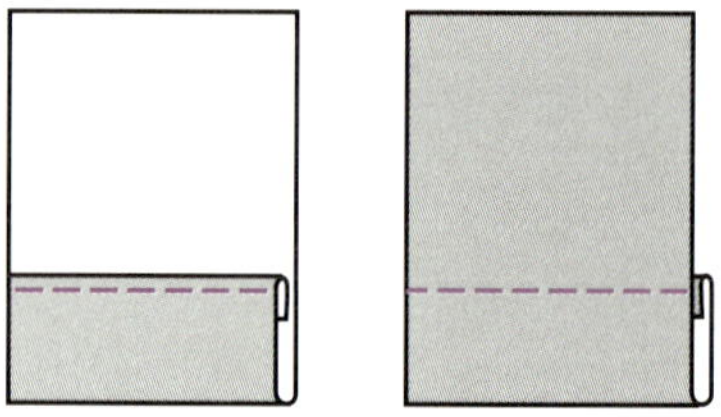

1　でき上りで二つに折る。

2　1を開いて折り代端を1cm折る。

3　再びでき上りに折る。

4　折り端にステッチをかける。

でき上り（表）。

縁の始末

でき上りの周囲の縁の始末は、何気なく目が行きやすい部分です。

別布やテープを使えば、いろいろと変化も楽しめるでしょう。

工程の最後になることが多い作業ですが、最後まで気を抜かずに仕上げましょう。

直線の縁とり
曲線の縁とり
バイアステープ
縁とりの重ねはぎ
三つ巻き
額縁

直線の縁とり

裁ち端を別裁ちの布を使って始末する。

バイアステープの両側を折ってつける

◎ステッチをかける

表と裏にステッチがかかるのでしっかりする。
バイアステープはp.97のAを使用。

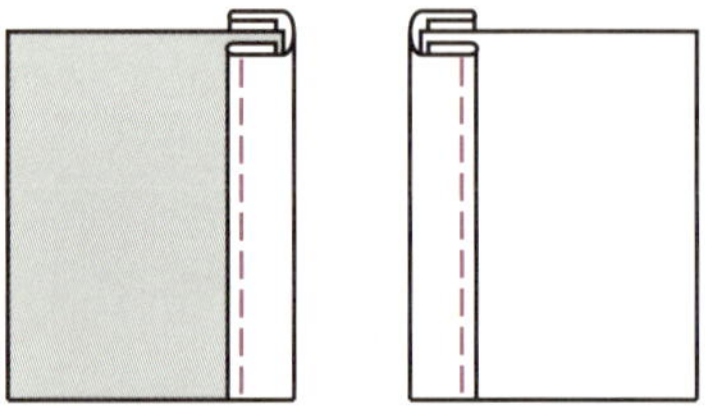

1　土台布とバイアステープを中表に合わせ、テープの折り目から0.1cmくらい縫い代側を縫う。

2　バイアステープで縫い代をくるむようにして裏に返す。

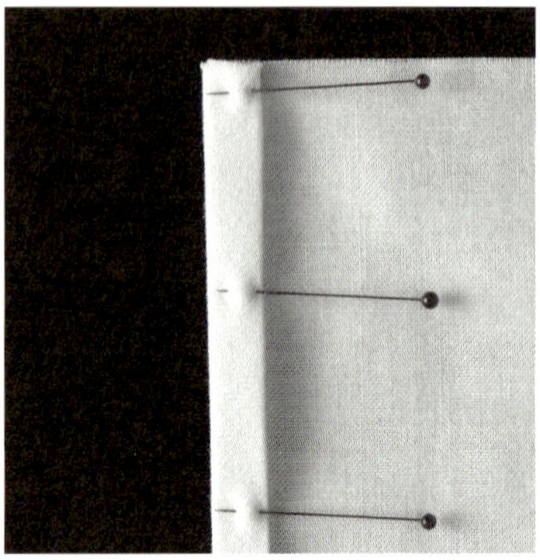

3　裏に返したバイアステープにまち針を打つ。

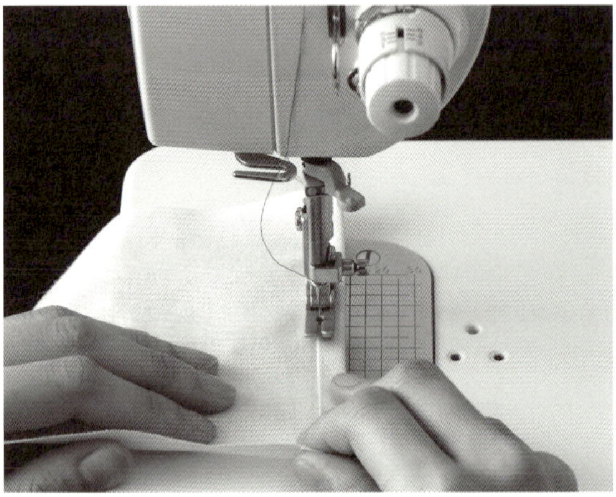

4　表からバイアステープの際にステッチをかけて押さえる。

Point:

ステッチは表側、裏側のどちらからかけてもいい。

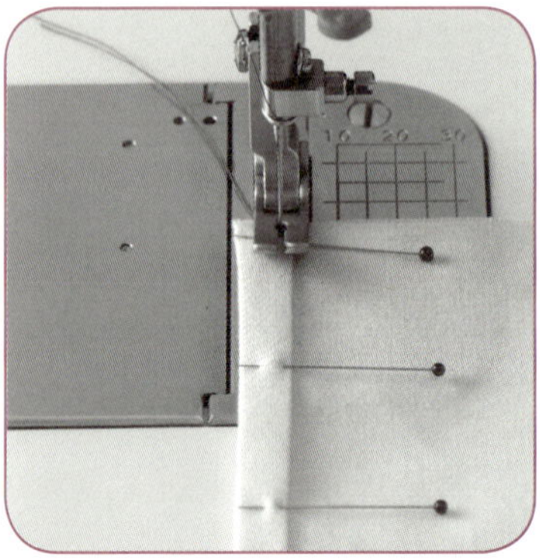

裏側のバイアステープからステッチが落ちる心配があるときは、裏側からかけてもいい。

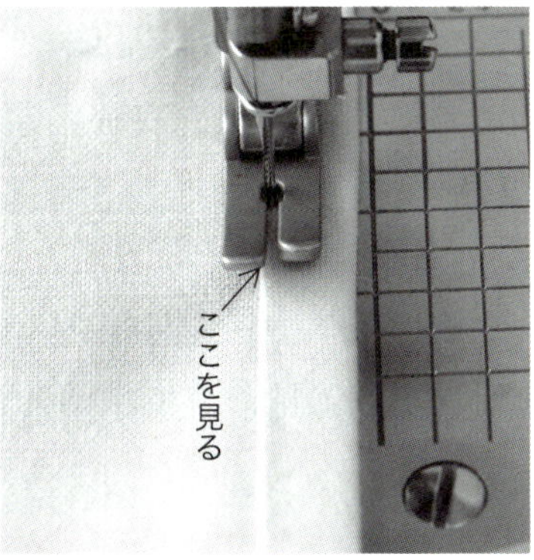

5 折り山の際のステッチは、折り山と押え金の位置を見てかけると縫いやすい。

6 でき上り(表)。

でき上り(裏)。

◎まつる

表にも裏にもステッチを見せたくないときに。
バイアステープはp.97のAを使用。

Point: テープのつけミシン上にまつるときれい。

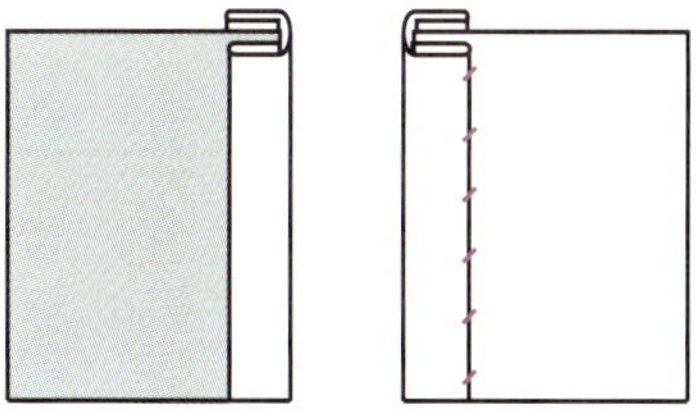

1 土台布とバイアステープを中表に合わせ、テープの折り目から0.1cmくらい縫い代側を縫う。

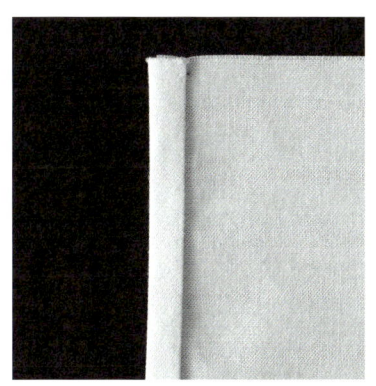

裏に返したバイアステープにまち針を打ってまつる。でき上り(裏)。

でき上り(表)。

◎落しミシンをかける

表にステッチを目立たせたくないときに。
バイアステープはp.97のBを使用。

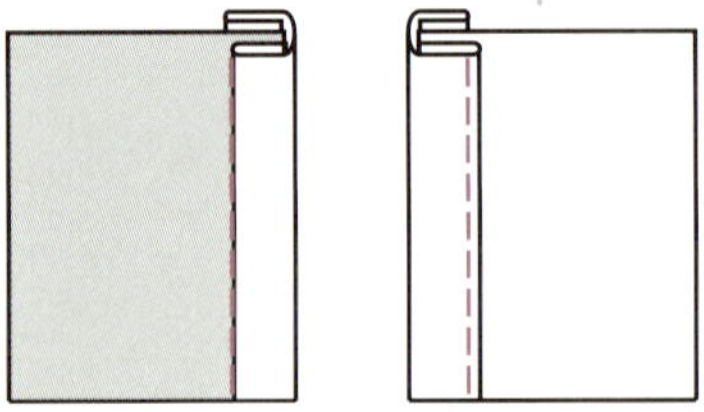

Point: テープにミシンがかからないように注意する。

1　土台布とバイアステープの幅の狭いほうを中表に合わせ、テープの折り目から0.1cmくらい縫い代側を縫う。

2　バイアステープを裏に返して縫い目が0.2cmくらい隠れるようにくるみ、まち針を打つ。

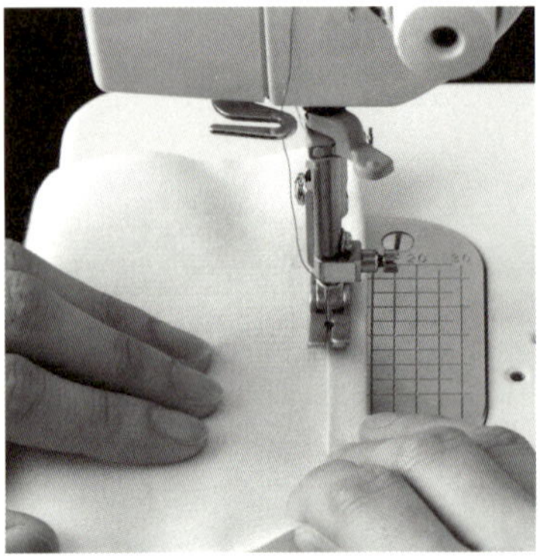

3　表から1の縫い線上にミシンをかける。

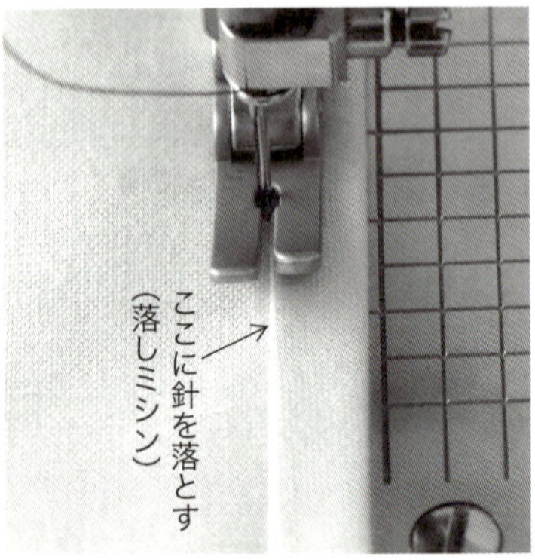

4　でき上り（表）。表にステッチは目立たない。

でき上り（裏）。

バイアステープの裏側を折らないでつける

バイアステープの裏側を折らない分、薄く仕上がる。

◎ステッチをかける

バイアステープはp.97のAを使用。

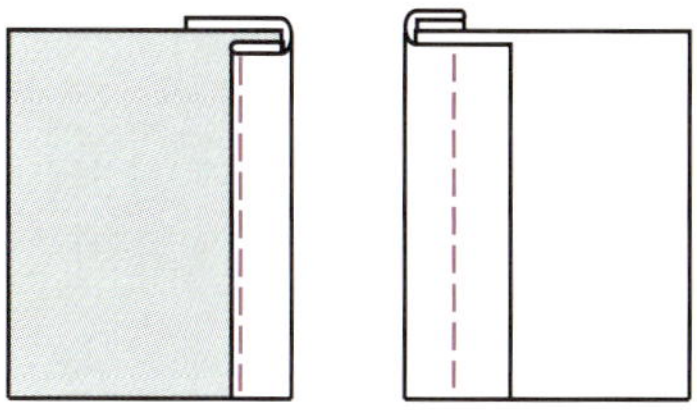

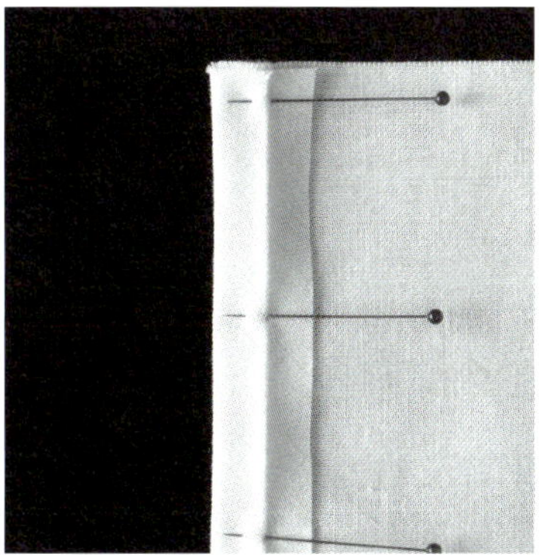

1 p.90の1、2と同様にし、裏に返したバイアステープは、折らずに開いてまち針を打つ。

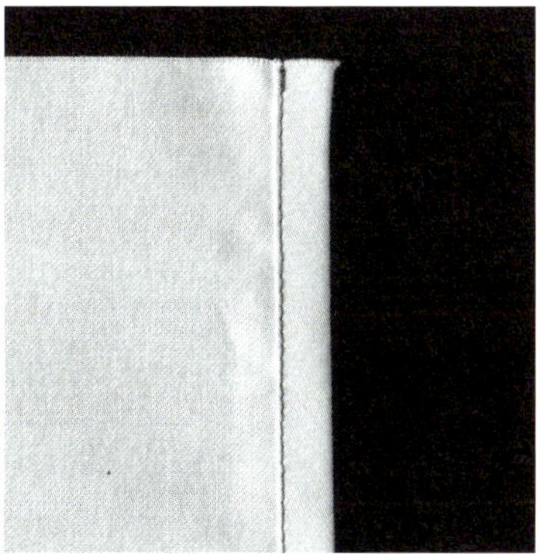

2 表からテープの際にステッチをかけて押さえる。でき上り(表)。

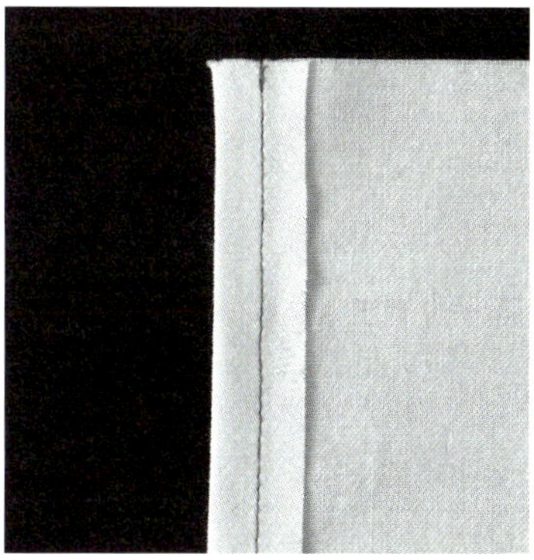

3 でき上り(裏)。

◎落しミシンをかける

バイアステープはp.97のAを使用。

Point: テープにミシンがかからないように注意する。

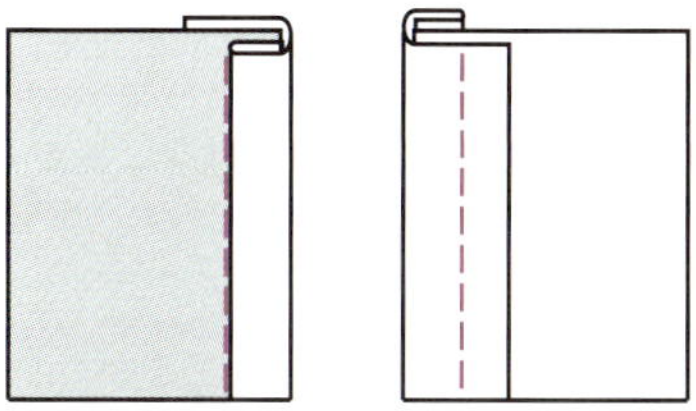

上の1と同様にし、バイアステープつけの縫い線上にミシンをかける。でき上り(表)。

でき上り(裏)。

薄く仕上がるので、コートなどの厚地の縫い代、折り代の始末に。

曲線の縁とり

バイアステープを使って始末する。曲線の凸凹によって、つけ寸法が変わる。

凸曲線

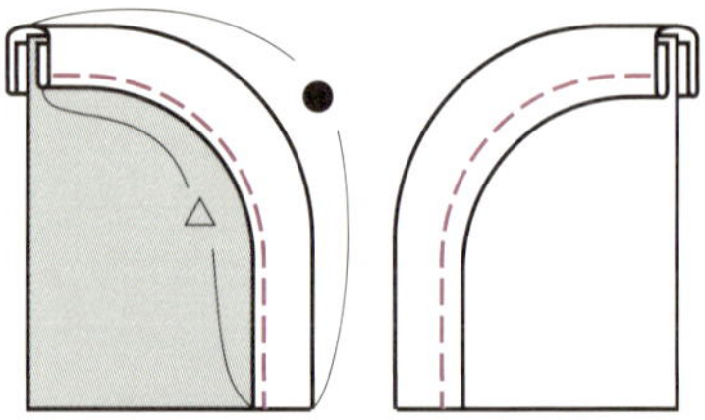

Point:
バイアステープつけ寸法(△)よりも、でき上りの外回り寸法(●)のほうが長いので、その分が不足しないようにつける。

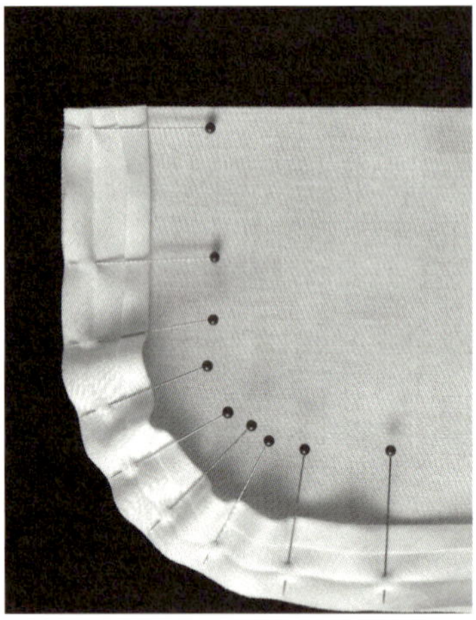

1 バイアステープを伸ばさないように土台布の裁ち端に合わせ、まち針を打つ。

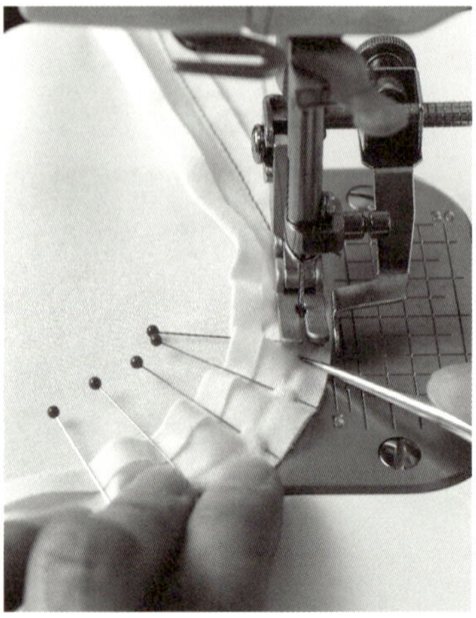

2 テープの折り目から0.1cmくらい縫い代側を縫う。

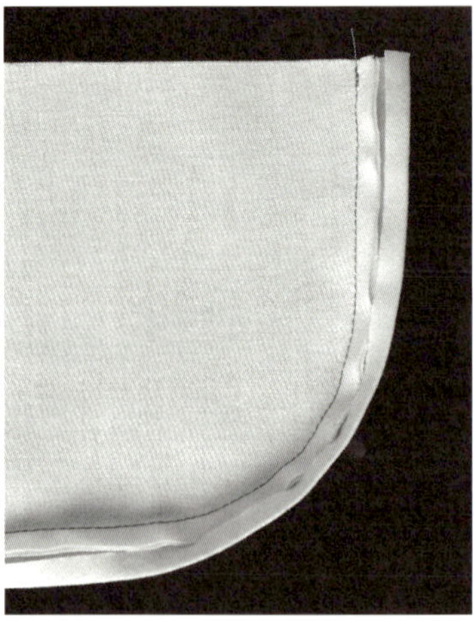

3 バイアステープで縫い代をくるむようにして裏に返す。

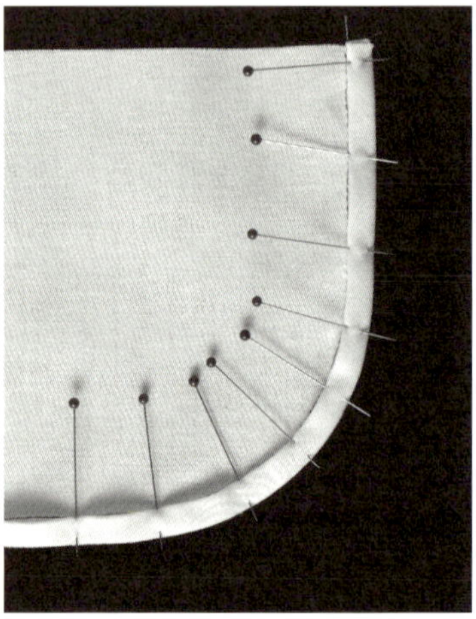

4 裏に返したバイアステープにまち針を打つ。

5 表からテープの際にステッチをかけて押さえる。でき上り(表)。

凹曲線

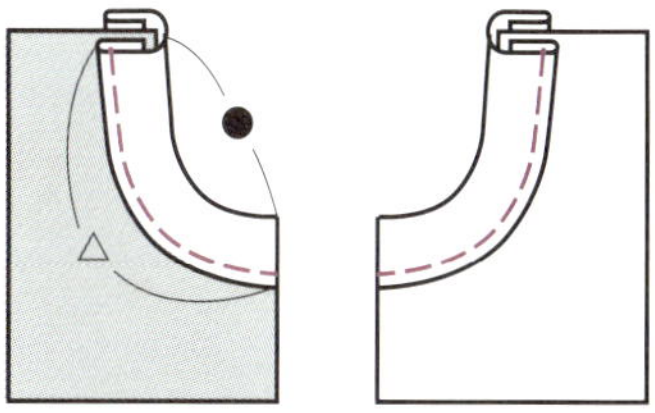

Point:

バイアステープつけ寸法(△)よりも、でき上りの外回り寸法(●)のほうが短いので、少し引っ張りぎみにつける。

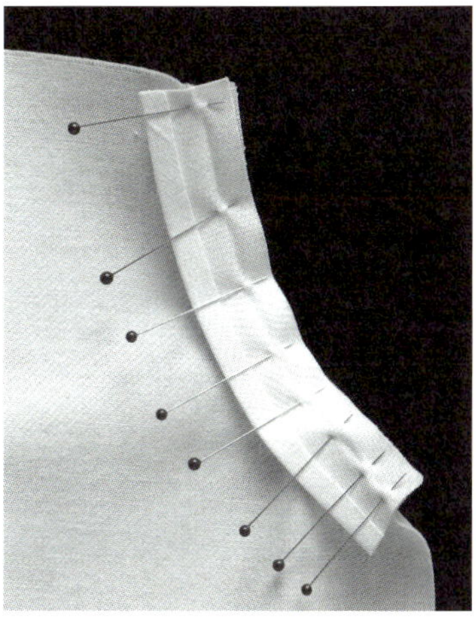

1　土台布とバイアステープの裁ち端を合わせ、テープを少し引っ張りぎみにしてまち針を打つ。土台布を伸ばさないように注意する。

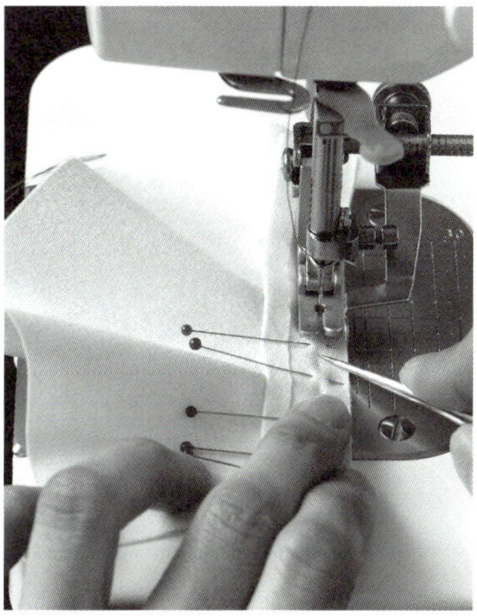

2　テープの折り目から0.1cmくらい縫い代側を縫う。

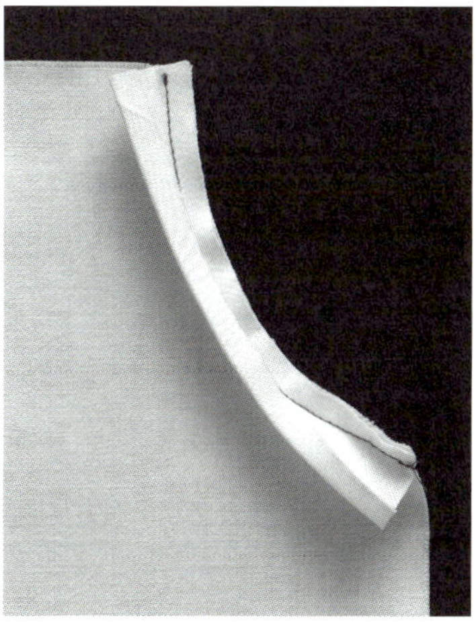

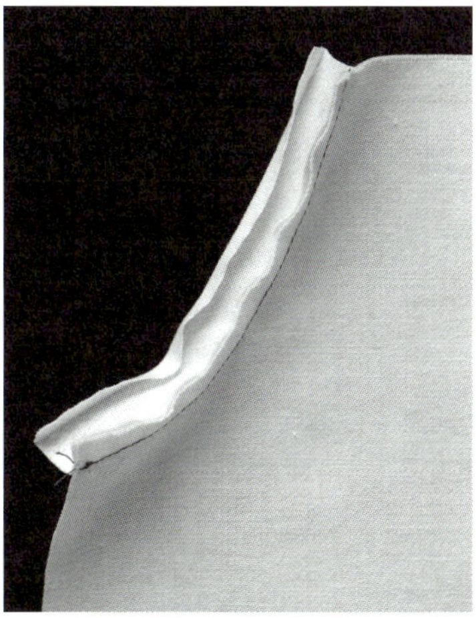

3　バイアステープで縫い代をくるむようにして裏に返す。

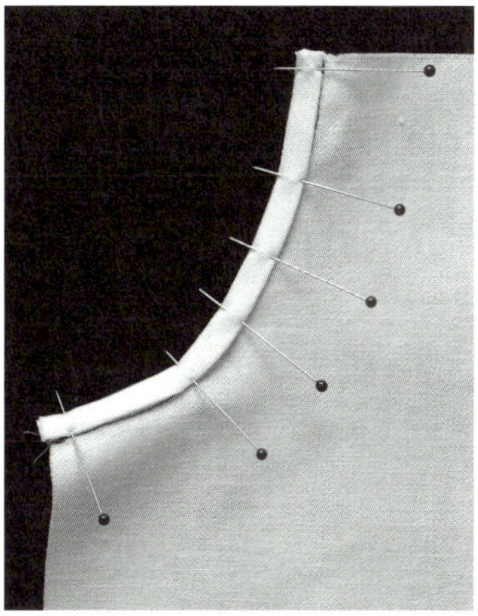

4　裏に返したバイアステープにまち針を打つ。

5　表からテープの際にステッチをかけて押さえる。でき上り(表)。

バイアステープ

縦地や横地の布目に対して45°に裁断したテープ状の布地。地の目が通らない分、曲線にもなじみやすい。

両折りバイアステープの作り方

Point:
バイアステープは伸びやすく、幅が細くやせることがあるので、アイロンをかけるときは伸ばさないように気をつける。

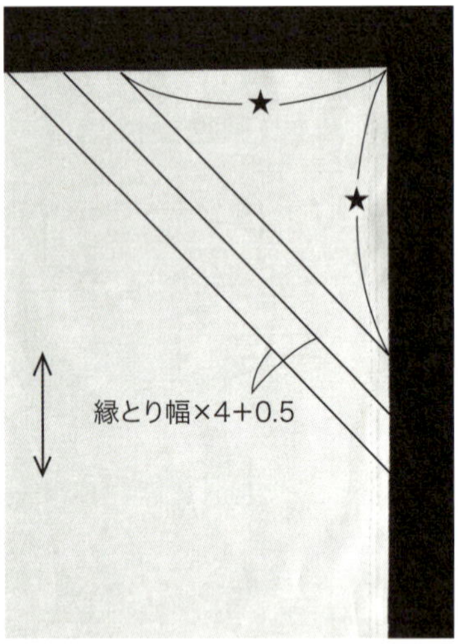

1 たて糸とよこ糸の地の目を整えた布をバイアスにカットする。

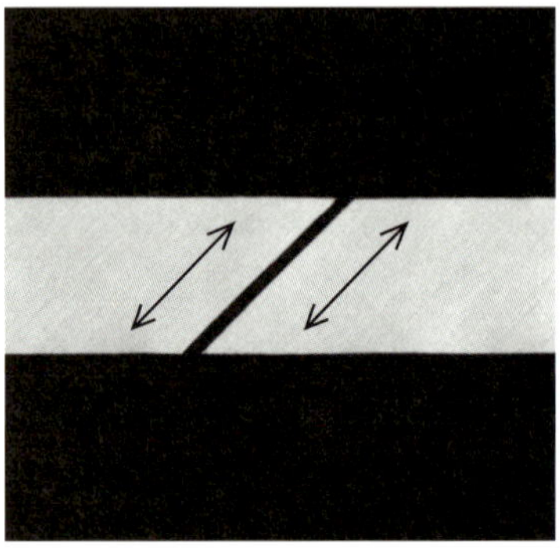

2 バイアステープをはぐ場合は、縦地、または横地の地の目を通す。

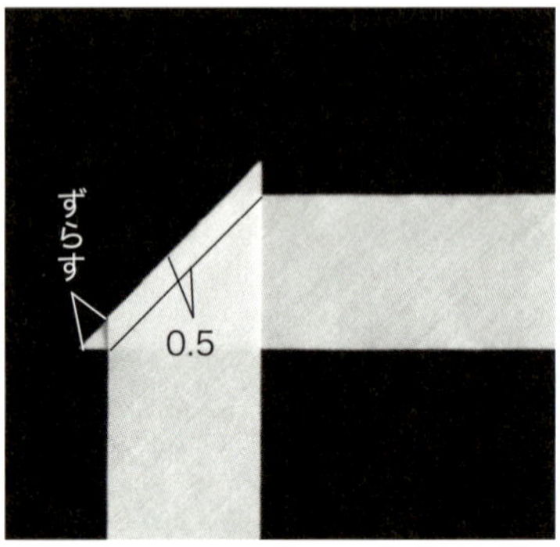

3 地の目を通した裁ち端を中表に合わせる。このとき縫い代幅分ずらす。

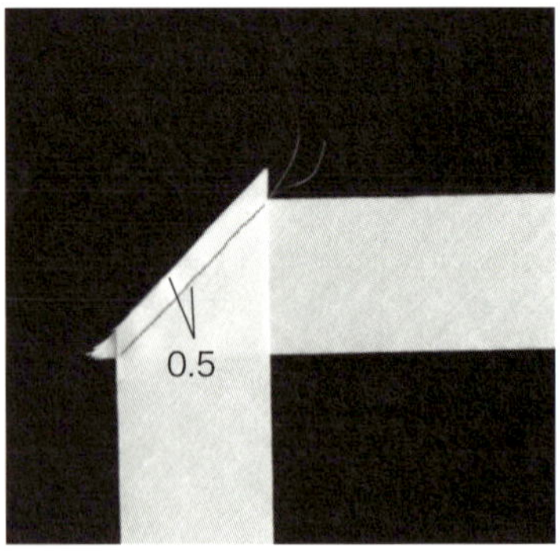

4 ミシンをかける。

5 縫い代を割り、はみ出した縫い代をカットする（表）。

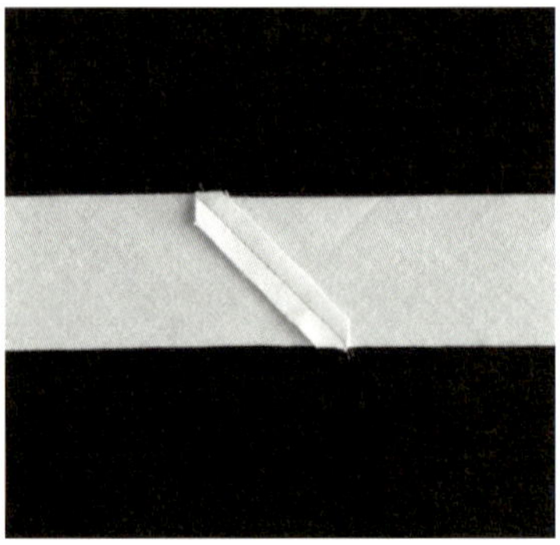

裏

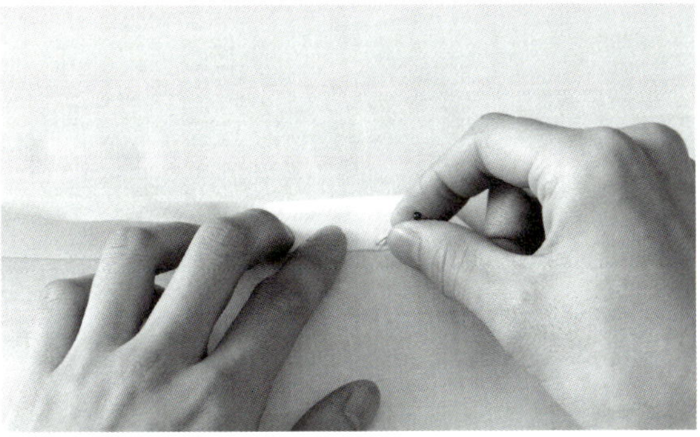

6　アイロン台の上でテープの裁ち端を外表に合わせ、半分に折る。

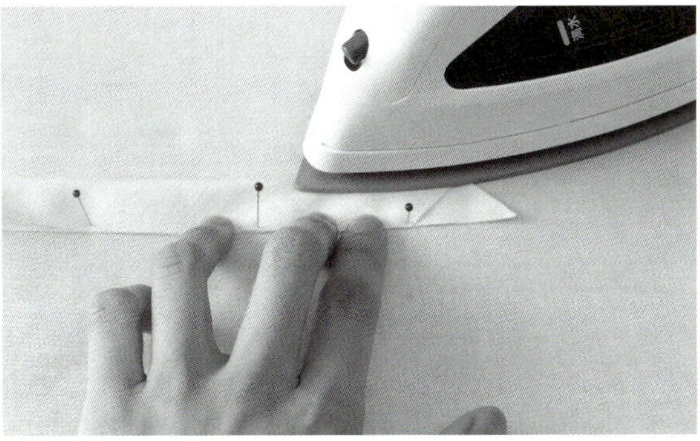

7　合わせた裁ち端にまち針を刺してとめ、わの部分を伸ばさないようにアイロンで押さえる。

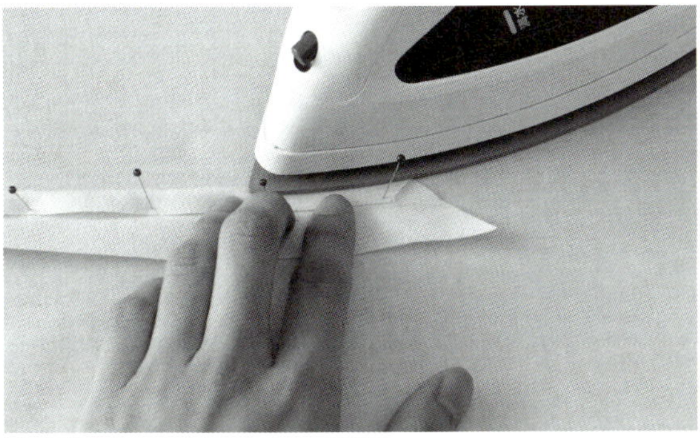

8　いったん開き、さらに折り山に裁ち端を合わせて半分に折り、7と同様にアイロンをかける。

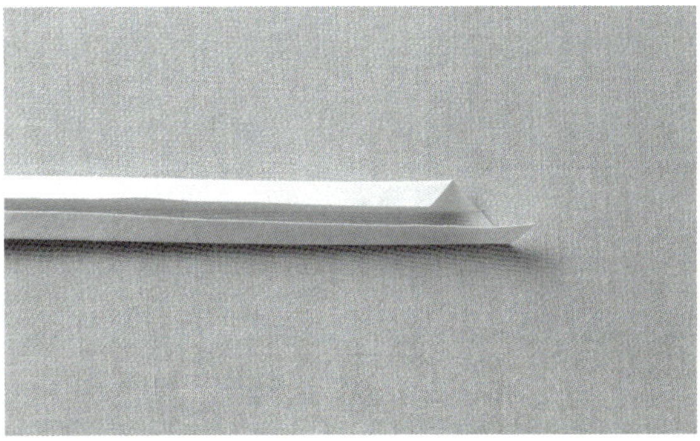

9　でき上り。

◎四つ折りバイアステープの折り方

落しミシンをかけるときは、バイアステープをBの折り方にする。

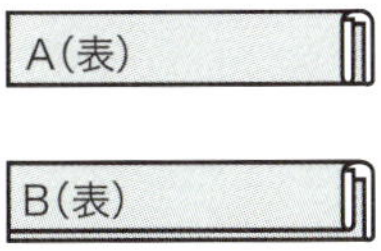

Aは6でぴったり半分に折る。
Bは6で裏側になるほうの裁ち端を0.3cmくらいずらして折る。

テープメーカーで作る

バイアステープの両折りのアイロンがけも簡単に、幅をそろえて折ることができる。

◆テープメーカー

簡単にテープを両折りできる道具。
6mm、12mm、18mm、25mm、50mm用がある。

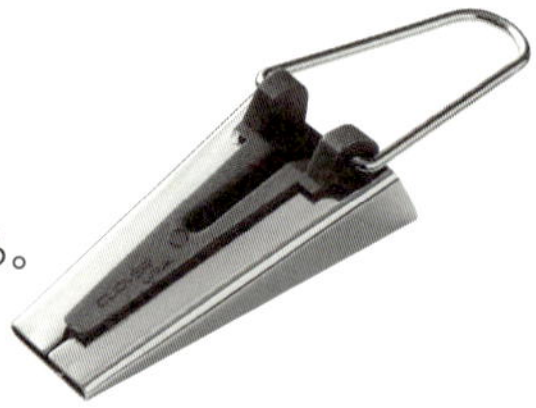

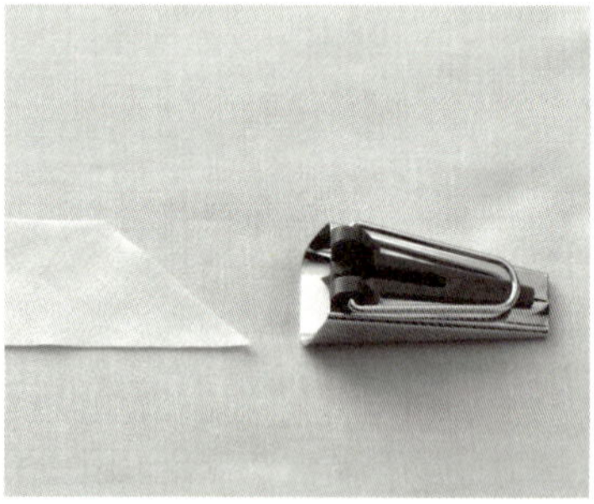

1 たて糸とよこ糸の地の目を整えた布（p.98を参照）をバイアスにカットする。

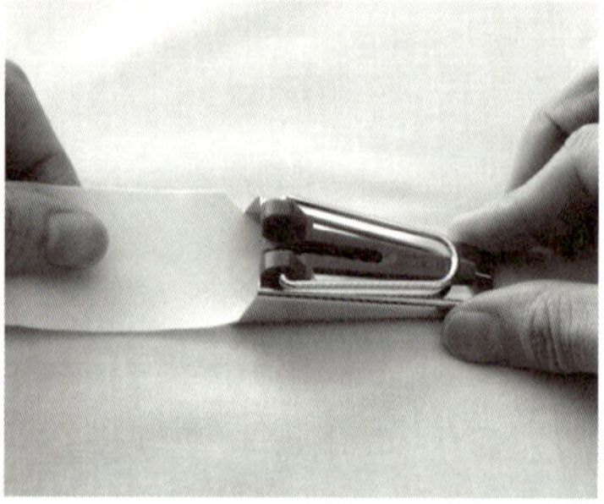

2 バイアステープをテープメーカーに差し込む。

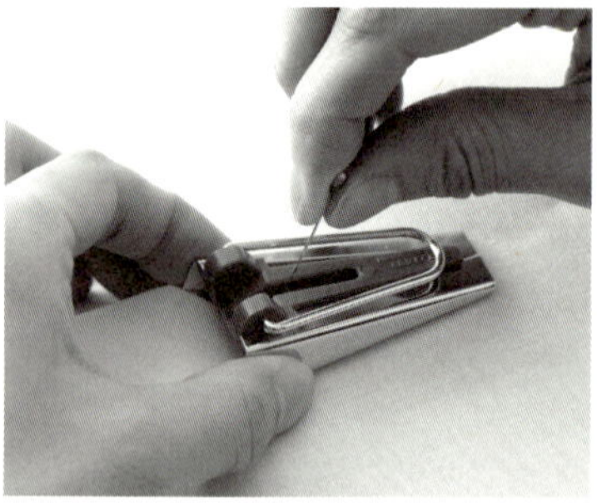

3 針や目打ちの先でバイアステープを少しずつ押し出す。

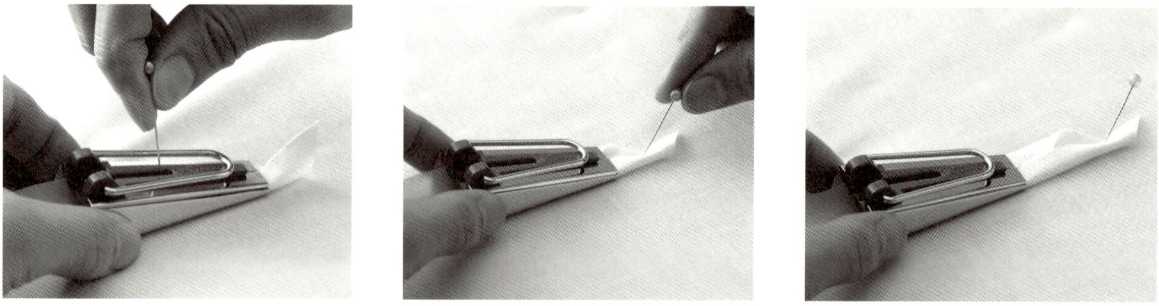

4 バイアステープをテープメーカーから引き出し、まち針を刺してとめる。

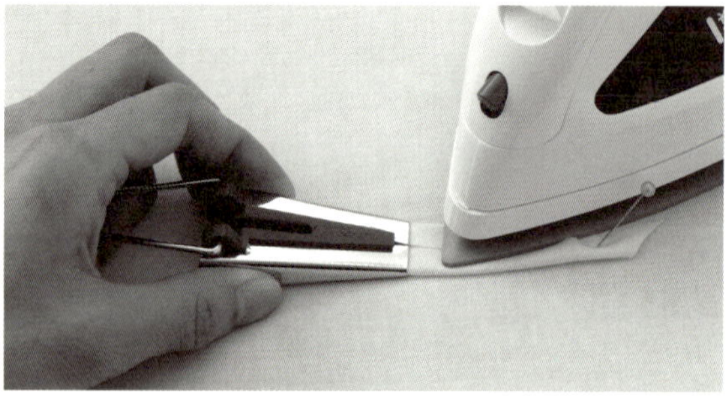

5 突合せになったバイアステープをアイロンで押さえる。

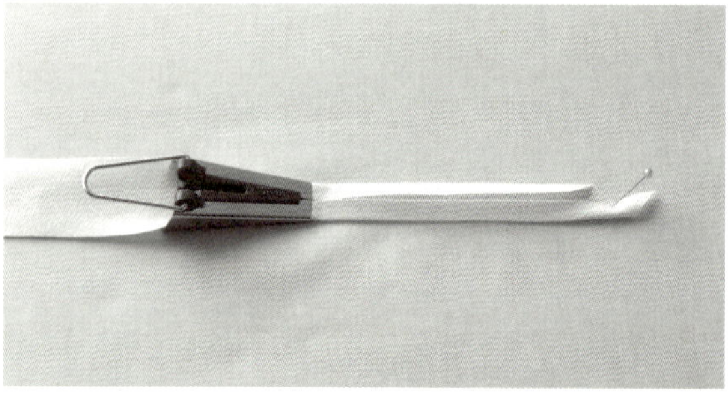

6 テープメーカーを引き、同時にバイアステープをアイロンで押さえる。

縁とりの重ねはぎ

土台布の周囲や筒など輪になった部分を縁とりするときの縫始めと縫終りの簡単なはぎ方。

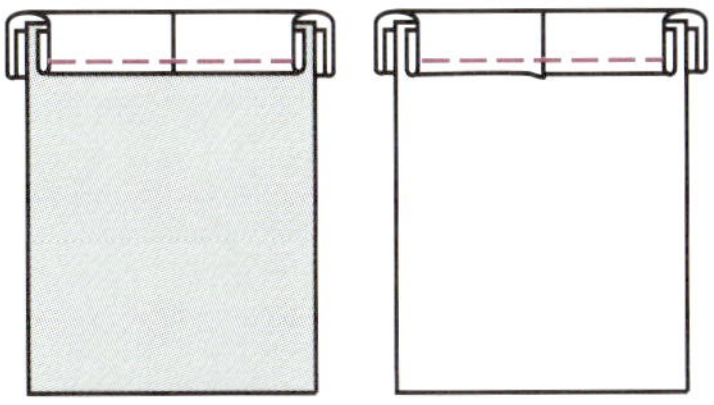

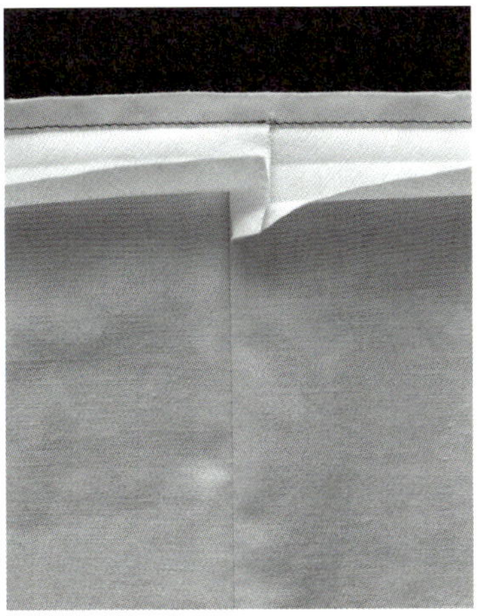

1 バイアステープの裁ち端を1cm折って縫い始め、土台布を1周して1cmくらい重ねて縫い終える。

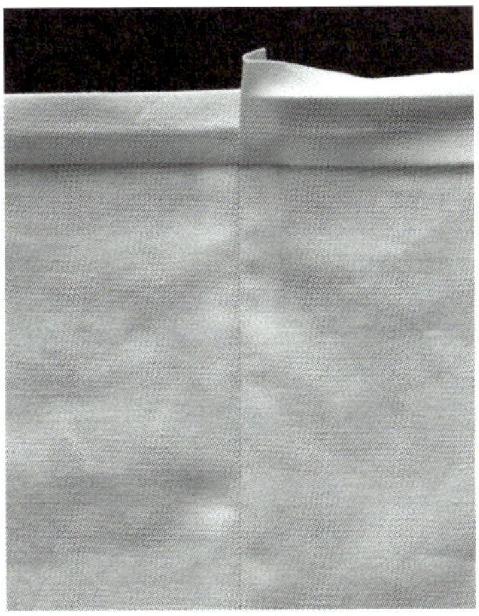

2 縫い代をくるんで裏に返す。

3 テープと土台布のはぎ目を合わせるときれいに見えるが、布がかさばる場合はあえて外すこともある。

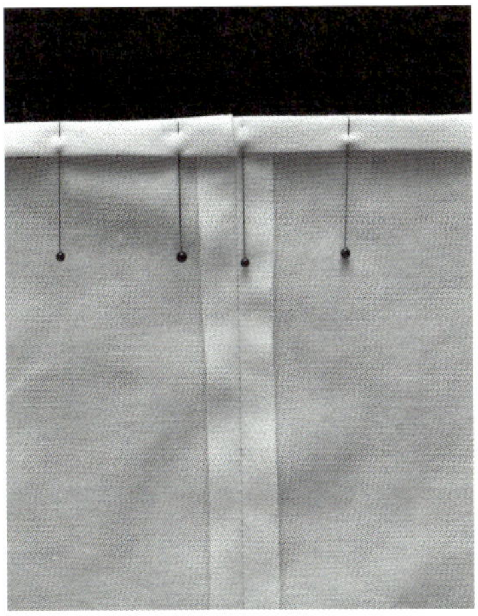

4 裏に返したバイアステープにまち針を打ち、表からテープの際にステッチをかける。

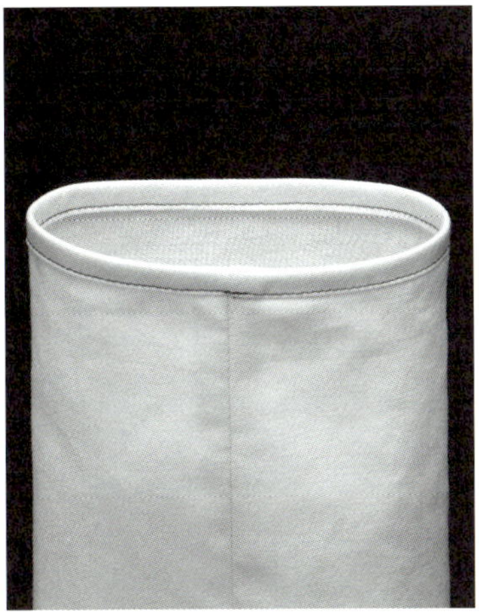

5 でき上り(表)。

でき上り(裏)。

三つ巻き

幅の狭い三つ折り端ミシンのこと。専用の押え金を使う。

三つ巻き

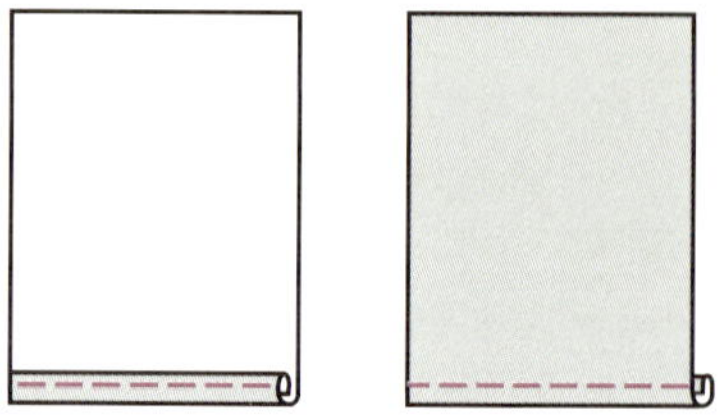

Point: 針目が細かいほうが、仕上りがきれい。

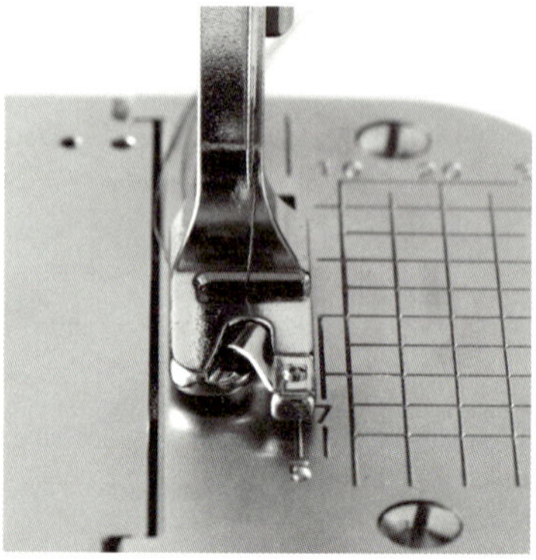

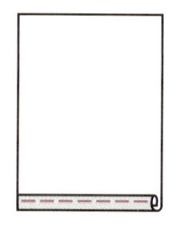

1 三つ巻き押えをミシンに取りつける。

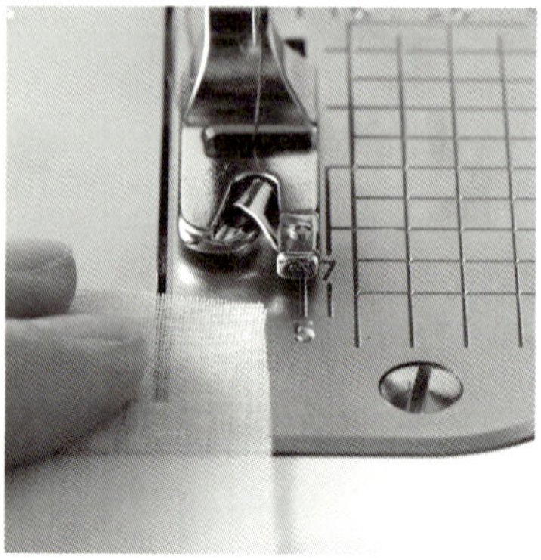

2 布端を三つ巻き押えの巻込み口に差し込む。

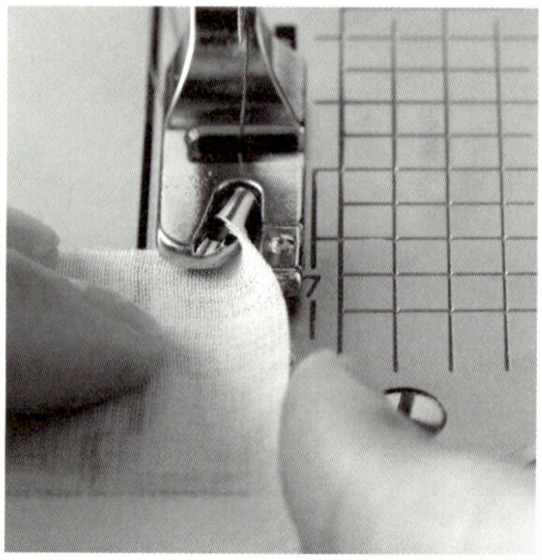

3 布が巻き込まれていくように、手を添えて縫い進める。

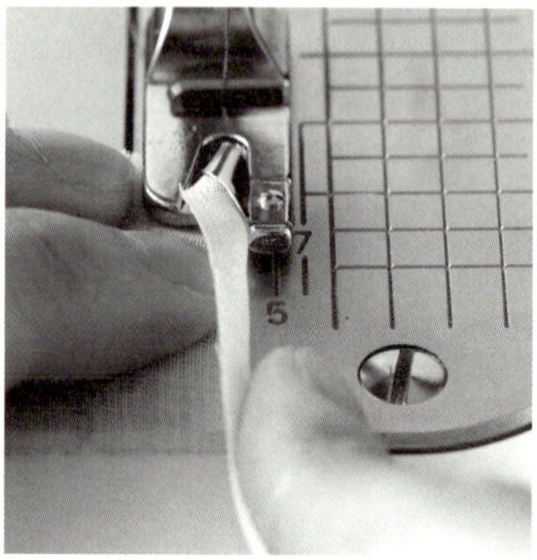

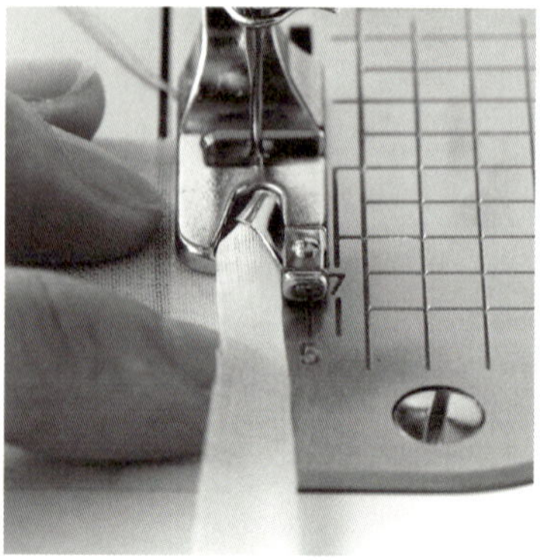

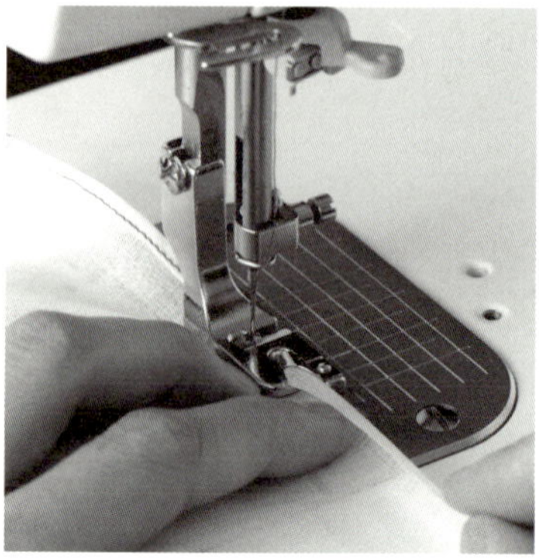

4 添えた指先を横から見たところ。

三つ巻きのはぎ合せ

縫い合わせた状態の布端は三つ巻き押えにセットするのが厳しいため、先に布端を三つ巻きで始末してから縫い合わせる。

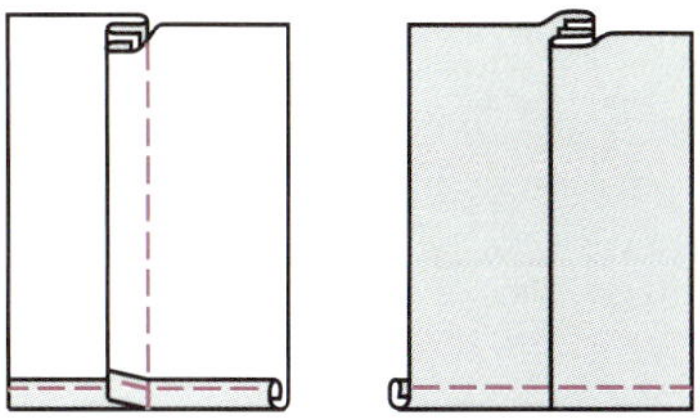

写真は、布端を三つ巻きで始末してから、袋縫い(p.84を参照)ではぎの縫い代を始末したもの。透ける素材の端の始末がきれいに仕上がる。

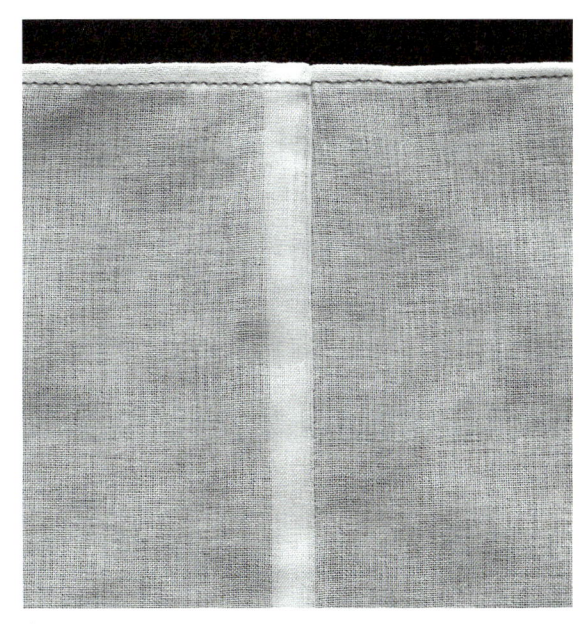

表

●三つ折りしながらステッチで押さえるため、角の始末はうまくできない。

◆三つ巻き押え

幅の狭い三つ折りができる押え金。
布が厚くなるとうまく巻き込めない場合があるので、薄地向き。

額縁

角を一定の幅で折り上げる始末。鋭角には適さない。

Point: でき上りの状態に一度きちんとアイロンで折る。

二つ折り

Point: でき上りに折った状態で縫い代に正確に印をつける。

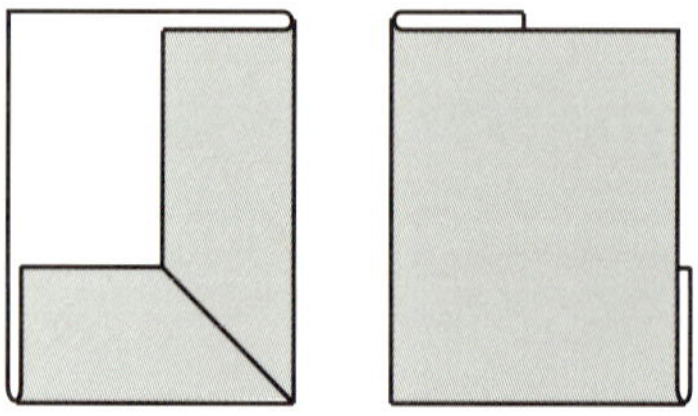

1　でき上りにアイロンで折り、重なった裁ち端に印をつける。

2　いったん開く。

3　印と印を合わせ、中表に折る。

4　でき上りの角から裁ち端の印まで縫う。

5　角の縫い代を開く。

余計な折り目がつかないように注意する。

Point: 厚地の場合や、縫い代がかさばる場合は縫い代をカットする（p.104を参照）。

6 角のでき上りに縫い代がきれいに収まるように折る。

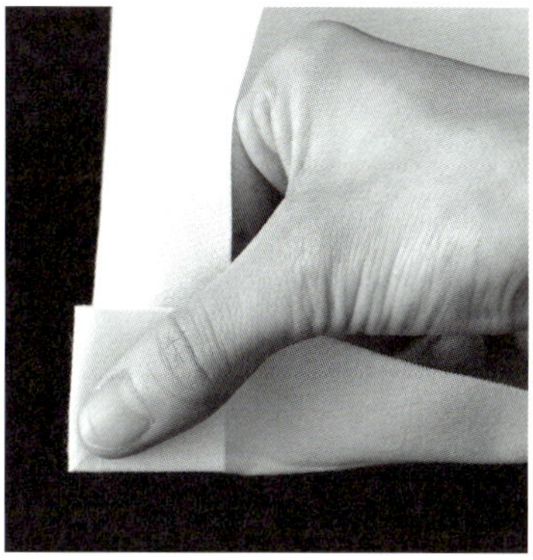

7 角を指先で押さえたまま表に返す。

8 目打ちで角を整える。

9 でき上り（裏）。

でき上り（表）。

三つ折り

Point: 角の縫い代をアイロンでしっかり折って収める。

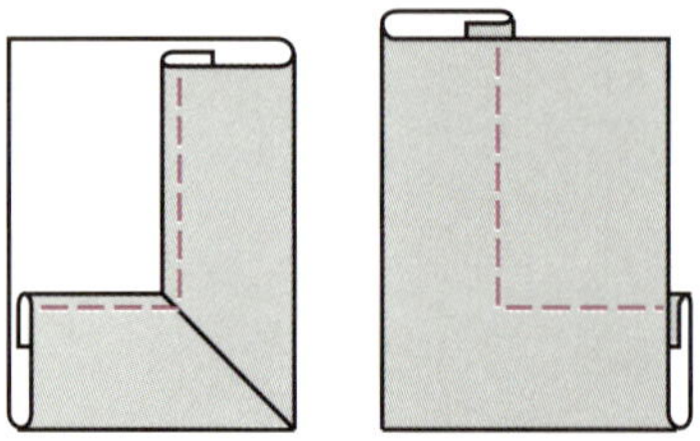

1 でき上りにアイロンで三つ折りし、重なった折り山に印をつける。

2 いったん開く。

3 印と印を合わせて中表に折り、でき上りの角から折り山の印まで縫う。

4 縫い代を1cmにカットする。

5 4の縫い代を割る。

6 表に返す(p.103を参照)。

7 折り山の際をステッチで押さえる。

でき上り(表)。

部分縫い

ここで取り上げている部分縫いは基本的なものです。

もし縫い方に迷ったら、既存のものを見てみましょう。

身近にある縫い上がったものには縫い方の見本がたくさんあります。

お気に入りの服や袋物などが、どのように仕立てられているのか、

何気なく見ていた部分も、「どう縫っているんだろう?」と

じっくり見てみると、とても勉強になります。

仕上がったものから得るヒントも参考にしながら進めてください。

見返し

衿ぐり、袖ぐり、前端などの始末をする布のことを「見返し」という。
基本的には共布を使うが、別布を使用すると装飾にもなる。

別裁ち見返し

縁をしっかりさせたいときやテープなどでは縫い返せない場合、でき上り線に合わせて別裁ちした見返しで始末する。見返しの裏面に接着芯を張るとしっかりする。

◎直線の部分

折り代で始末するよりもしっかり仕上がる。

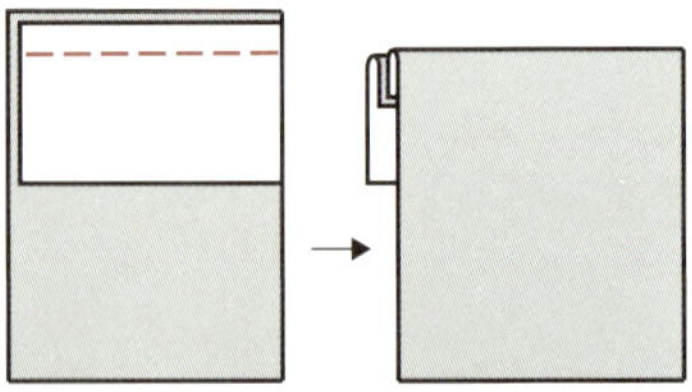

1 土台布と見返しを中表に合わせて縫い合わせる。

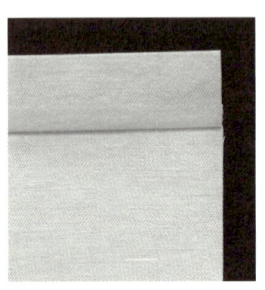

2 縫い線から見返しを片返しにする(p.38を参照)。

3 裏に返して見返しを少し控え(p.42を参照)。アイロンで押さえる。でき上り(裏)。

でき上り(表)。

見返し奥を折り込み、ステッチで押さえる場合

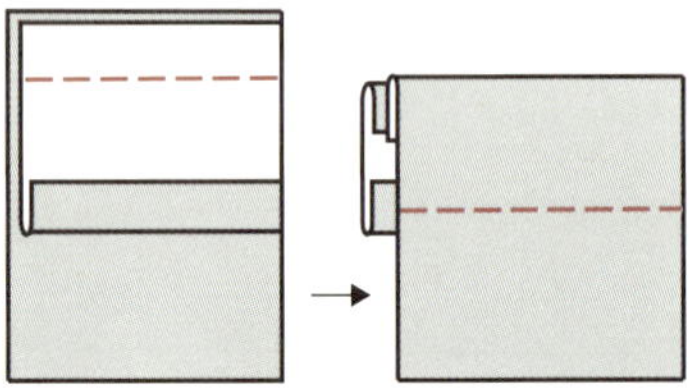

1 見返し奥を0.5～1cm折り、土台布と中表に合わせて縫い合わせる。

2 縫い線から見返しを片返しにする(p.38を参照)。

3 裏に返して整え、見返し奥をステッチで押さえる。でき上り(裏)。

でき上り(表)。

◎角の部分

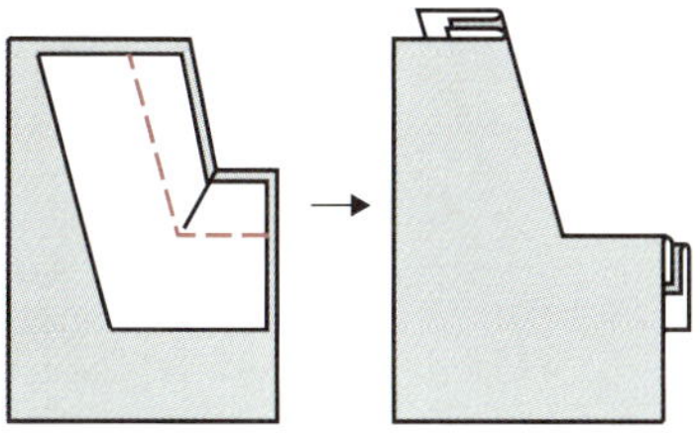

p.48の［凹角を縫い返す］の要領で縫い返し、毛抜き合せにアイロンで押さえる。

でき上り（裏）。

でき上り（表）。

◎曲線の部分

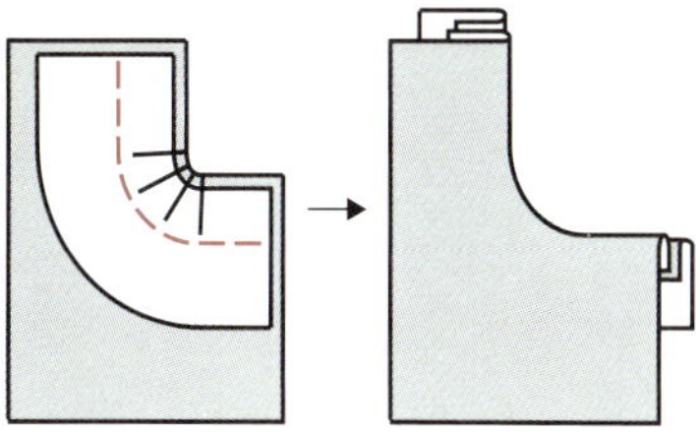

p.64の［凹曲線を縫い返す］の要領で縫い返し、毛抜き合せ、または見返しを少し控えてアイロンで押さえる。

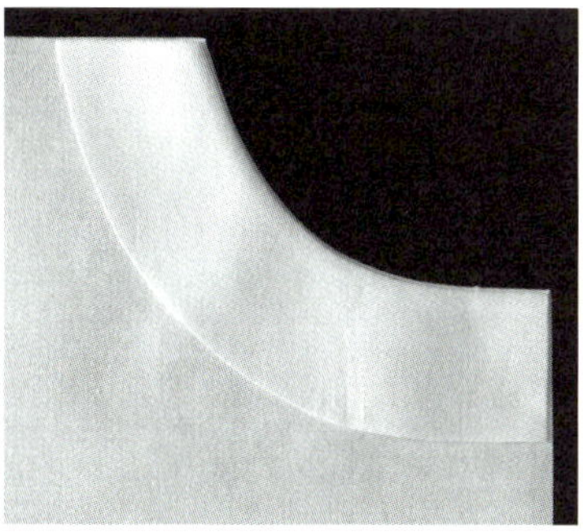

でき上り（裏）。

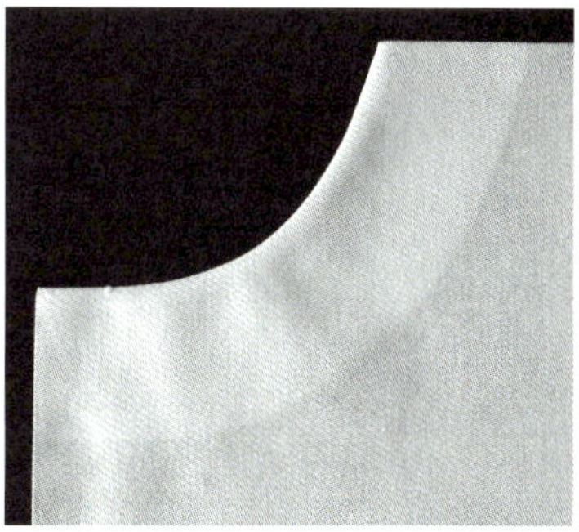

でき上り（表）。

テープを使う

◎バイアステープを使う

曲線の部分はバイアステープを使ってもいい（p.98を参照）。
テープを縫い返したときに土台布がつれる場合は、切込みを入れる。

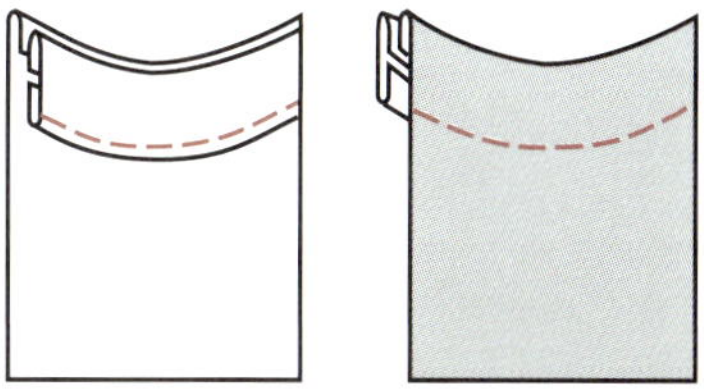

1 両折りになったバイアステープの一方を開き、土台布のでき上り線とバイアステープの折り目を中表に合わせてまち針を打ち、ミシンをかける。

2 テープを裏に返して毛抜き合せ、またはテープを少し控えてアイロンで押さえる。

3 テープの端にステッチをかける。でき上り（裏）。

でき上り（表）。

◎平テープを使う

直線部分には平織り、綾織りなど両端の始末をした平テープを使うと、縫い代の折返しがないので薄く仕上がる。
市販の平テープは0.5～5cmの幅がある。

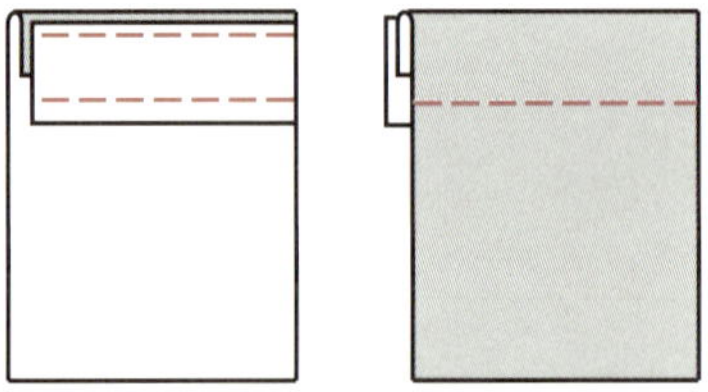

1 土台布の縫い代をでき上り線から裏に折る。

2 でき上り線から0.1～0.2cm控えた位置に、平テープの端を縫いつける。

3 再度でき上りにアイロンをかけて整え、縫い代を隠すようにしてテープの端をステッチで押さえる。でき上り（裏）。

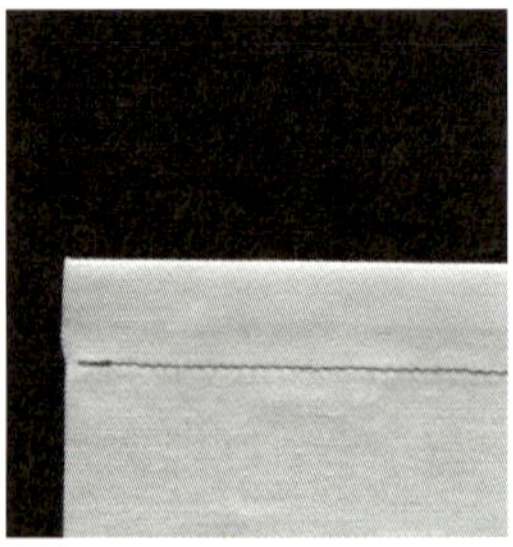

でき上り（表）。

平テープを二つに折って使う

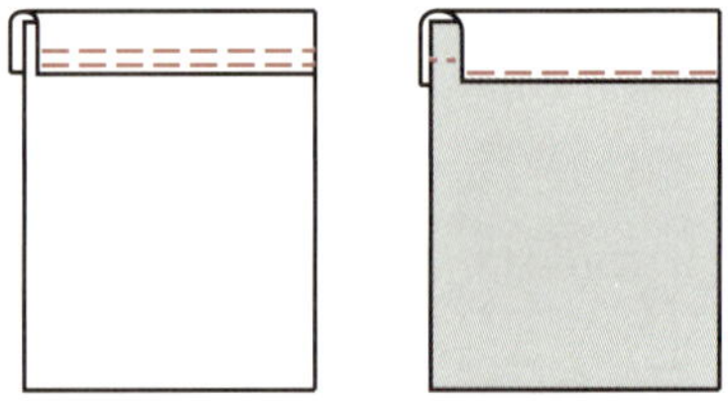

1 土台布は縫い代をつけずに、でき上り線でカットする。平テープは幅を半分に折っておく。

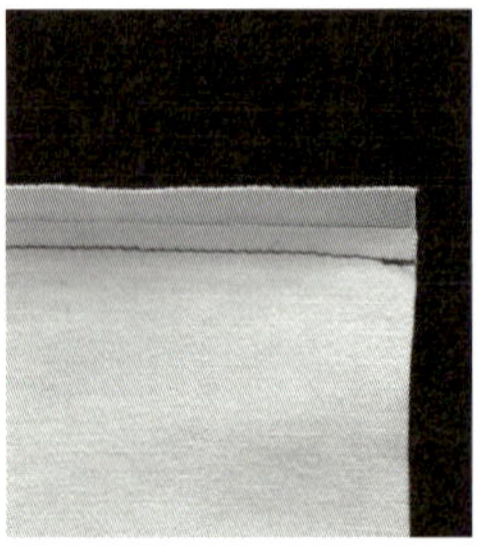

2 まず裏側につくほうのテープの端を土台布に縫いつける。このとき土台布の裁ち端は平テープの折り山に合わせる。

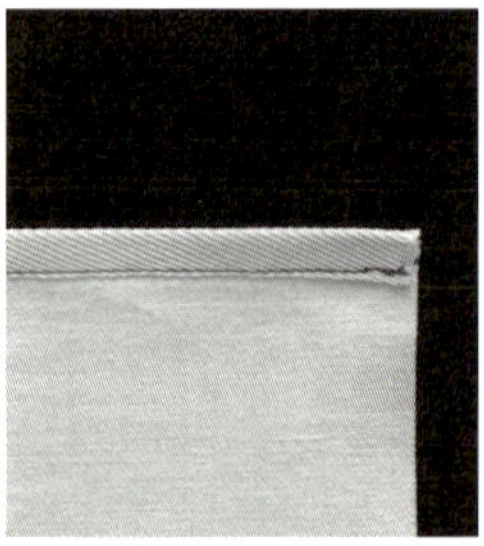

3 平テープで裁ち端を挟み、表の平テープの端にステッチをかける。でき上り（表）。

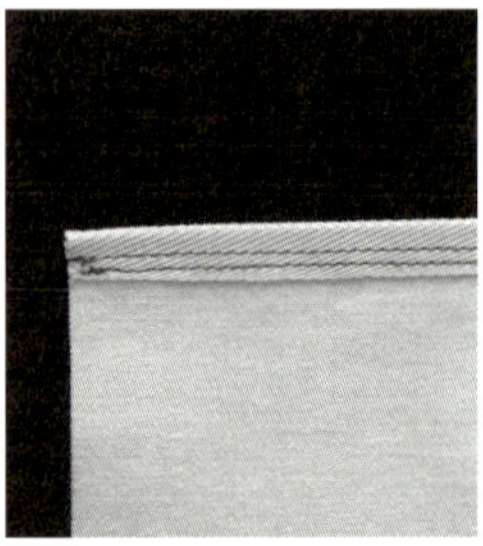

でき上り（裏）。

スラッシュあき

切込みを入れたあきのこと。見返しを使って縫い返す方法。
切込みが入り縫い代が細くなるので、切込み部分の裏面と見返しの裏面に芯を張ると補強になる。

Point: スラッシュの部分の針目は細かくしてミシンをかける。

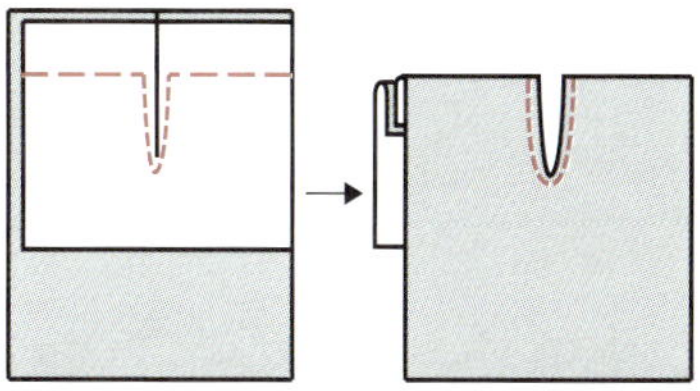

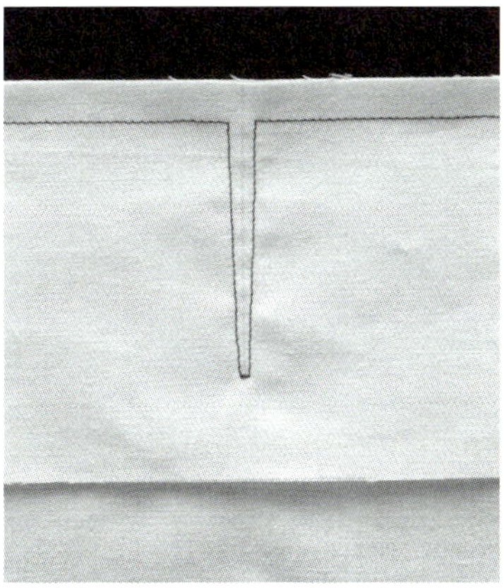

1 土台布と見返しを中表に合わせ、見返しつけからスラッシュの部分まで続けてミシンをかける。

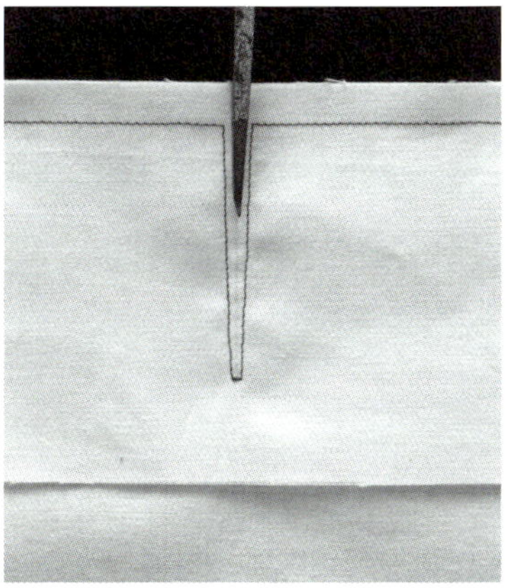

2 スラッシュの部分の先ぎりぎりまで切込みを入れる。糸を切らないように注意する。

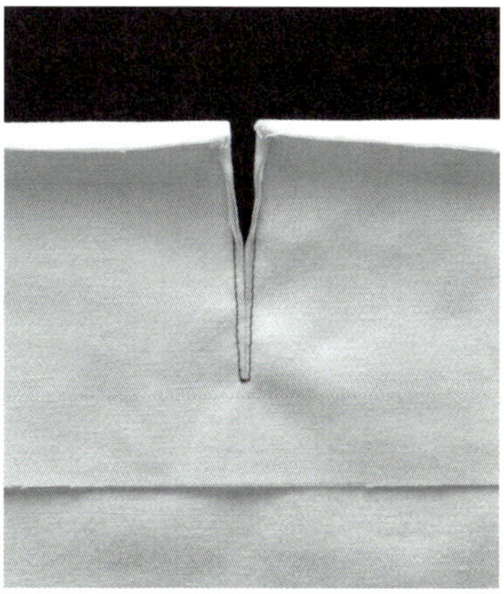

3 見返しつけの縫い代を縫い目から折る。

4 表に返し、毛抜き合せにアイロンで整える。

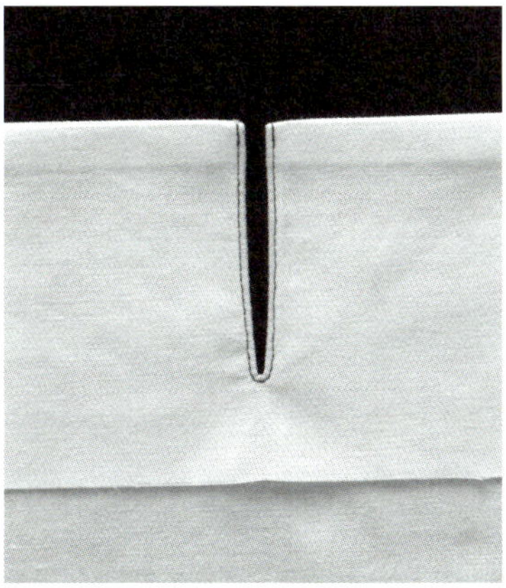

5 スラッシュの部分にステッチをかける。でき上り（裏）。

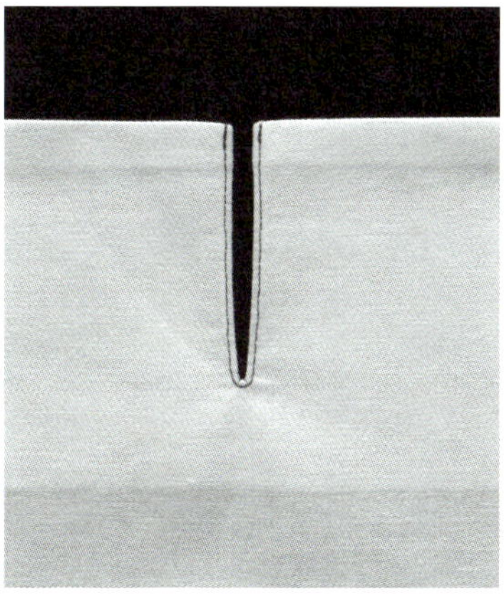

でき上り（表）。

ダーツ

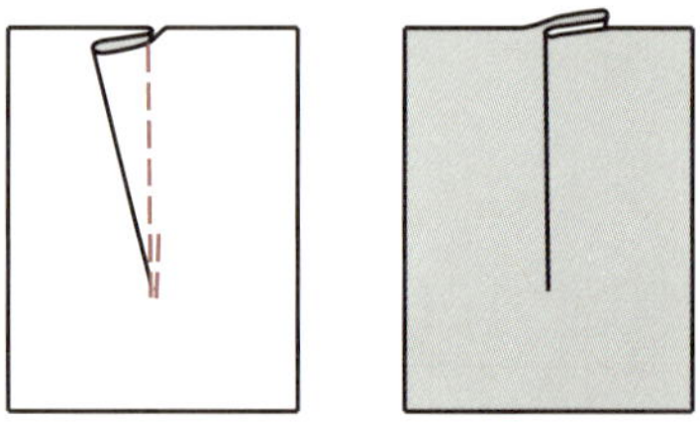

Point:

ダーツ止りはなだらかに縫い消すようにミシンをかける。

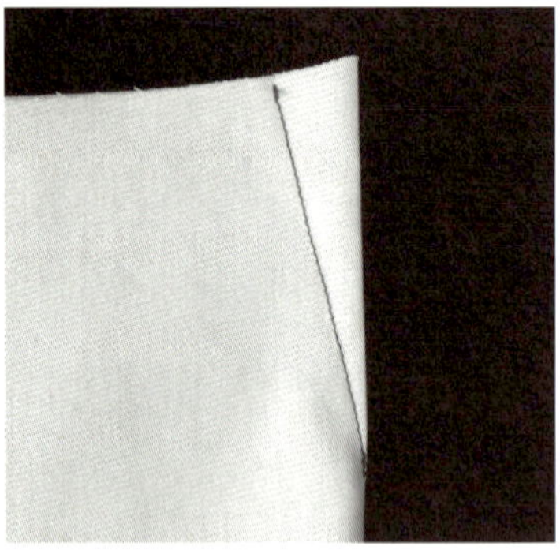

1 ダーツ止りの手前の織り糸1本を、3、4針で消すように縫い、返し縫いをする。

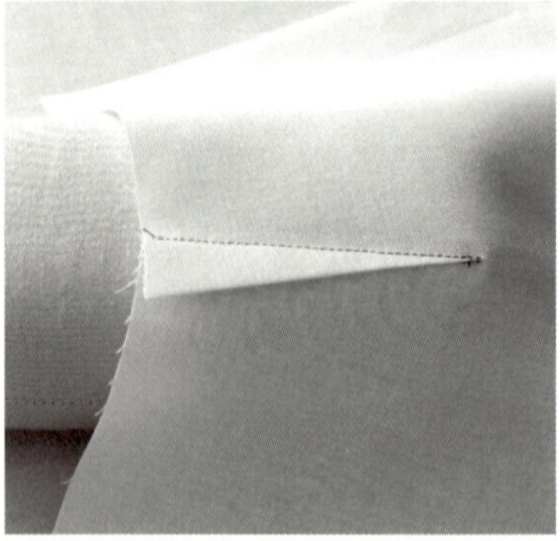

2 アイロンで片返しにする。袖まんじゅうやプレスボールの丸みを利用して、ダーツの先のアイロンをかけるとよりきれいに仕上がる。

3 でき上り(表)。

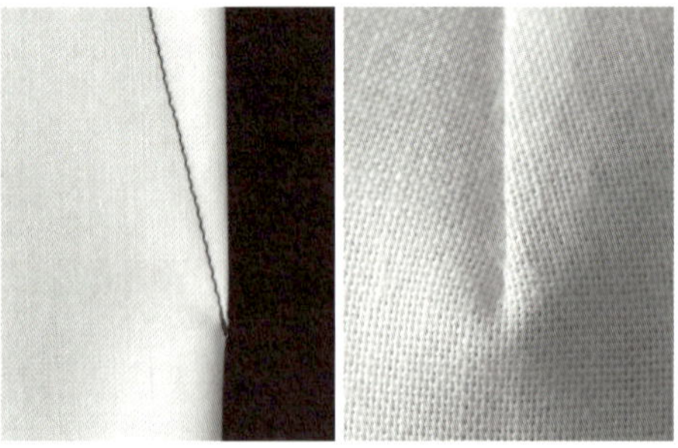

×

縫い消さないと、ダーツの先がとがった感じになりやすいので注意する。

◆プレスボール

丸みの部分などに使用するアイロン台。小さいのでダーツの先のアイロンかけに使いやすい。

◎薄地の場合

止り位置で返し縫いをすると縫い目がごろごろするので、縫い放して縫い糸を結ぶ。

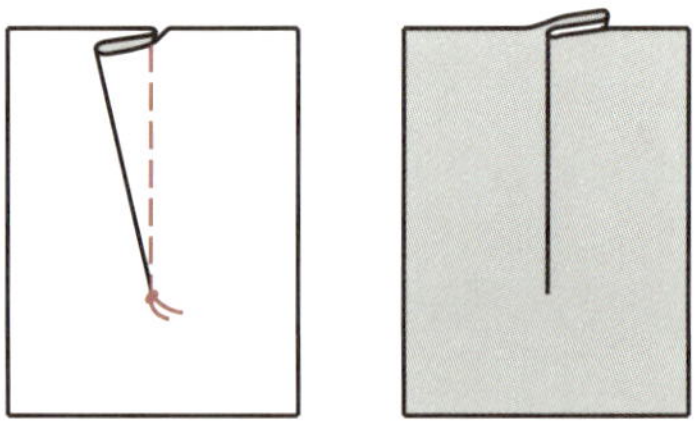

1 ダーツ止りまで縫い、そのまま縫い放し、糸を長めに残して切る。残した縫い糸は、止りの位置で結ぶ。

2 上と同様にアイロンで片返しにする。でき上り(表)。

◎特に厚地の場合

ダーツの縫い代がかさばるときは縫い代を割る。

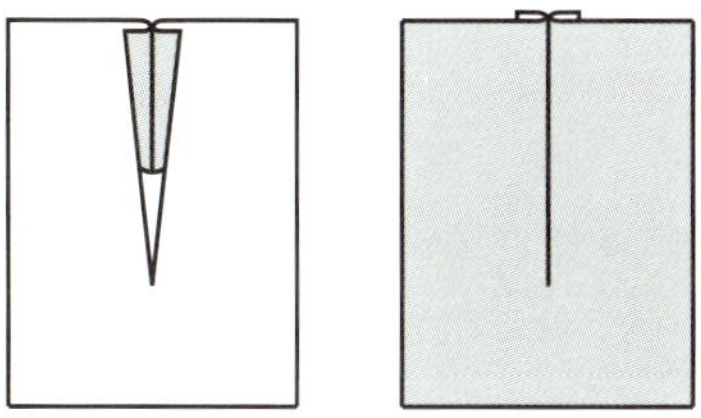

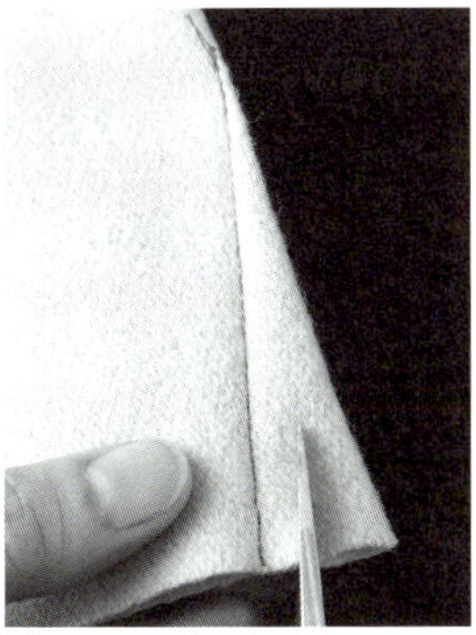

1 ダーツの縫い線から0.5～0.7cmの縫い代を残して、折り山側をカットする。

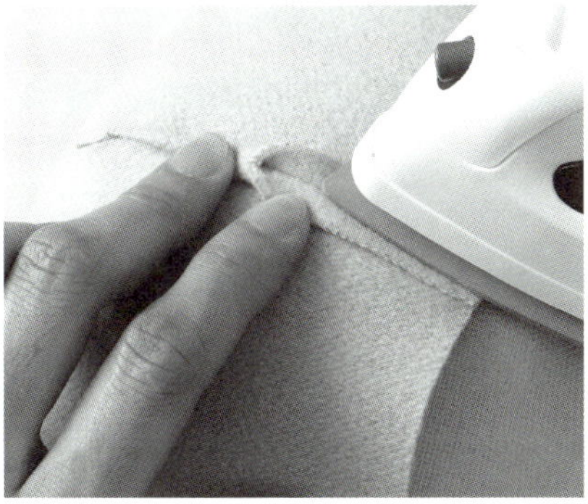

2 アイロンの先で縫い目を割り、ダーツ止りは、しっかり押さえる。

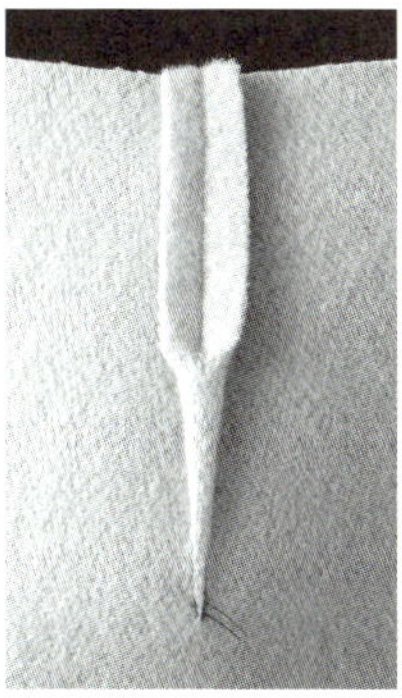

でき上り(裏)。

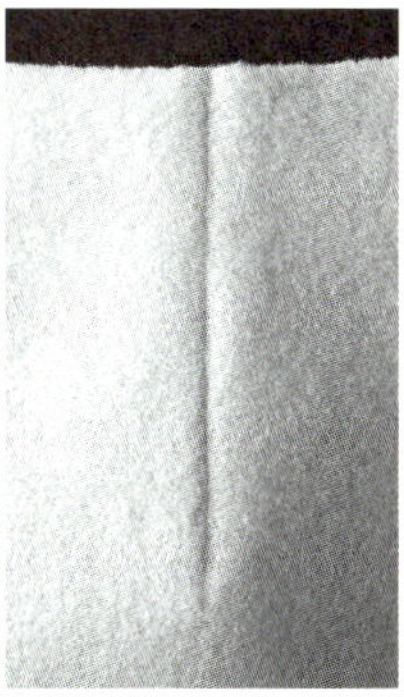

でき上り(表)。

◎裏地の場合

表地の動きに対応できるように、
裏地のダーツにもゆとりを持たせるためにきせをかける。

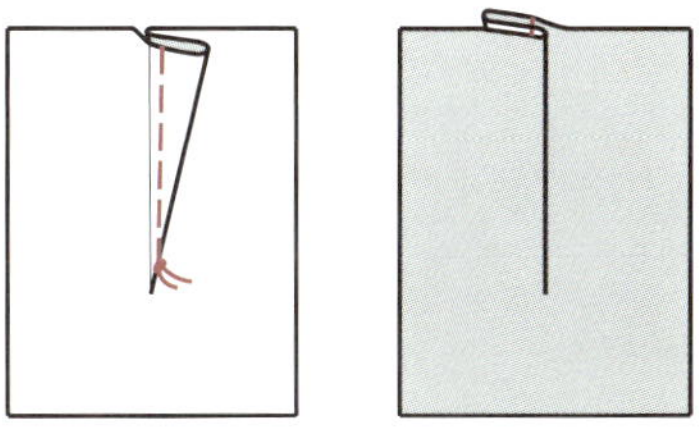

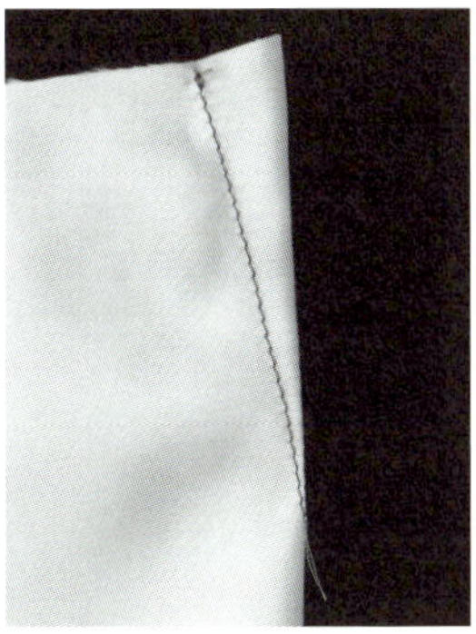

1 でき上り線から0.2cm縫い代側を縫う。

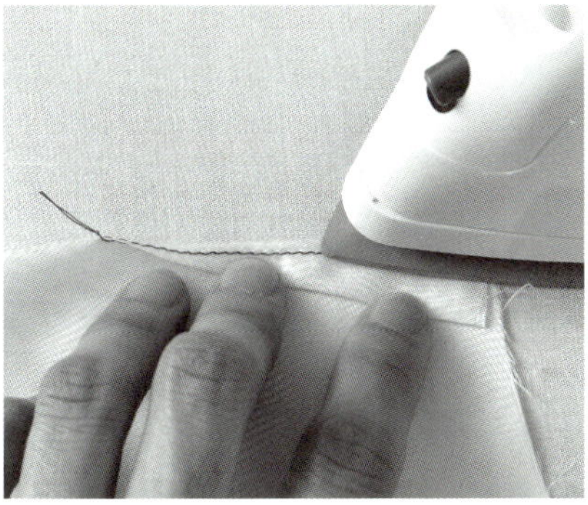

2 きせ(p.39を参照)をかけて片返しにする。

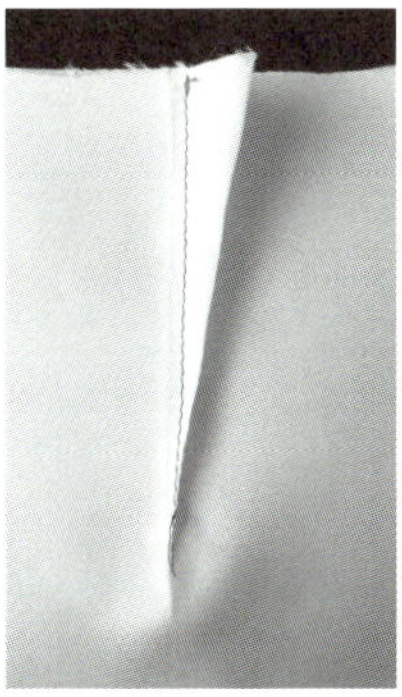

でき上り(裏)。

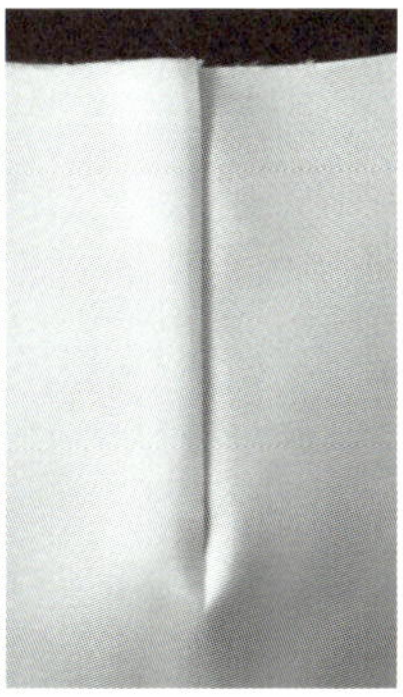

でき上り(表)。

ギャザー

◎ギャザーを寄せる

Point:

縫い線に対して垂直に
ギャザーが流れる方向をそろえて、均等に整える。

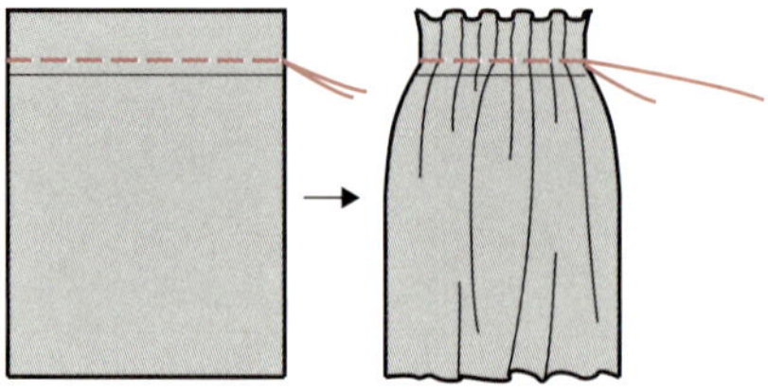

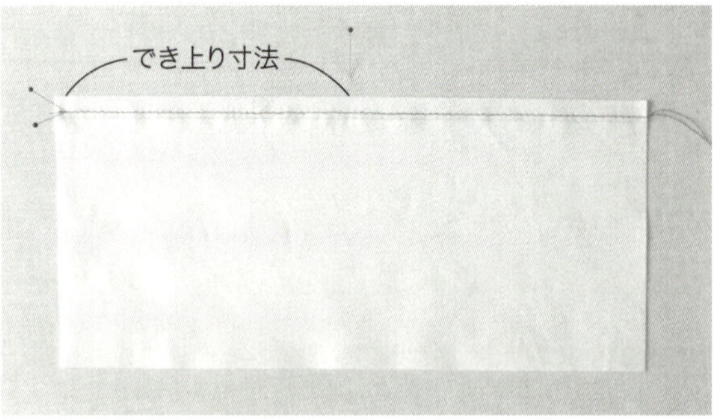

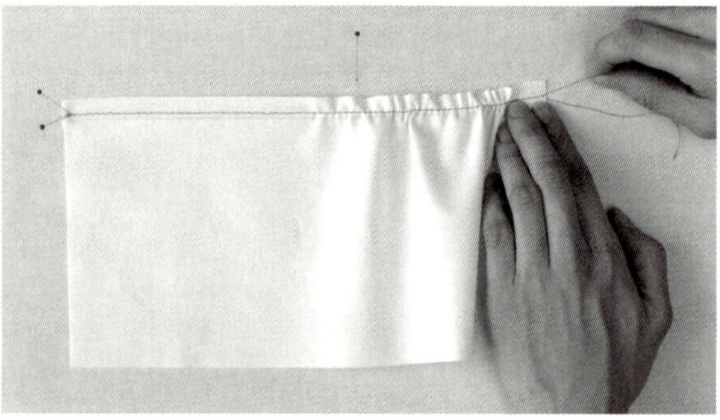

1 でき上りより0.3cm縫い代側に大きめの針目でミシン(粗ミシン)をかける。返し縫いをせずに糸を長めに残す。アイロン台に一方をまち針で固定し、でき上り寸法の目印にまち針を刺しておく。

2 上糸、または下糸のどちらか一方を引いてギャザーを寄せる。

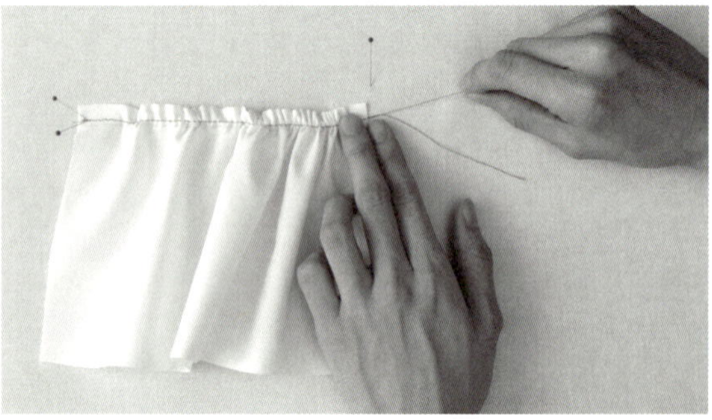

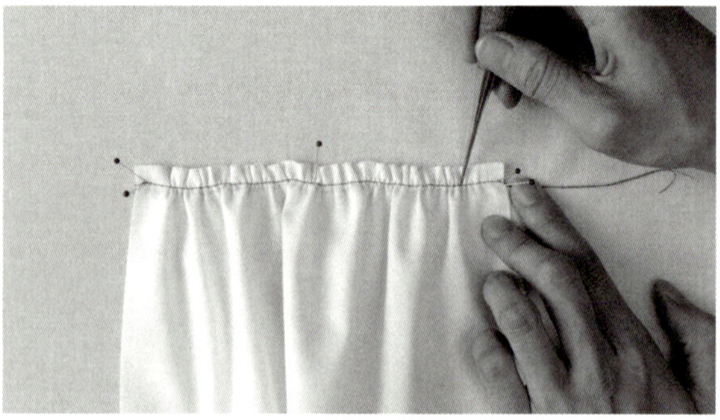

3 目打ちなどを使い、ギャザーを均等に整える。

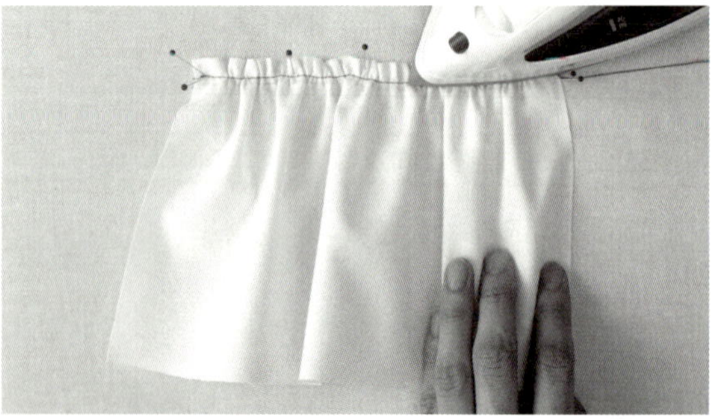

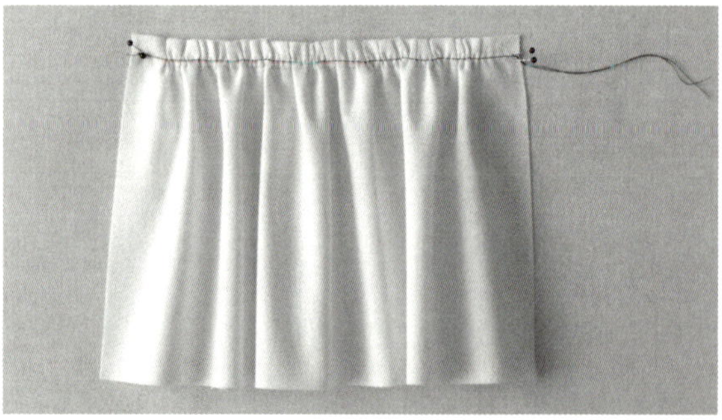

4 ギャザーを寄せた縫い代部分をアイロンで押さえる。

これでギャザーが動かずに縫合せが楽になる。

◎ギャザーと直線を縫い合わせる

Point: ギャザーを寄せた布を上にしてミシンをかける。

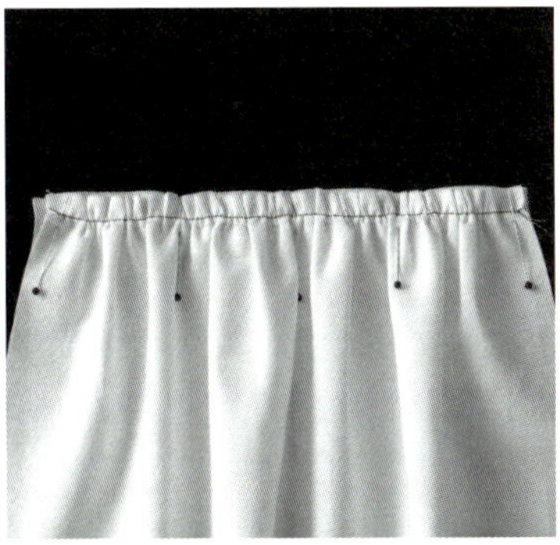

1 でき上りを中表に合わせてまち針を打つ。

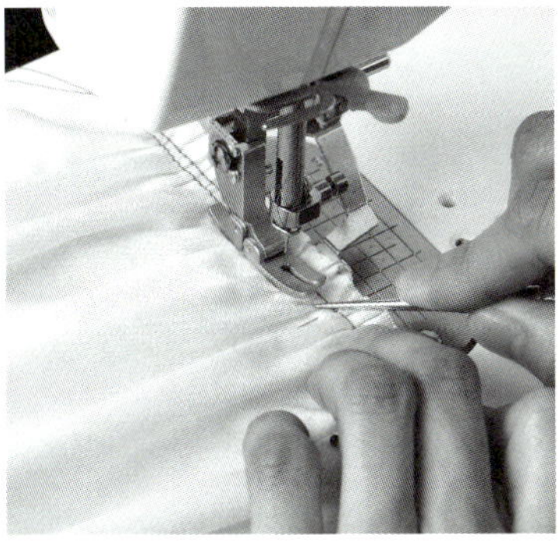

2 ミシンで縫い合わせる。

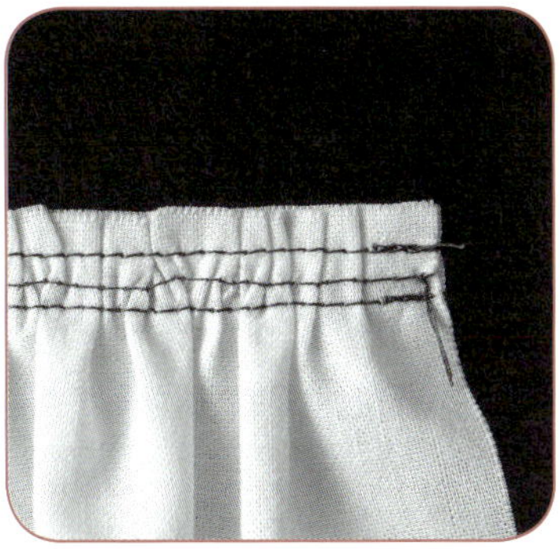

縫い代側にもう1本ミシンをかけるとよりギャザーが落ち着く。

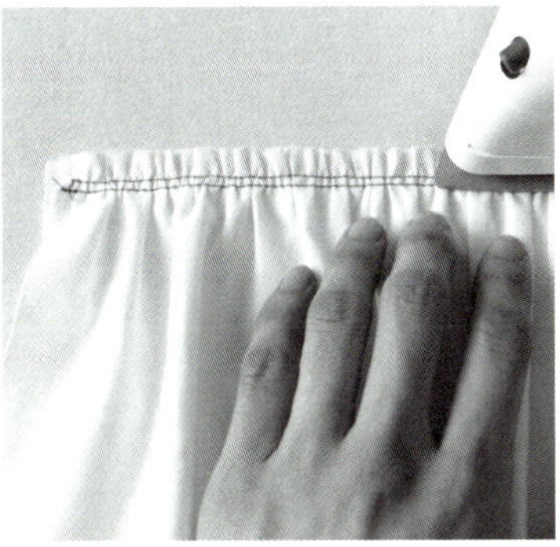

3 縫い目を押さえる感じに、アイロンで縫い代を落ち着かせる。

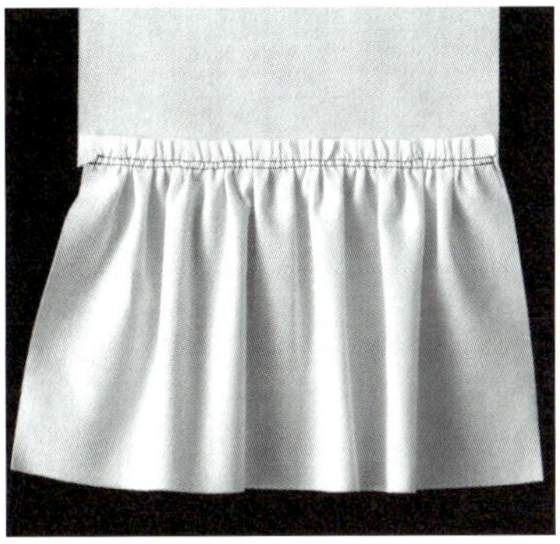

4 縫い代はギャザーの寄ってない側へ倒す。でき上り(裏)。

でき上り(表)。

◎ギャザーを角や曲線に縫いつける

ギャザーを寄せたフリルなどを角や曲線に縫いつける場合、ギャザー端の外回り寸法が不足しないように。フリルの幅が変わると外回り寸法も変化するので注意する。

○

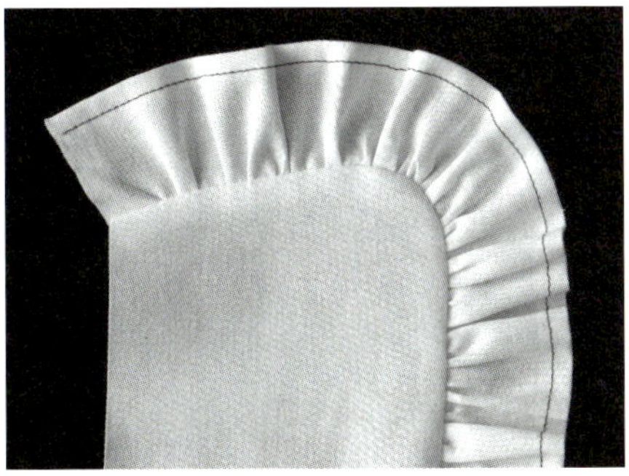

角や曲線の部分は外回り寸法が不足しないように、直線部分よりもギャザー寸法を多くする。

×

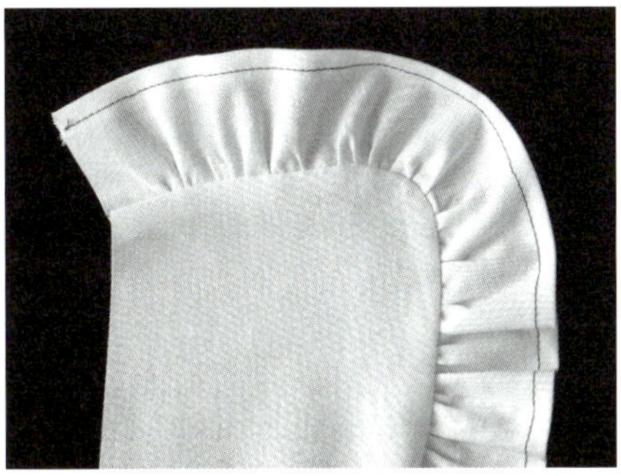

角や曲線部分のギャザーが不足している。

ファスナーつけ

ファスナーを使ってあきを作る。用途によりファスナーの種類が異なる。
ファスナーテープは熱に弱いタイプもあるので、高温のアイロンを直接かけるのは避ける。

コンシールファスナーつけ

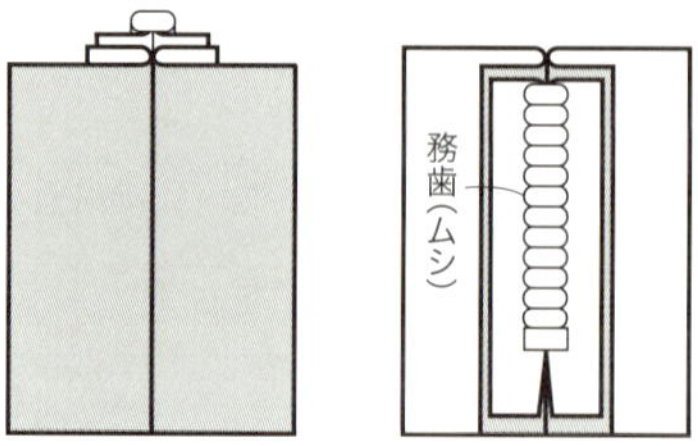

表にミシン目を出さずに、ファスナーあきが作れる。
コンシールファスナーはファスナー寸法の2〜3cm手前までしか縫えないので、つけ位置のあき止りまでの寸法設定に注意する。

Point: コンシールファスナー押えを使う。

ミシンの備品としてセットされた片押えでもつけられるが、コンシールファスナー押えを使うと簡単にできる。

◆コンシールファスナー押え
コンシールファスナーつけ専用で
ファスナーの務歯を起き上がらせるための
溝がついたもの。

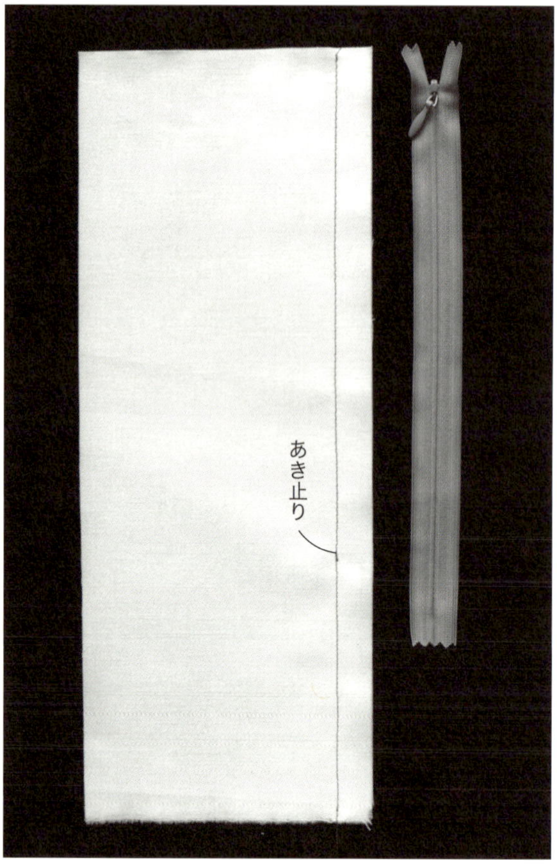

1 あき止りまでのファスナーがつく部分は粗ミシンで、あき止りから下は返し縫いをして普通に縫い合わせる。

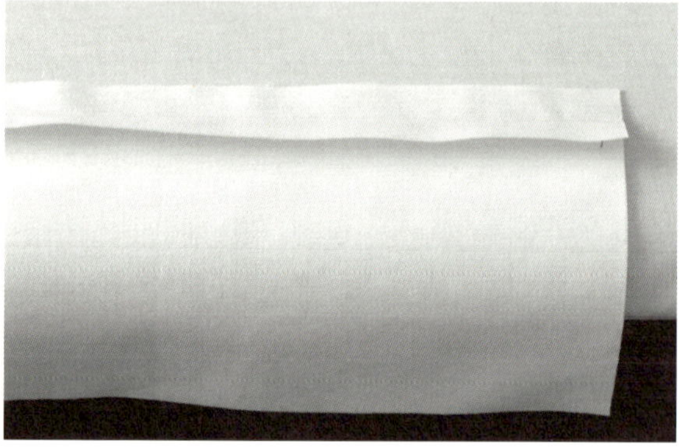

2 縫い代を割る。

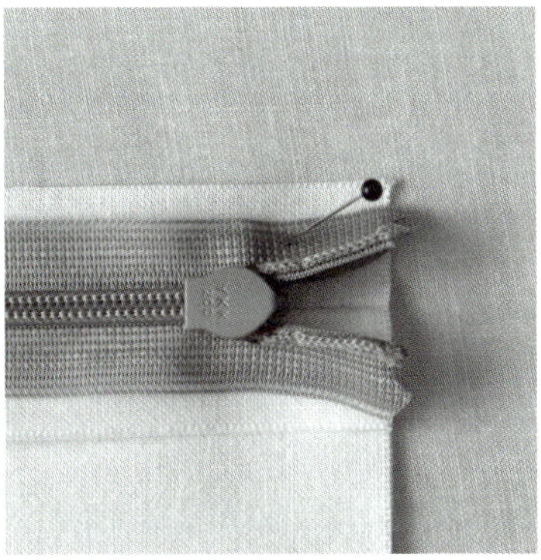

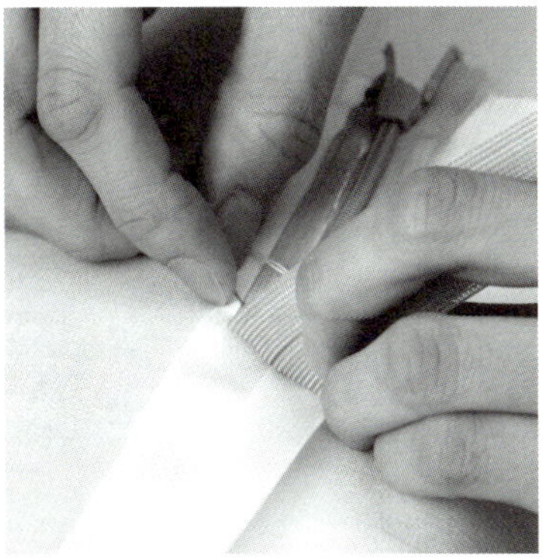

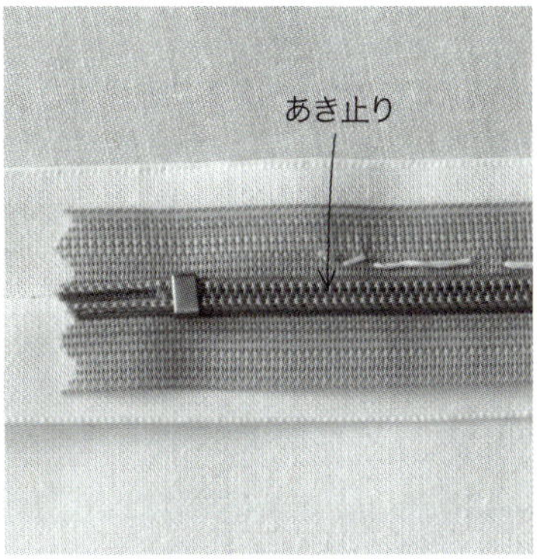

3　粗ミシンの縫い線にファスナーの中心を合わせる。

中心が合っているかを確認しながら縫い代のみにしつけでとめる。

しつけはなるべくファスナーを縫いつける中心よりにかける。

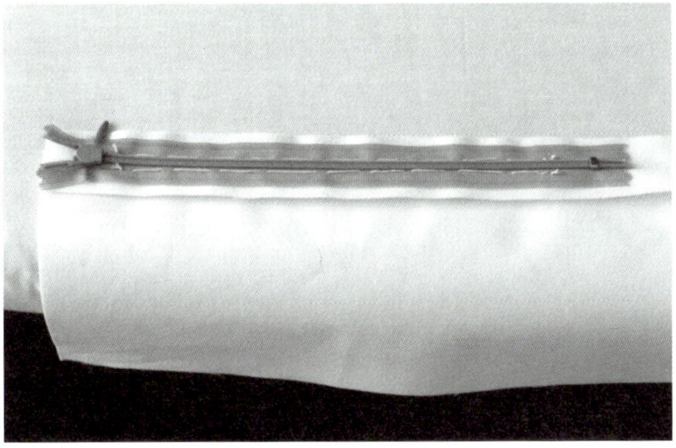

4　もう一方も同様に。

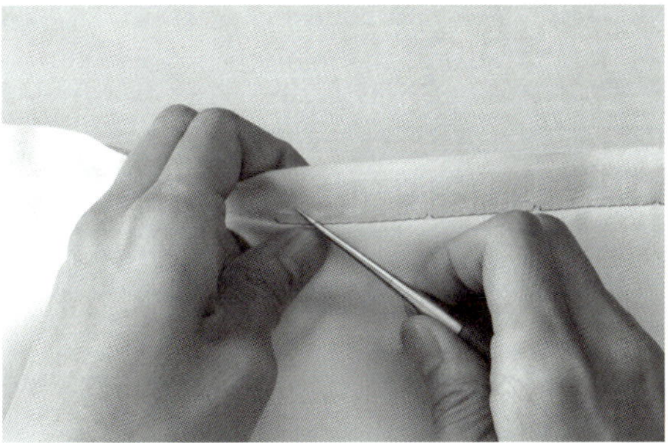

5　ファスナーつけ部分の粗ミシンをほどく。

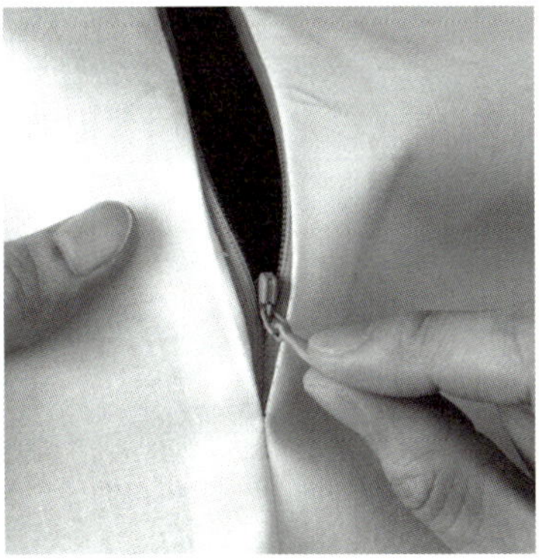

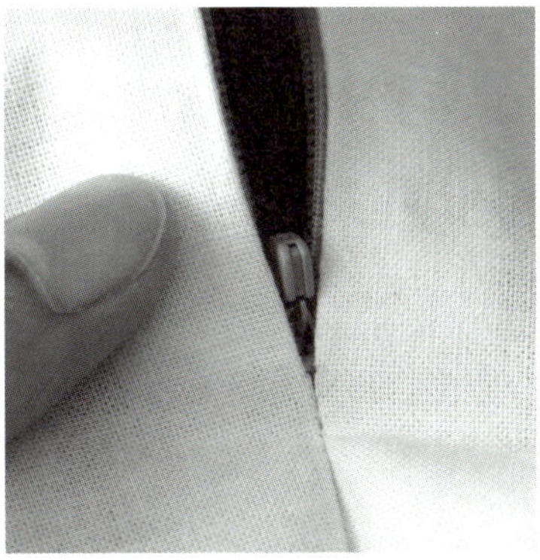

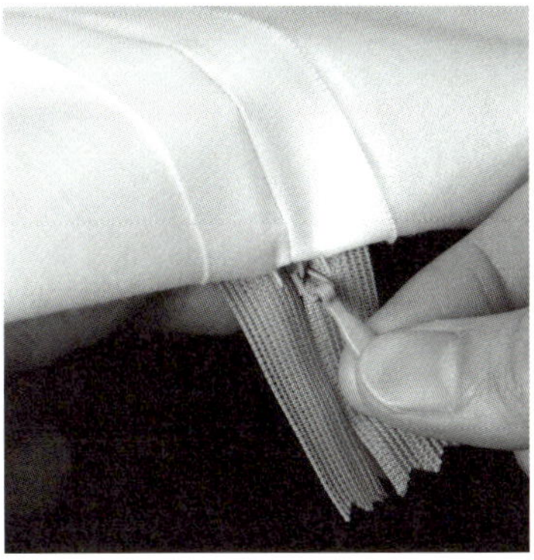

6　スライダーをあき止りから裏に出して、ファスナーの最後まで下ろす。

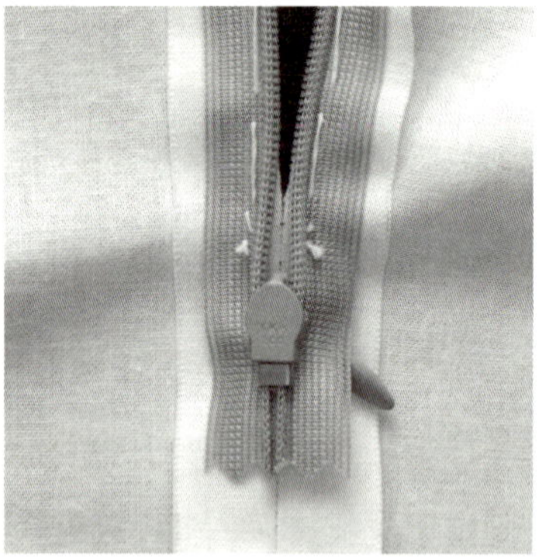

7 あき止りから下に下ろしたところ。

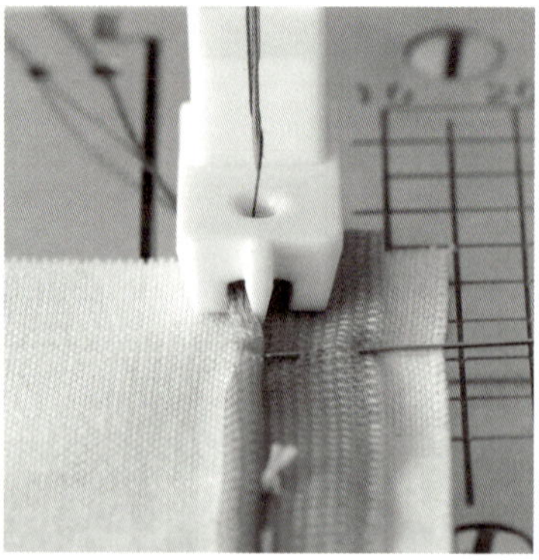

8 コンシールファスナー押えの溝に務歯（ムシ）を合わせて縫い進める。

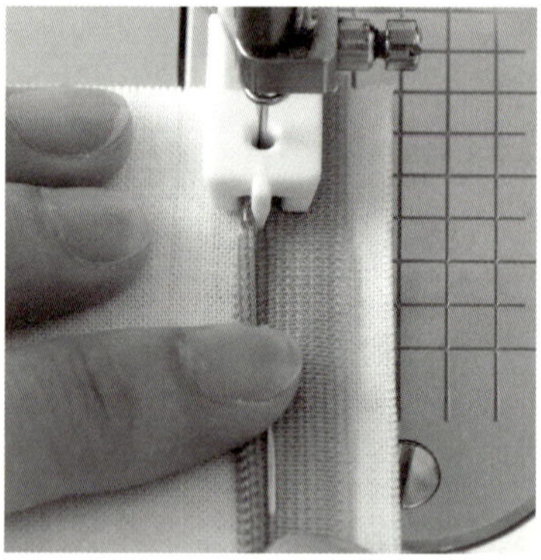

9 ファスナーの務歯を起こすように手を添えるとより務歯の際に縫える。

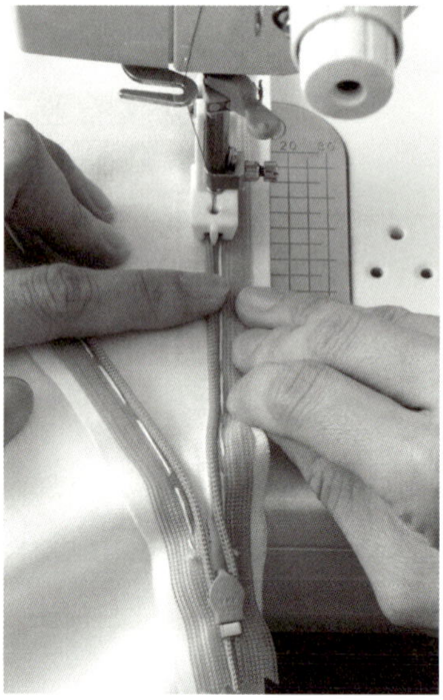

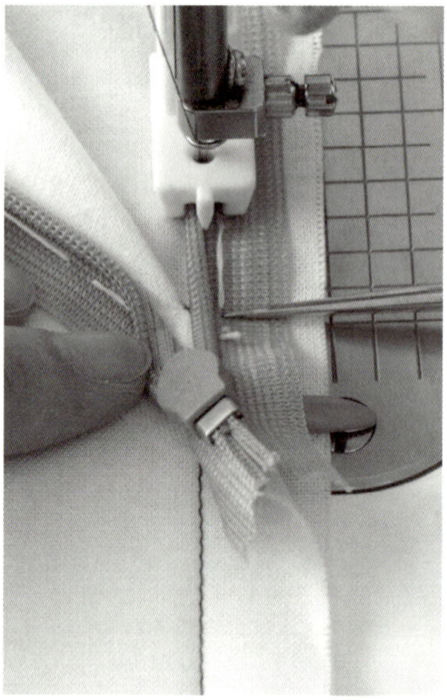

あき止りの近くは務歯が倒れてミシンが進みにくいので、目打ちの先で押し込むようにすると縫いやすい。

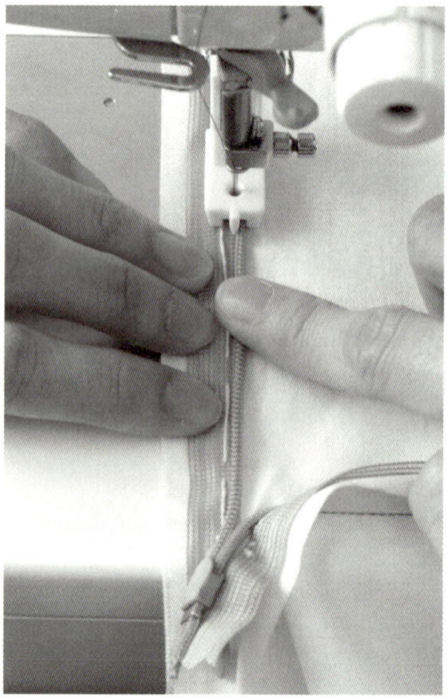

10 もう一方も同様に。

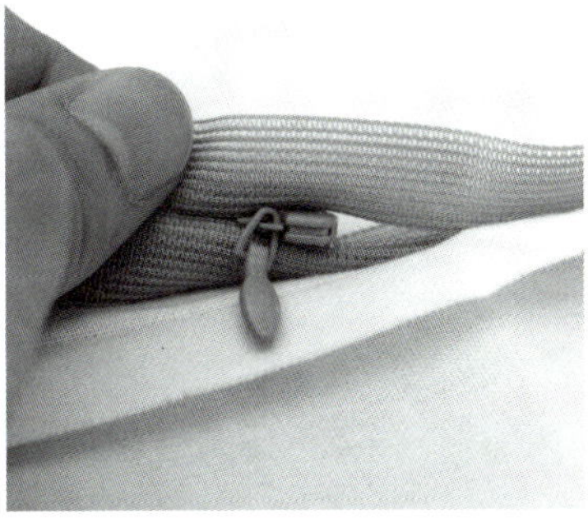

11 スライダーを表に引き出す。

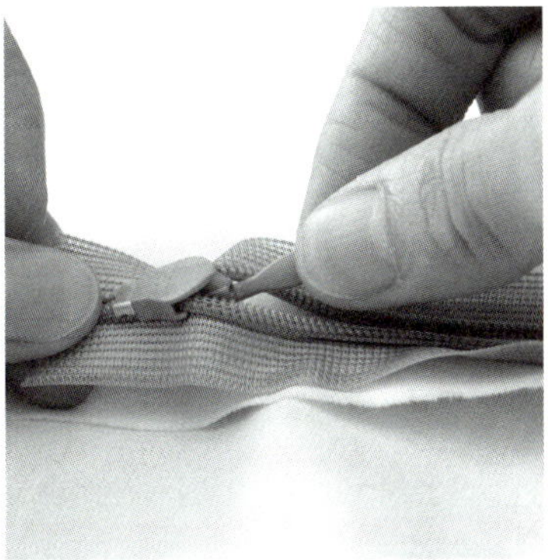

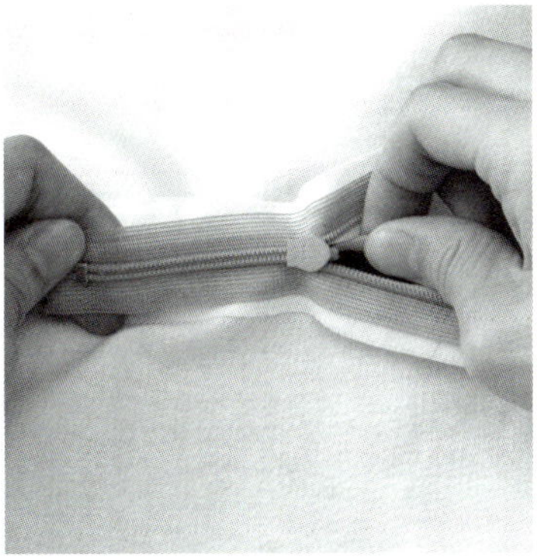

12 ファスナーのとめ金はあき止りの位置まで移動させて、動かないようにペンチなどで締めておく。

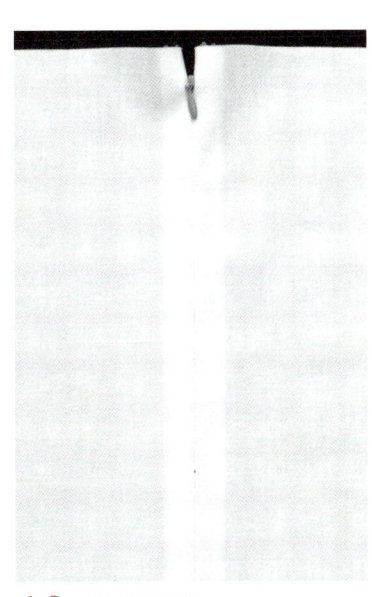

13 でき上り（表）。

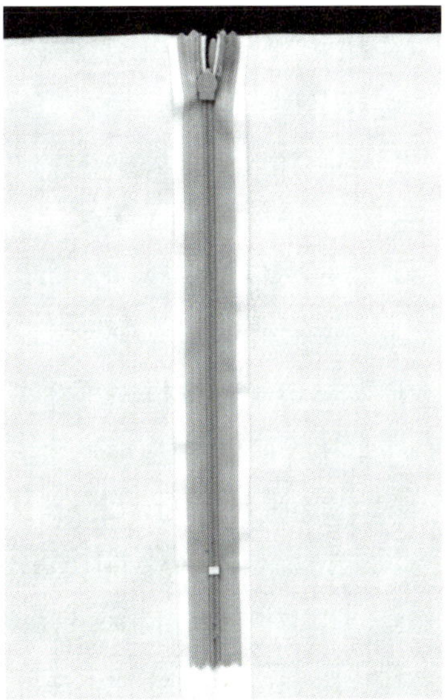

でき上り（裏）。

オープンファスナーつけ

ファスナーの務歯を見せたつけ方。

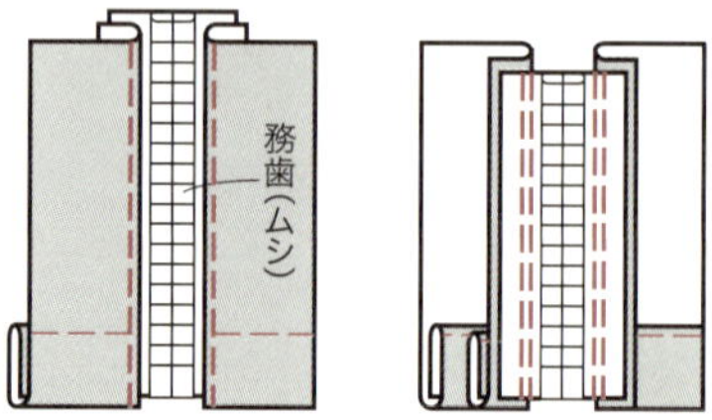

Point:

ファスナーと土台布の縫い代幅を合わせる。

◆片押え

ミシンの針落ちの片方だけを押さえられるもの。
押えの部分が左右にスライドするので、
同じ方向でミシンがかけられる。

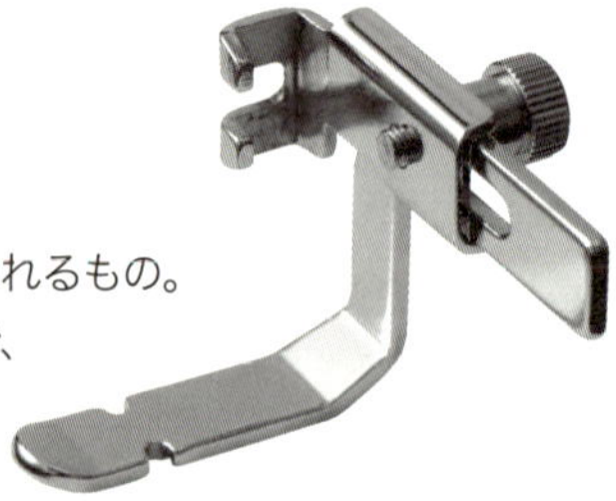

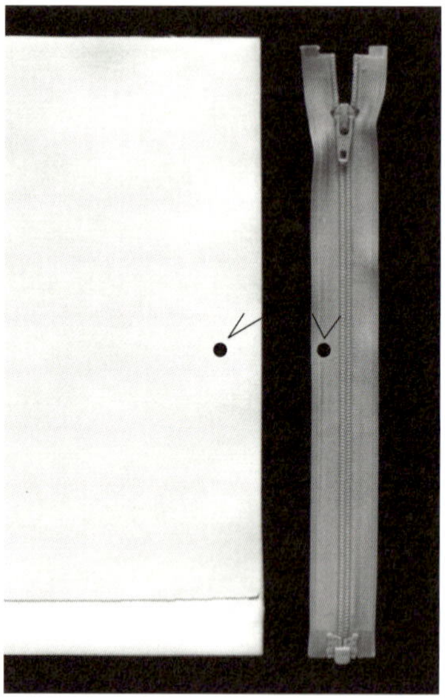

1　ファスナーと土台布の縫い代幅(●)を合わせる。
土台布の裾を始末しておく。

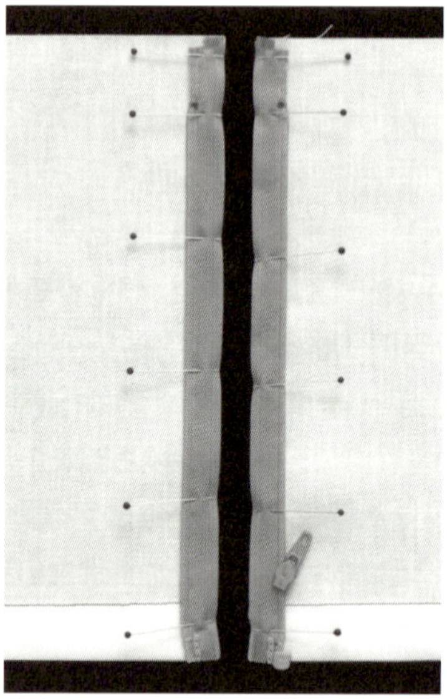

2　土台布の端とファスナーテープの端を中表に合わせ、まち針を打つ。

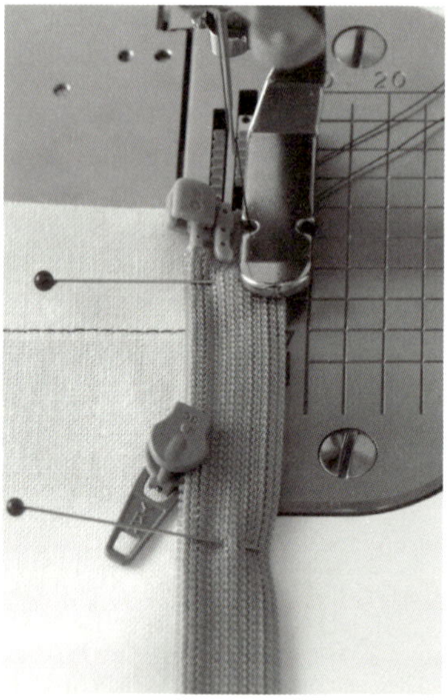

3　ミシンに片押えをセットし、縫い合わせる。

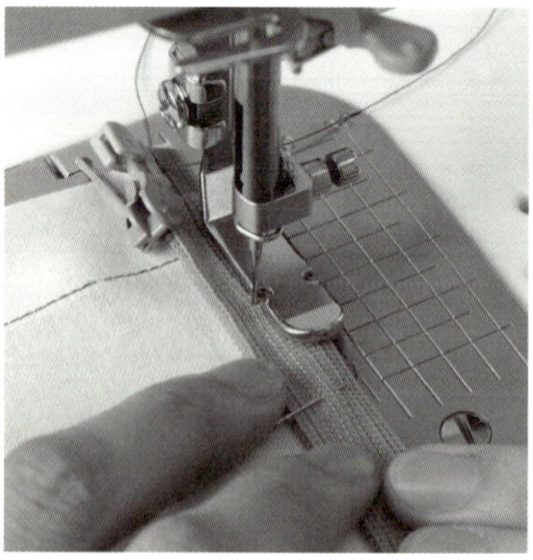

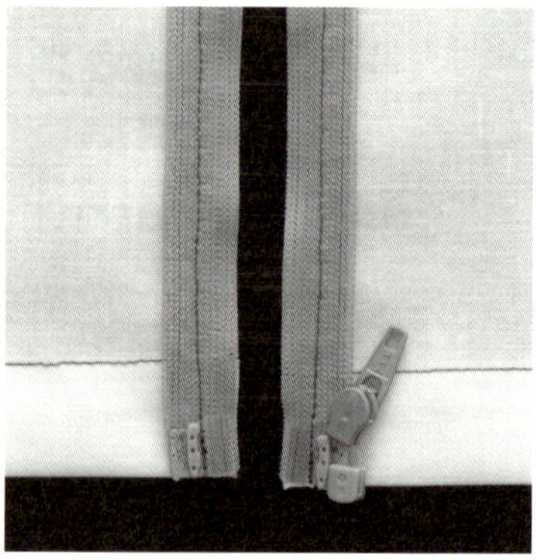

4　もう一方も縫い合わせる。

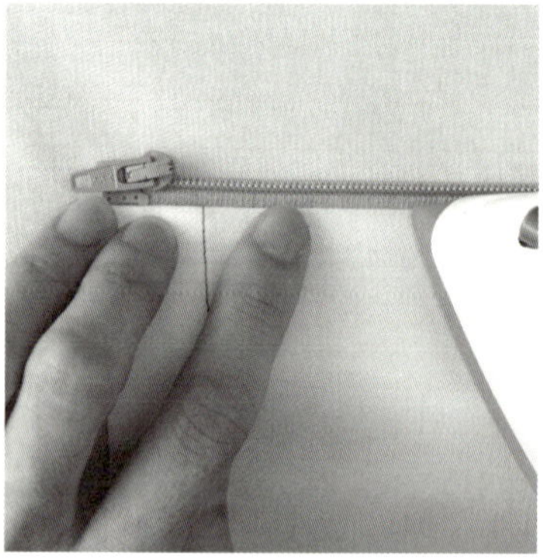

5　縫い代を縫い線から、アイロンで片返しにする。

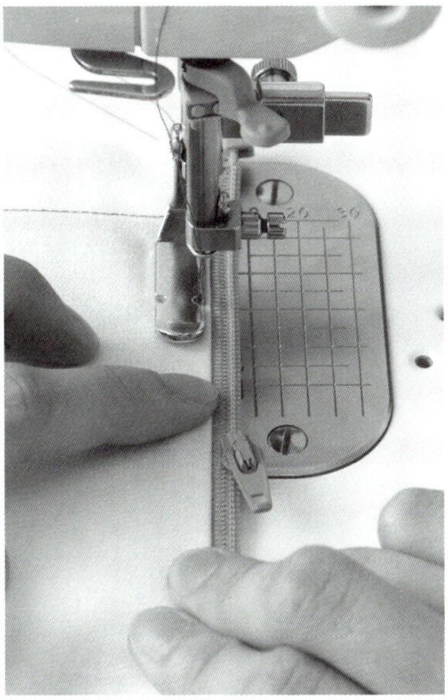

6 表から際にステッチをかけて押さえる。

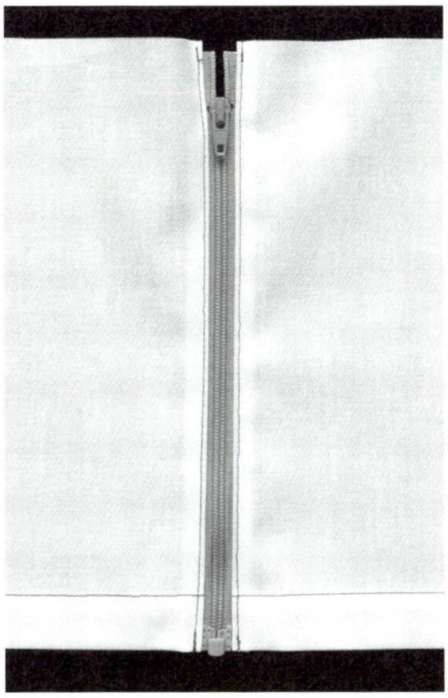

7 でき上り（表）。

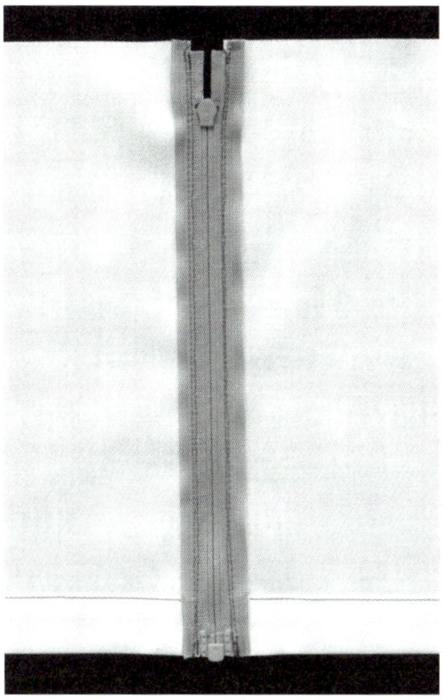

でき上り（裏）。

ファスナーつけ

ファスナーの務歯を見せない一般的なつけ方。

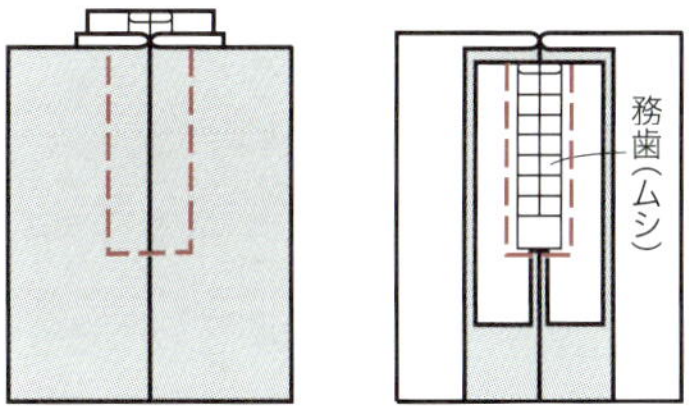

Point:

粗ミシンの縫い線と
ファスナーの中心がずれないようにしつけをかける。

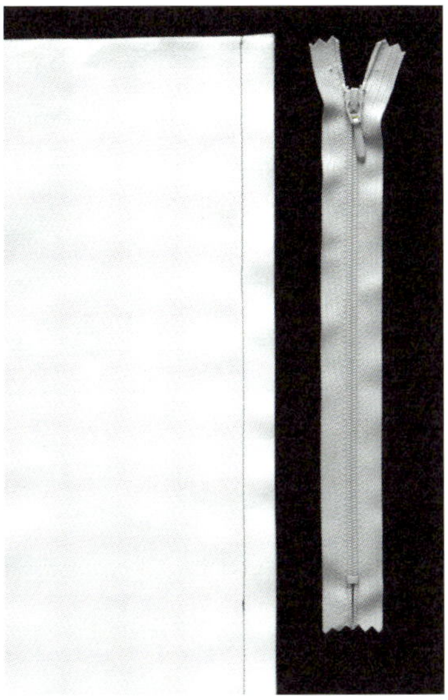

1 あき止りまでのファスナーがつく部分は粗ミシンで、あき止りから下は返し縫いをして普通に縫い合わせる。

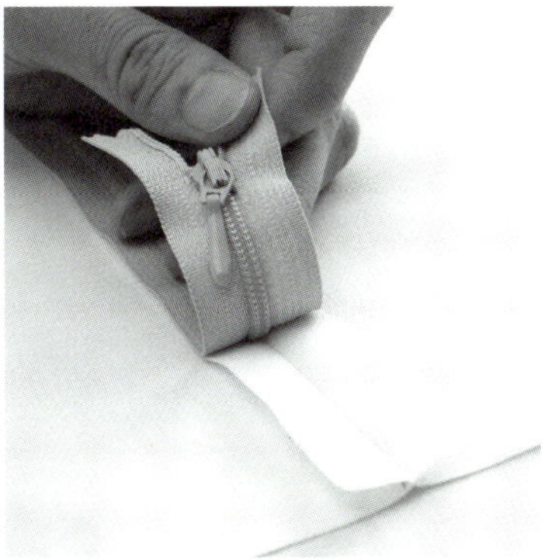

2 縫い代を割り、縫い線とファスナーの中心を合わせる。

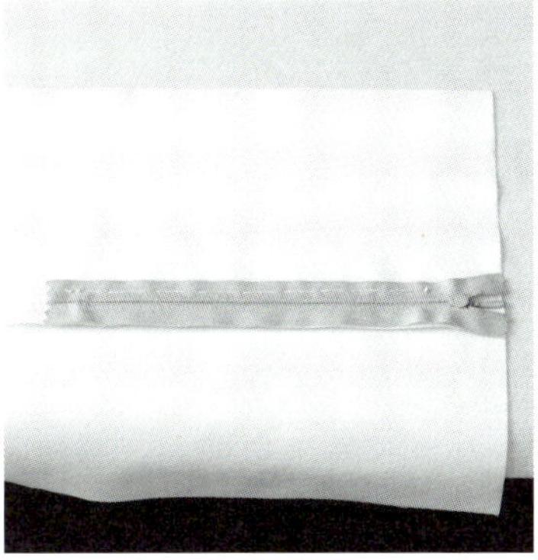

3 ファスナーテープの両側を表まで通してしつけをかける。

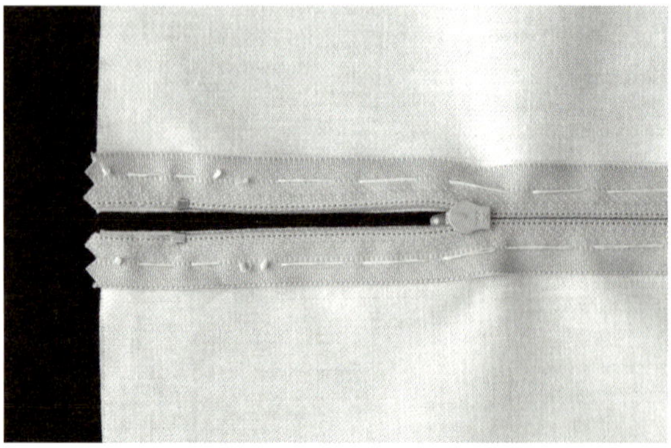

4 粗ミシンをほどく。

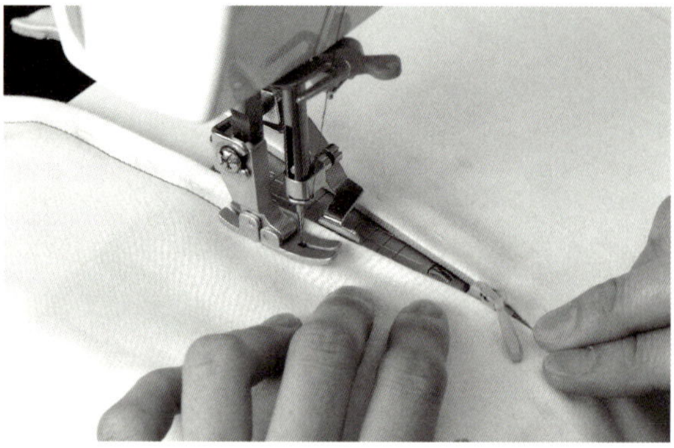

5 ファスナーを開き、表からステッチでファスナーを縫いつけていく。

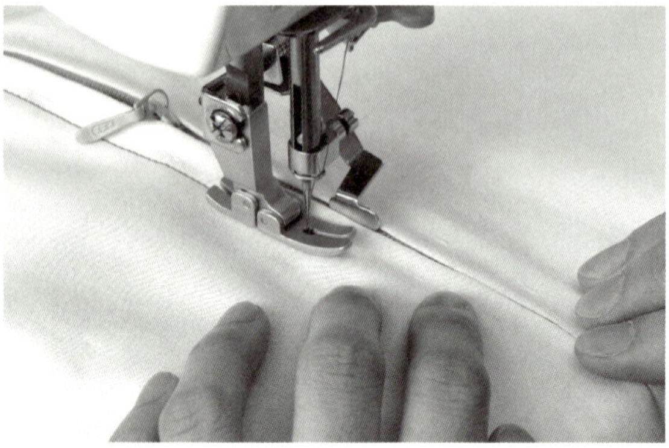

6 ミシンの妨げになるスライダーは、途中で針を下ろしたまま押え金を上げ、ファスナーを閉じて縫い進める。

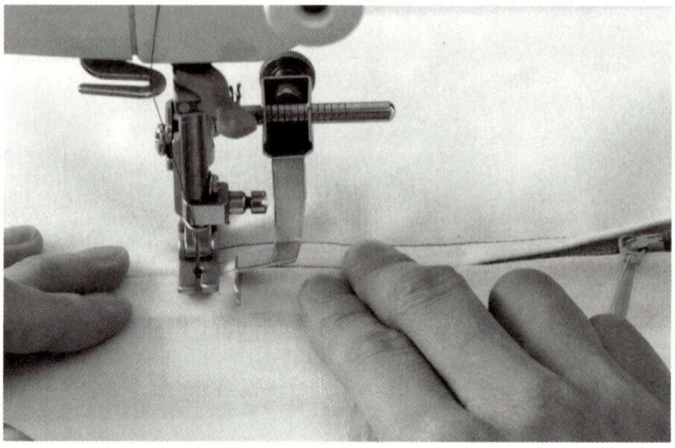

7 あき止り位置で向きを変え、返し縫いをしてもう一方を同様に縫う。

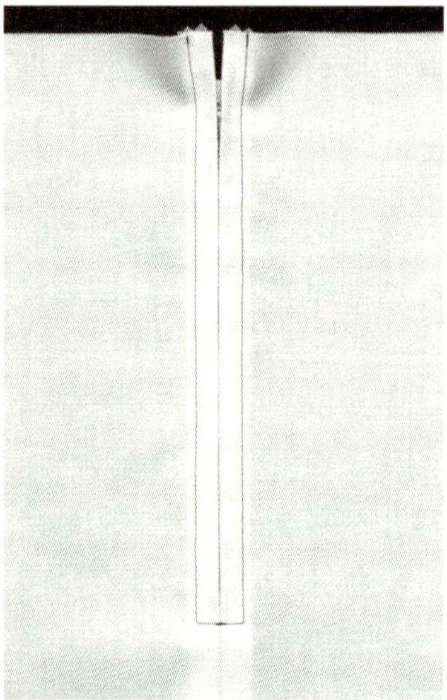

8 でき上り(表)。

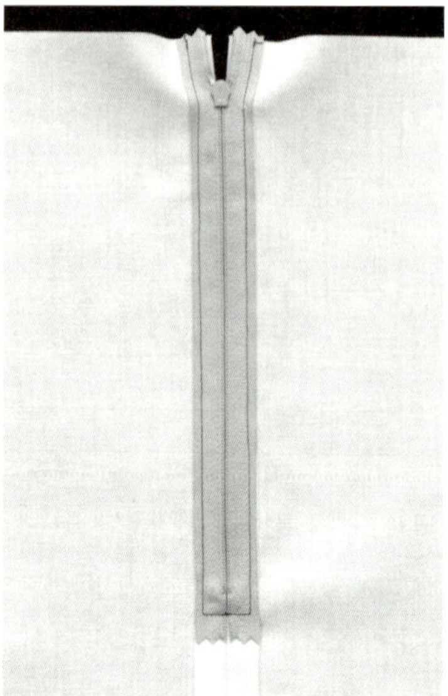

でき上り(裏)。

ベルトつけ

スカートのウエストベルトなど、片方に持出しのある一般的なつけ方。

Point: 持出し部分は縫い方が違うので注意する。

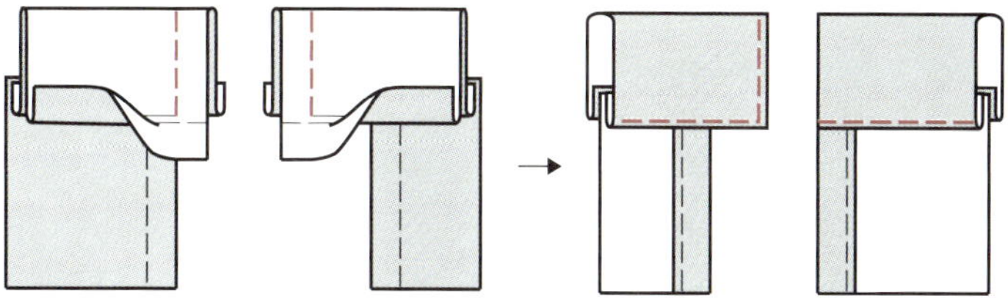

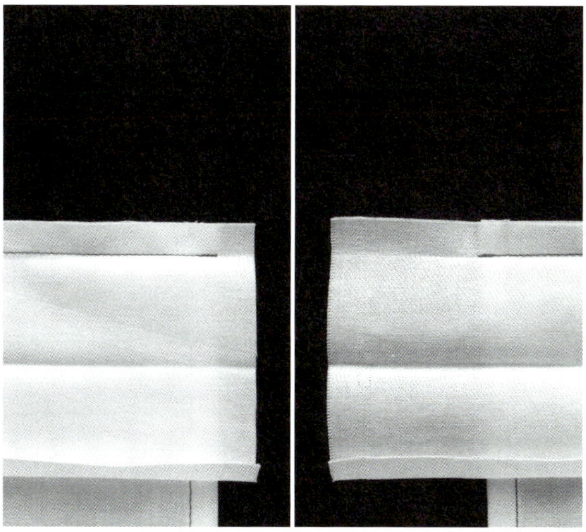

1　裏ベルト端はでき上り線から0.2cm縫い代側に折っておく。ベルト布と土台布を縫い合わせる。ベルト布の持出し部分は縫い残しておく。

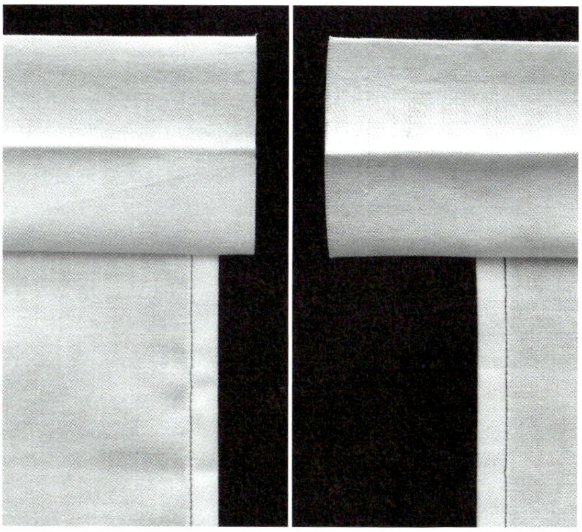

2　縫い線からベルト布側に片返しにする。

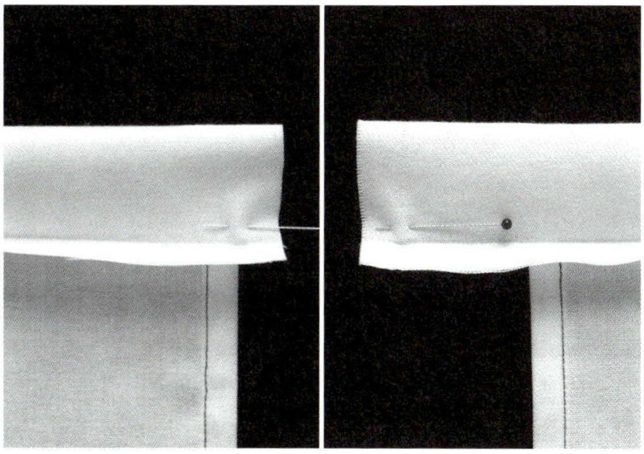

3　ベルト布を中表に合わせる。

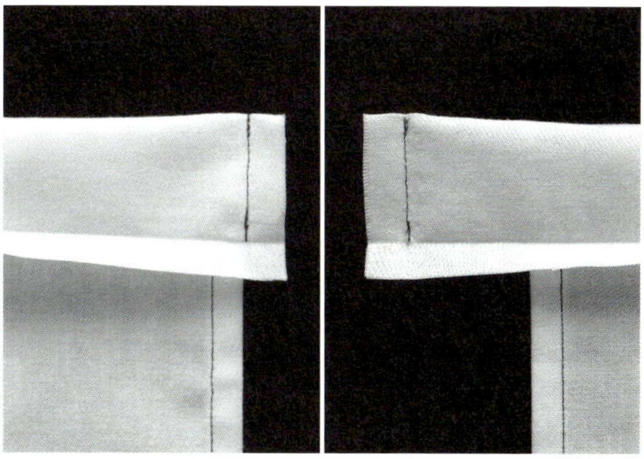

4　ベルト布の端を縫う。このとき裏ベルトつけ側の縫い代はよける。持出し部分は、表ベルトつけの縫い代は折り上げて縫う。

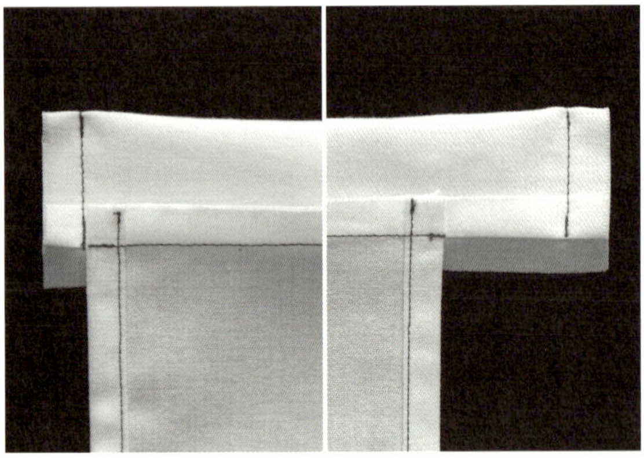

裏から見たところ。

5　p.44の［角を返す］の要領で表に返して角を整え、裏ベルト縫い代を折り込む。

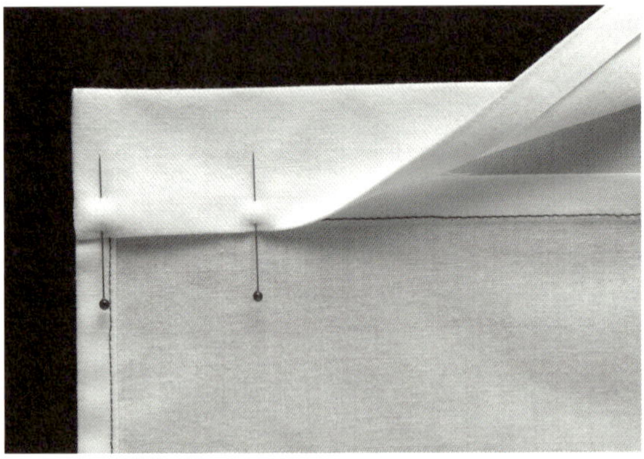

6　裏ベルトを縫い目に0.2cmかぶせてまち針を打つ。

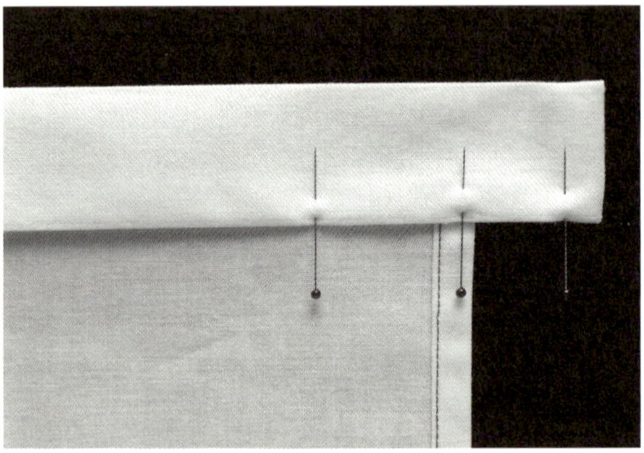

7　持出し部分は、折り山を合わせてまち針を打つ。

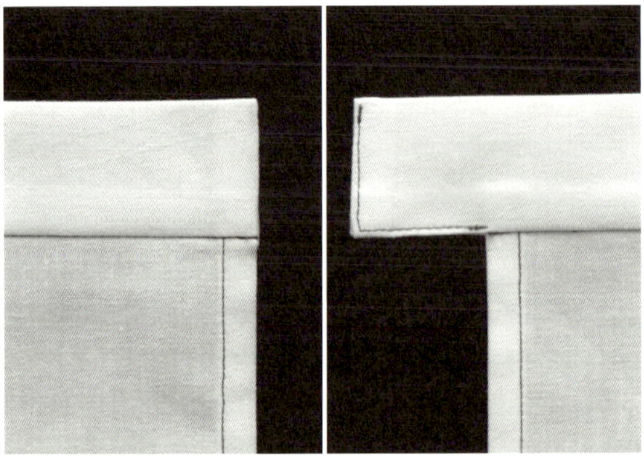

8　表から落しミシンをかけて裏ベルトを縫いとめる。持出し部分は端にステッチをかける。

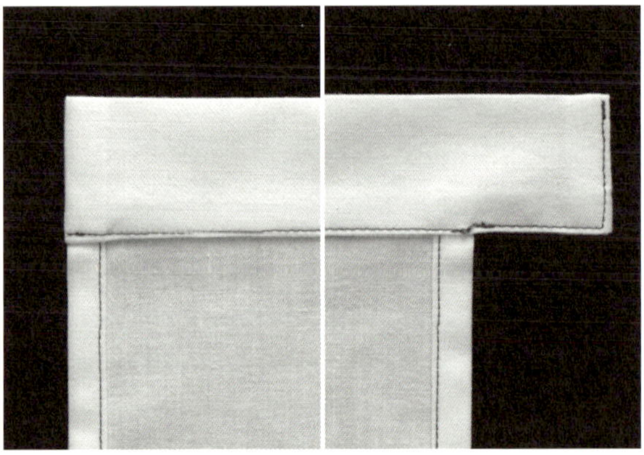

でき上り（裏）。

仮どめに便利な熱接着糸

土台布と縫い合わせる前に裏ベルト布の縫い代の表に、熱接着糸が出るように粗ミシンをかけておく。p.122の6、7でまち針を打つ代りにアイロンで接着して仮どめできる。

◆メルター

熱で溶ける熱接着糸。
上糸ではなく、ボビンに巻いて
下糸として縫う。

◎布の耳を利用したつけ方

薄くすっきり仕上げたいときに、裏ベルトの縫い代端に耳を使い、折り込まない仕立て方。

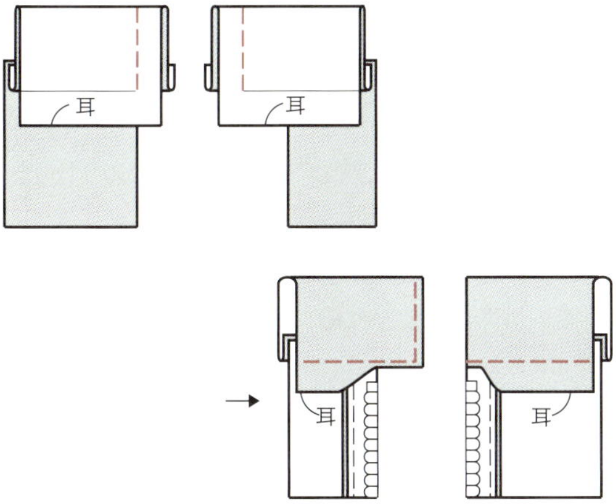

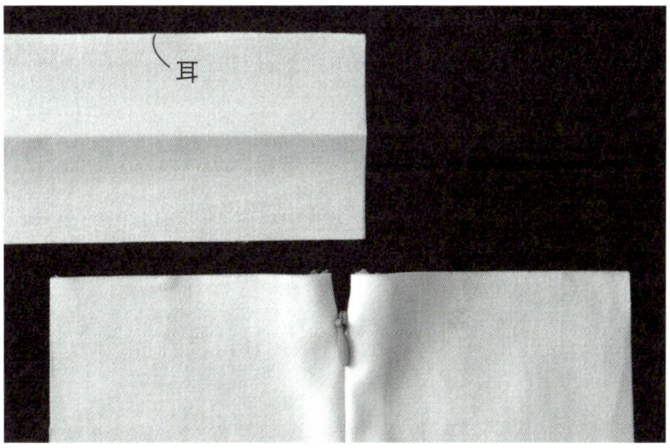

1 裏ベルト布に耳を利用する。

2 ファスナーにかかる部分は縫い代を折り込み、落しミシンで仕上げる。持出し部分も折り込んでステッチをかける。でき上り（表）。

でき上り（裏）。

ひも通し口

ひもを通したい位置によって、通し口の作り方が異なる。
どの方法でも力がかかる通し口は丈夫に仕立てる工夫をする。

布の縁に作るひも通し口

◎縫い目を利用、縫い代を割る場合

Point: 通し口の回りをステッチで押さえる。

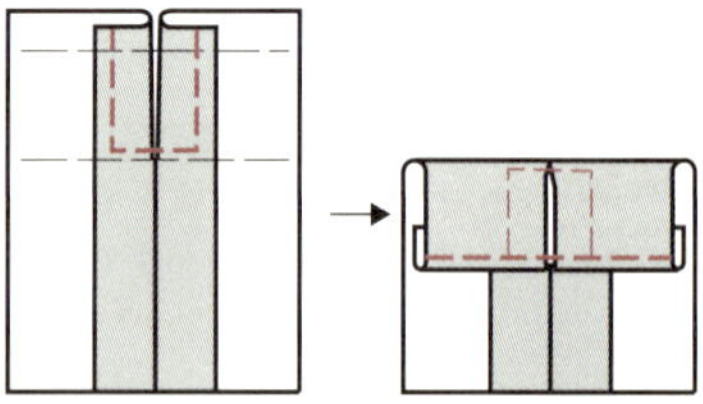

1　三つ折り始末のアイロンをかけておき（p.89を参照）、ひも通し口までを縫う。

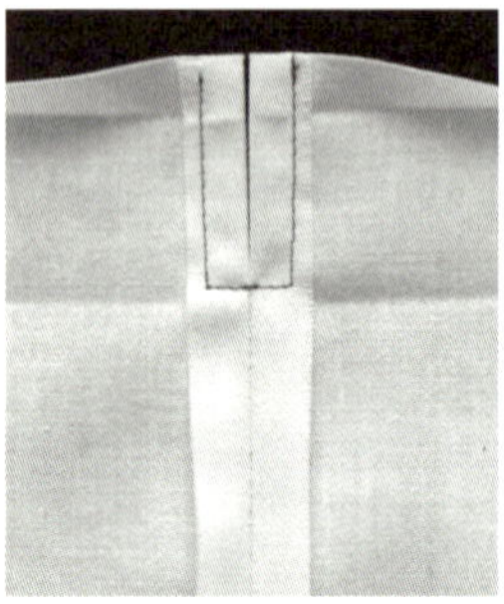

2　縫い代を割り、通し口の回りをステッチで押さえる。

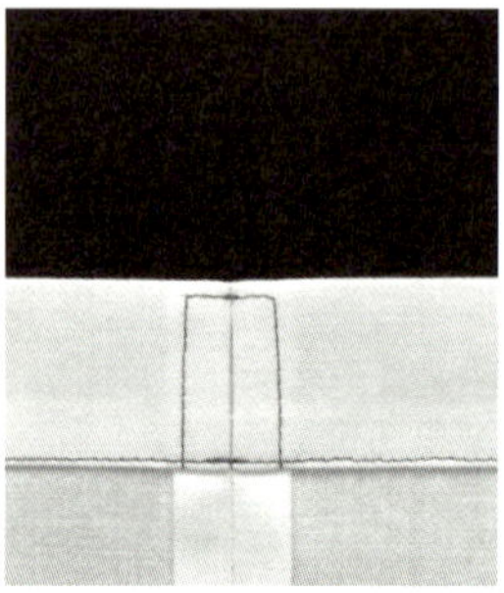

3　もう一度三つ折りにして折り山の際をステッチで押さえる。でき上り（裏）。

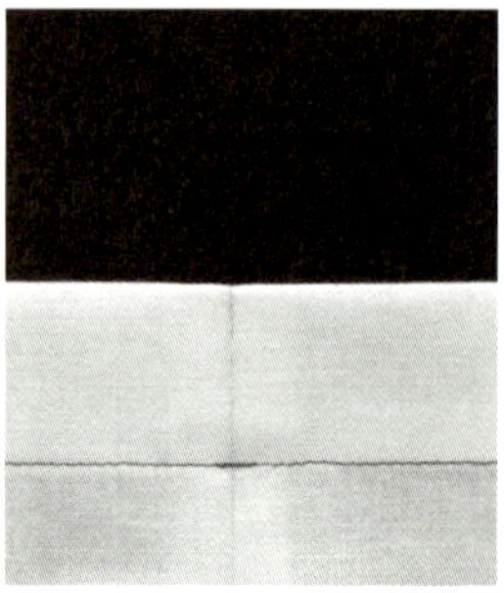

でき上り（表）。

◎縫い目を利用、縫い代を片返しにする場合

Point: 縫い代の切込みはでき上り線に入れて割る。

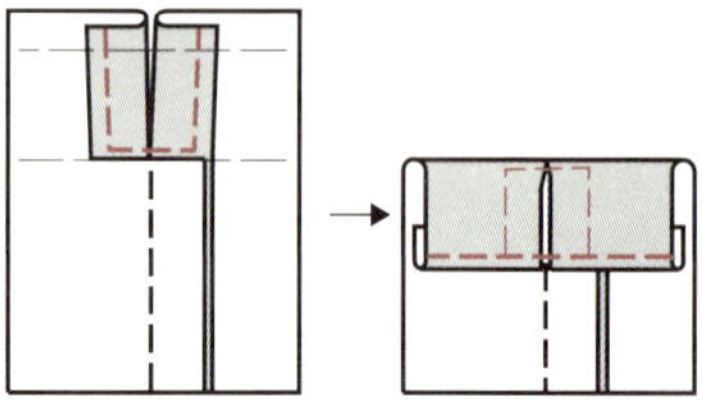

1　上の1と同様に縫い、でき上り位置の縫い代1枚に切込みを入れる。

2　縫い代は片返しにし、通し口の縫い代を割り、回りをステッチで押さえる。

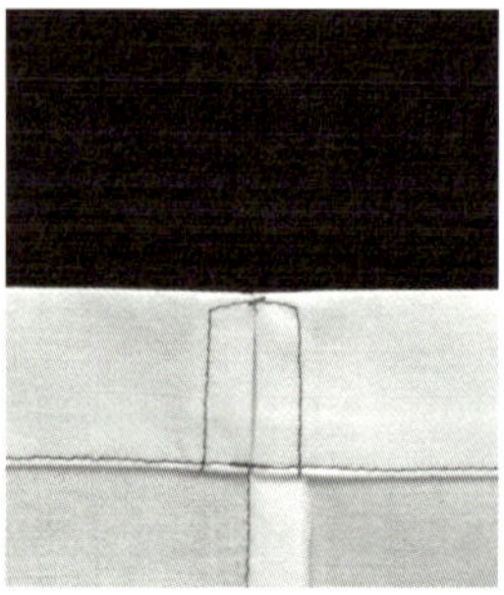

3　もう一度三つ折りにして折り山の際をステッチで押さえる。でき上り（裏）。

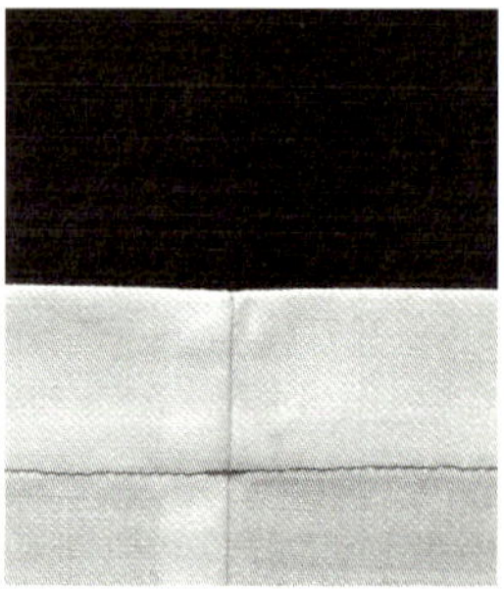

でき上り（表）。

◎ボタンホールで作る場合

Point: 裏に接着芯を張って補強する。

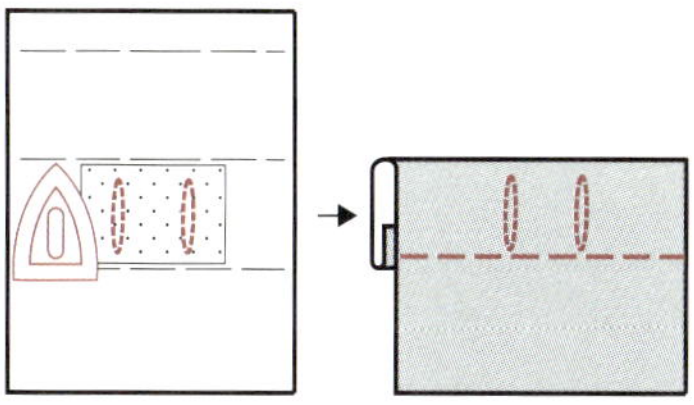

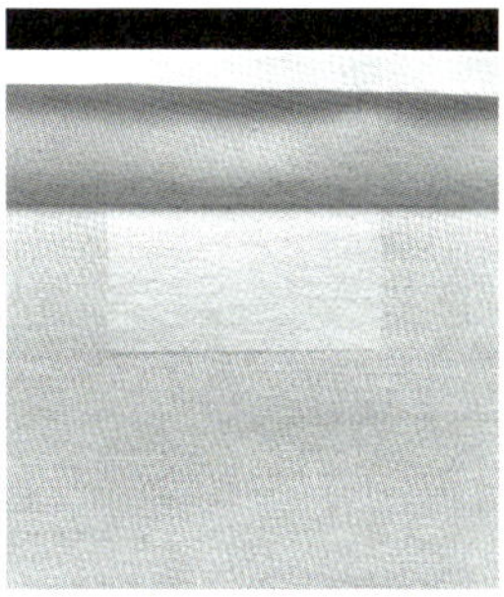

1　ボタンホールをあける位置の裏に接着芯を張る。

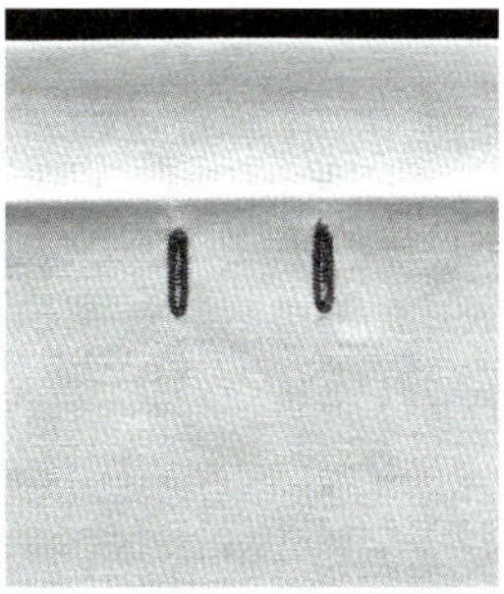

2　ボタンホールをあける。

3　三つ折りに折ってステッチで押さえる。でき上り（裏）。

でき上り（表）。

布の内側に作るひも通し口

ひもを通すための当て布を縫いつける。

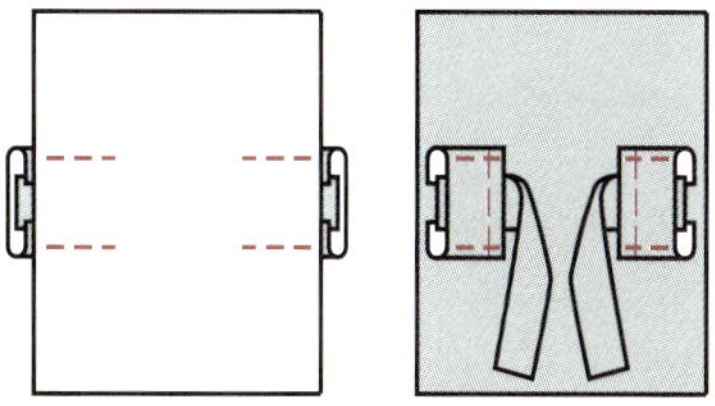

Point: 当て布は両折りバイアステープや、平テープをそのまま利用してもいい。

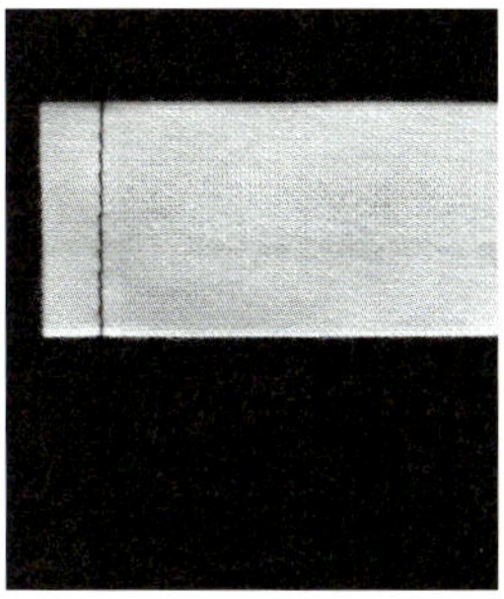

1　通し口を折ってステッチをかける。共布の当て布を使う場合は、両端を折っておく。

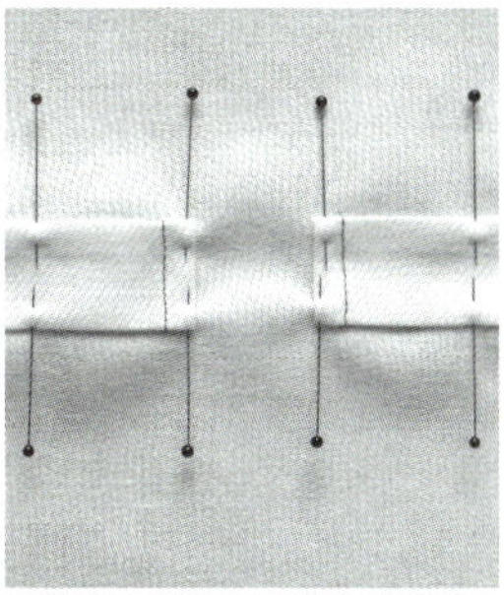

2　ひもを通したい部分に当て布を置き、まち針を打つ。

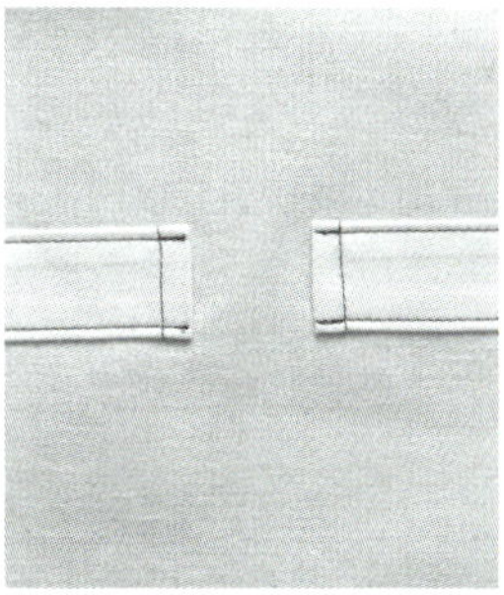

3　通し口部分を残し、周囲をステッチで押さえる。でき上り（表）。

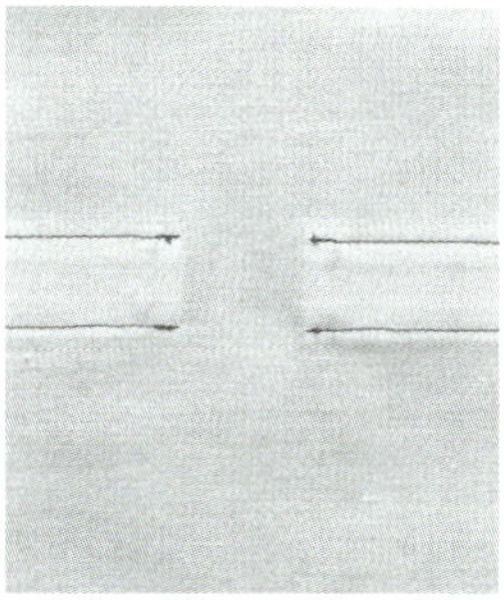

でき上り（裏）。

ひも

長いひもを縫い返すのは大変なので、折りたたんで作る方法。

1枚布で作る幅の狭いひも

Point:

角をきれいに折り込むため、端の縫い代は順序どおりに折る。

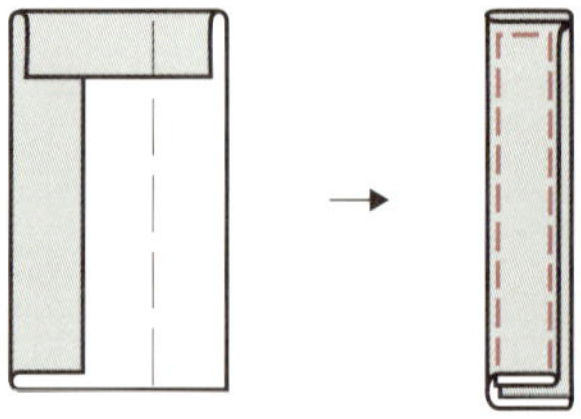

1 でき上りのひも幅の4倍の幅で布を裁つ。

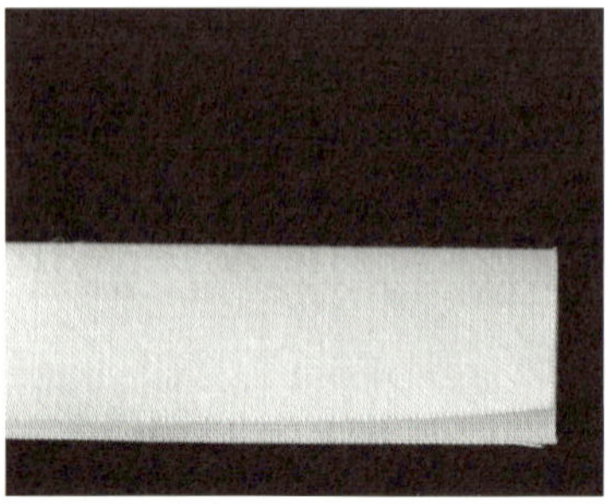

2 外表に裁ち端を合わせて半分に折る。

3 一度布を開き、折り山までをさらに半分に折る。

4 もう一方を半分に折る前に、角になる裁ち端を1cm折る。

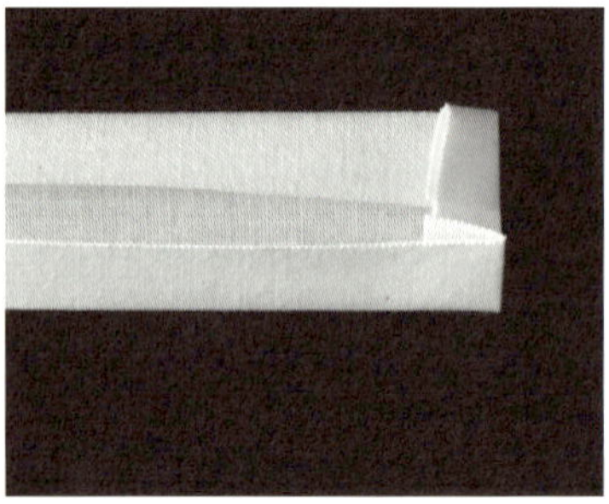

5 もう一方を折り山まで半分に折る。

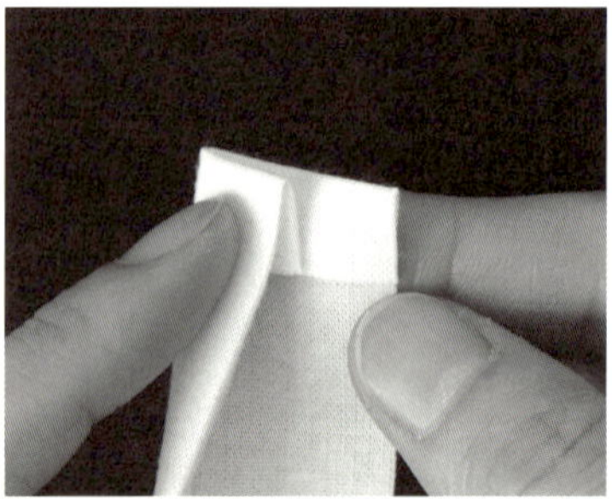

6 後から折った縫い代の端を角の縫い代に折り込む。

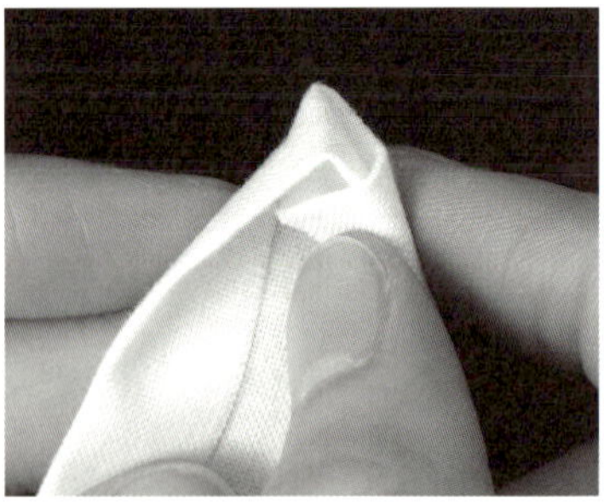

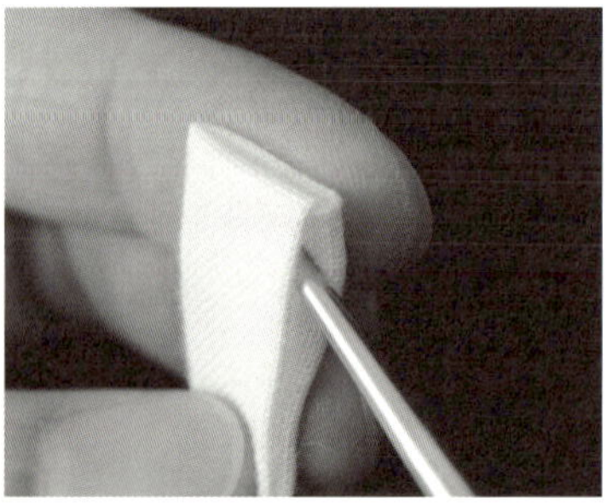

7 目打ちを使って奥までしっかり折り込む。

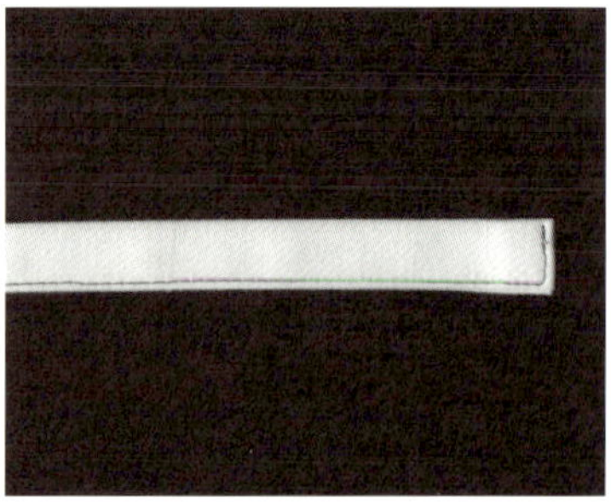

8 折り山をきちんと合わせ、ステッチをかけて押さえる。

2枚布で作る幅の広いひも

Point:

一方を縫い合わせ、残りの周囲の縫い代はでき上りに折ってステッチで押さえる。

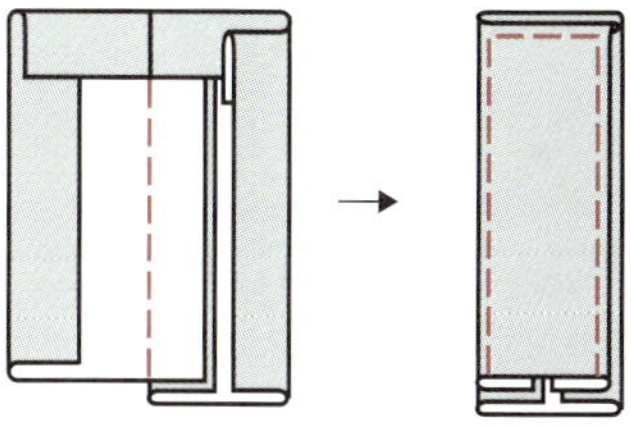

1 2枚の布を中表にして一方を縫い合わせ、縫い目から片返しにしてアイロンで押さえる。

2 縫い線から毛抜き合せ(p.42を参照)に折る。

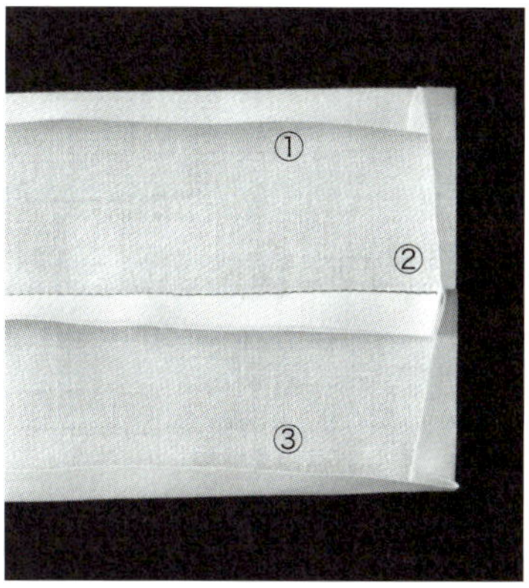

3 一度布を開き、番号の順序で縫い代1cmずつ折る。

4 もう一度外表に折り、角の縫い代を折り込む(p.126を参照)。

5 周囲をステッチで押さえる (p.126を参照)。

I N D E X

[道具について]

この本で使用しているはさみや目打ちなどの道具は
かなり使い込んだものですが、今でも市販されています。
アイロンやアイロン台は特別なものではなく
一般的な家庭用のものを使っています。

●ミシン〈p.15〉
ブラザーヌーベルクチュールBUNKA(職業用ミシン)
●ジグザグミシン〈p.74〉
ブラザー NS301(家庭用コンピューターミシン)
●ロックミシン〈p.76〉
ブラザーかがりⅢdfc(3本、4本併用ロックミシン)
●洋裁道具
〈p.8〉プレスボール、袖まんじゅう、霧吹き、はけ
〈p.14〉ストレートテープ、ハーフバイアステープ
〈p.16〉ピンクッション、竹定規、目打ち、糸切りばさみ、
テフロン押え(家庭用、職業用)、
コンシールファスナー押え(家庭用、職業用)、
ステッチ定規(家庭用、職業用)
〈p.34〉マグネット定規
〈p.49〉カッター
〈p.98〉テープメーカー
(6mm、12mm、18mm、25mm、50mm用)
〈p.118〉片押え(家庭用、職業用)
◎上記のミシン、ジグザグミシン、ロックミシンと
洋裁道具のお問合せ
「学校法人　文化事業局　購買部　外商課」
〒151-8521　東京都渋谷区代々木3-22-1
ＴＥＬ03 (3299)2048　ＦＡＸ03 (3379)9908
※テフロン押え、コンシールファスナー押え、ステッチ定規、片押えは
家庭用、職業用のいずれかを明記ください。
2009年2月現在の取扱いの商品です。

●洋裁道具
〈p.8〉仕上げうま
〈p.14〉ストレッチテープ
〈p.16〉三つ巻き押え(家庭用、職業用)
〈p.19～24〉糸とミシン針(家庭用、職業用)
〈p.29〉しろも
〈p.35〉ステッチ定規(職業用)
〈p.43〉ノック式チョークペンシル
〈p.123〉メルター
◎上記の洋裁道具のお問合せ
「つよせ」
〒164-0001　東京都中野区中野5-66-5
ＴＥＬ03 (3387)6231　ＦＡＸ03 (3387)6235
※ミシン針、三つ巻き押えは家庭用、職業用のいずれかを明記ください。
2009年2月現在の取扱いの商品です。

水野佳子（みずのよしこ）

ソーイングデザイナー。
1971年生れ。文化服装学院アパレルデザイン科卒。
アパレル会社の企画室勤務の後、フリーになる。
雑誌上でデザインから縫製、パターンメーキングなどを発表、
ソーイングファンに定評がある。
ほかにも舞台衣装製作やサンプル縫製など
“縫う”を軸にして幅広い分野で活躍、多忙な日々を送っている。

ブックデザイン　岡山とも子
撮影　藤本 毅（文化出版局）
編集　平山伸子（文化出版局）

［参考文献］
『ファッション辞典』（文化出版局）
『失敗しない接着芯の選び方、はり方　接着芯の本』（文化出版局）
『カット＆ホームソーイング』（文化出版局）
『新・田中千代服飾事典』（同文書院）

きれいに縫うための基礎の基礎

2009年 2 月15日　第 1 刷発行
2020年12月16日　第20刷発行
著　者　水野佳子
発行者　濱田勝宏
発行所　学校法人文化学園 文化出版局
〒151-8524　東京都渋谷区代々木3-22-1
tel.03-3299-2401（編集）
tel.03-3299-2540（営業）
印刷・製本所　株式会社文化カラー印刷

文化出版局のホームページ　http://books.bunka.ac.jp/

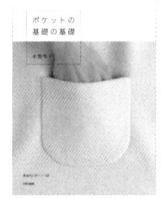